Guangxi Tese Xiaozhen Jianshe Moshi

广西特色小镇建设模式

Yu Tisheng Celüe Yanjiu

与提升策略研究

陈伟清 等 著

武汉理工大学出版社
·武 汉·

图书在版编目(CIP)数据

广西特色小镇建设模式与提升策略研究/陈伟清等著. —武汉:武汉理工大学出版社,2020.8

ISBN 978-7-5629-6034-8

Ⅰ.①广… Ⅱ.①陈… Ⅲ.①小城镇-城市建设-研究-广西 Ⅳ.①F299.276.7

中国版本图书馆 CIP 数据核字(2020)第 159346 号

项目负责人:高 英　　　　　　　　　责 任 编 辑:高 英

责 任 校 对:李正五　　　　　　　　排　　　版:正 风

出版发行:武汉理工大学出版社(武汉市洪山区珞狮路 122 号 邮编:430070)

网　　　址:http://www.wutp.com.cn　理工图书网

经 销 者:各地新华书店

印 刷 者:广东虎彩云印刷有限公司

开　　　本:787×960　1/16

印　　　张:15.25

字　　　数:299 千字

版　　　次:2020 年 8 月第 1 版

印　　　次:2020 年 8 月第 1 次印刷

定　　　价:64.00 元

前　　言

2017 年 10 月,党的十九大报告首次提出"乡村振兴战略"。乡村振兴战略不是局限于乡村,而是要把乡村和城镇视作一个整体,走城乡协调共享发展之路,作为决胜全面建成小康社会的七大国家战略之一。乡村振兴不是低层次振兴或者城镇化模式的复制,也不是乡村的独立更新或者新农村建设的简单重复,而是高质量发展的重要组成部分,是因地制宜的多样化创新探索,是城乡协调互动、共享融合发展的系统工程。因此,配套的城乡关系改革势在必行,急需建立城乡要素双向流动机制、推动城市基础设施向乡村延伸等改革措施,而这些改革措施需要一个强有力的载体。特色小镇作为乡村之头、城镇之尾,已成为实施乡村振兴战略、实现城乡融合发展中重要的着力点,也扮演着重要的角色。

广西地处中国华南地区,是西南、华南和东盟三大经济区的重要枢纽,同时广西境内居住着壮族、瑶族、苗族、侗族、仫佬族、毛南族、回族、京族、彝族、水族、仡佬族、汉族等 12 个世居民族,广西是以壮族为主体的少数民族自治区,也是全国少数民族人口最多的省(区)。多元的民族文化风情和得天独厚的自然环境,都是广西建设特色小镇的优势所在。其中,特别适合广西发展特色小镇的四种模式有:民族文化保护型、旅游资源开发型、特色产业型和健康休闲主导型。

(1)民族文化保护型:广西有 11 个少数民族聚居地(如瑶族金秀镇、融水苗寨、三江侗乡等),每个少数民族都有其悠久的历史、独特的民族文化。在特色小镇建设中应深入发掘民族文化,让民族文化的魅力与特色成为特色小镇发展的内在动力。应重视保护有民族特色的建筑,传承民族音乐、民族舞蹈,保留当地特有的风土人情等,努力增强特色小镇的吸引力。

民族文化保护型小镇在建设过程中要注重对传统文化和民族习俗的尊重,应遵循"保护中开发、开发中保护"的原则。当地传统文化或文化遗址作为特色小镇建设的主体,是带动当地产业经济和文化发展的"增长极"。这种模式中应以当地政府为主导进行小镇的规划建设,以当地居民为参与主体共同打造特色小镇。

(2)旅游资源开发型:广西具有丰富的旅游资源,既要突出全域旅游资源的合理开发,又要保护好历史遗存和生态自然环境。加强市政基础设施建设,以风景旅游资源为依托建设特色小镇,并带动景区外围的小城镇发展旅游产业和其他产业,实施全域旅游资源开发,培育、发展、壮大特色小镇。

在建设运营管理方面可将具有特定自然禀赋的区域作为项目标的,联合规划设计者、产业运营商、建设运营商与地方政府签订合同,从建设、运营、管理等全流程打造特色小镇。

(3)特色产业型:特色是产业经济的根本,在特色小镇的产业经济发展中应突出特色经济的培育。主动引导社会资金投资特色小镇建设,鼓励社会各类主体参与特色小镇的建设和运营,从而形成特色产业经济。充分利用市场机制选择产业方向,顺应市场规律去完善产业发展体制机制,发挥市场在资源配置中的重要作用,真正凸显企业的市场主体地位。同时,要发挥政府的引导作用,注重从创新产业链衔接、新兴产业培育等角度实施精准化的产业政策举措,健全产业生态系统格局,完善产业创新链条,提升区域整体竞争力。鼓励和探索政府和社会资本合作(PPP)开发的模式,建立有效的资金保障机制,鼓励社会资本以特许经营等多种形式参与项目建设和运营。

(4)健康休闲主导型:广西拥有25个"中国长寿之乡"(全国共80个),其中巴马县为世界第五个长寿之乡。健康休闲小镇的实质是以新时代健康文化为核心,以"健康"、"养生"、"家庭"、"康体"、"休闲"、"娱乐"等为载体,形成"人与自然和谐共生"的景象,注重公共基础设施建设以及绿色家园建设,将"健康养生"、"绿色环境"、"绿色食品"、"绿色建筑"、"互联网+"等新概念融入特色小镇建设中,在小镇中营造全新的乡村健康休闲圈,以健康休闲圈带动小镇的社会经济发展。

结合广西实际,本书提出以下加快推进广西特色小镇建设的策略建议:

(1)规划引导,有序建设:特色小镇建设与开发需要经过科学论证,应该严格按规划进行。相关政府部门在制订有关特色小镇建设的规划时应该科学谨慎,需要组织专家评审论证,通过后方能实施建设。

(2)产业支撑,形成特色经济体系:特色产业是小镇持续发展的关键,特色小镇必须根据本地实情,按照"适应市场、因地制宜、突出特色、发挥优势"的原则,把特色产业做强、做优、做活,打造特色品牌,形成优势产业,建立特色经济体系,使特色小镇和特色产业相互协调发展。

(3)注重留住小镇原味,保留小镇本身特色:广西的许多小镇不仅拥有深厚的历史文化和独特的民族风情,而且拥有良好的环境资源,因此,在建设特色小镇的过程中,既要合理开发,又要妥善保护小镇本身特色。要坚持可持续发展观,既要保护历史文化和生态环境,又要使小镇经济得到发展。

(4)坚持以市场为导向,以企业为主体:遵循市场经济规律,不搞政府包办。建设与发展特色小镇的过程中,政府的作用是协调、组织和服务。以市场为导向,引导社会资本投资特色小镇,使投资格局多元化;鼓励社会主体参与特色小镇的建设与运营,使运营模式多样化。

(5)让群众享受特色小镇建设的成果:建设特色小镇的根本目的是为群众带来更多的就业、创业机会,享受更好的居住环境和发展条件,让小镇群众享受到经济发展的成果。建设特色小镇不仅要保证居住在小镇中的群众受益,也要为周围乡村群众提供共享条件,形成群众积极主动参与建设特色小镇的良好氛围。

(6)建立评价体系,对特色小镇进行合理评价:以基本信息、发展绩效、特色水平三个维度构建特色小镇评价体系。基本信息指标主要是统计特色小镇的建设、投资和规划进展,该部分指标主要反映特色小镇的总体发展情况,且会随着特色小镇建设进程的推进而动态变化;发展绩效指标主要是体现特色小镇在产业、功能、形态和制度四个子维度上的发展绩效与成绩;特色水平指标主要考虑特色小镇的异同,根据不同小镇的相关特色确定相应的评价指标。

陈伟清

2019 年 9 月

目　录

1 绪 论

1.1 研究背景

1.1.1 研究背景与问题的提出

1989年,中共中央召开十三届五中全会,会上通过的《中共中央关于农业和农村工作若干重大问题的决定》中,首次提出"小城镇,大战略"问题,确定了小城镇在我国城市化进程中的重要作用。但小城镇经过快速增长时期后,自身出现了布局、规划不合理的问题。2002年,党的十六大基本确立了"大中小城市及小城镇协调发展"的政策,逐步改变城乡二元结构[①]。在这个时期,小城镇数量比较稳定,国家将发展重点放在大城市及城市集群上,小城镇则是有选择性地发展,然而全国小城镇发展出现极度不均衡现象,东部地区形成密集的小城镇区。2013年,我国建制镇有17000多个,人口超过10万的仅56个,主要分布在长三角、珠三角地区,导致大中城市和小城镇发展失衡,城镇空间分布和规模结构不合理,与资源环境承载能力不匹配[②]。《国家新型城镇化规划(2014—2020年)》(中发〔2014〕4号)提出优化城镇化格局,增强小城镇的人口集聚能力。"十三五"规划纲要中提出,要因地制宜,发展特色鲜明、产城融合、充满魅力的小城镇。2017年党的十九大报告首次提出"乡村振兴战略",并将它列为全面建成小康社会的七大战略之一[③]。实施乡村振兴战略需要一个强有力的载体,特色小镇作为乡村之头、城镇之尾,处于衔接城乡的中间位置,在乡村振兴战略中扮演着重要的角色。因此,特色小镇的发展便顺理成章地成为新时期的新课题。

---

① 马红丽.特色小城镇"火"了[J].中国信息界,2017(4):22-26.
② 章林晓.房价高涨基础已不复存在[N].中国房地产报,2014-06-02(A4).
③ 赵文超.乡村振兴背景下广西特色小镇建设问题及对策研究[J].广西经济,2019(3):26-27.

特色小镇这一概念起源于浙江。2014年10月,浙江省省长李强参观"云栖小镇",首次公开提及"特色小镇"。2015年1月,李强在政府工作报告中提出,加快规划建设一批特色小镇,按照企业主体、资源整合、项目组合、产业融合原则,在全省建设一批聚焦七大产业、兼顾丝绸黄酒等历史经典产业、具有独特文化内涵和旅游功能的特色小镇,以新理念、新机制、新载体推进产业集聚、产业创新和产业升级①。特色小镇的发展高潮源于浙江特色小镇的成功实践,习近平总书记、李克强总理以及张高丽副总理均对特色小镇、小城镇建设做出了重要批示。

党的十八大召开以来,党中央提出"走集约、智能、绿色、低碳的新型城镇化道路",为我国新型城镇化建设指明了方向,尤其是以人为本的新型城镇化理念,对科学发展与质量主导提出了更高的要求。21世纪初期,我国在城乡统筹与城乡一体化建设方面取得了重大进步,极大程度冲击了我国传统的二元结构,打破了原有的发展壁垒,同时也为农村剩余劳动力就地城镇化提供了可能,各地特色县城不断涌现,展现出中国特色的城镇化格局、特点和风貌,为世界城市化发展贡献了中国力量。

然而,随着新型城镇化的不断推进,我国城市却出现了十分严重的同质化现象,难以辨别城市特性,缺乏令人眼前一亮的自主特色。尽管有学者很早就开始关注并研究这一现象出现的原因,然而却没有提出针对这一问题的解决方法。其中主要的原因是城市特色建设需要详细的整体战略定位,而目前的城市特色建设仅仅局限于城市美化、形象塑造或投资等单一因素。科学的城市定位是打造城市特色的重要途径,城市特色的价值是其在市场中的地位和不可替代的性格②。之前就有专家学者认为,中国城市缺乏具体形象的城市概念,中国大部分的城市都还仅仅处于中心集镇的程度,个别城市只具有城市的规模,却丢失了城市原本的特色,缺少一张能够彰显城市个性的名片。打造出各有千秋、独具特色的城市,才能够代表新型城镇化真正意义上的成功。

因此,2016年2月,中共中央、国务院发布了《关于进一步加强城市规

---

① 浙江省人民政府.2015年政府工作报告[EB/OL].[2015-06-18].http://www.zj.gov.cn/art/2015/6/18/art_1551339_30066468.html.

② 郑建鹏.我国中小城市品牌化的策略与方法[J].中国包装,2012,32(3):58-61.

划建设管理工作的若干意见》，以凸显我国城镇发展面临亟须转型的现实。要求推进以人为核心的城镇化，提高城镇人口素质和居民生活质量，把促进有能力在城镇稳定就业和生活的常住人口有序实现市民化作为首要任务；通过优化布局，构建科学合理的城镇形态，形成大中小城市和小城镇合理分工、协同发展的大格局①。在这一背景下，特色小镇应运而生。

2016 年 7 月住房城乡建设部、国家发展改革委、财政部发出的《关于开展特色小镇培育工作的通知》（建村〔2016〕147 号）提出，到 2020 年，培育 1000 个左右各具特色、富有活力的休闲旅游、商贸物流、现代制造、教育科技、传统文化、美丽宜居等特色小镇，全国范围内特色小镇培育工作全面展开②。2016 年 10 月，全国第一批特色小镇培育名单公布。在各地推荐的基础上，经过特色小镇评委专家的第二次审核后，上报名单至国家发展改革委、财政部，127 个镇被共同认定为第一批中国特色小镇，广西共有 4 个小镇成功入选，分别为柳州市鹿寨县中渡镇、桂林市恭城瑶族自治县莲花镇、北海市铁山港区南康镇、贺州市八步区贺街镇。

2017 年 7 月，住房城乡建设部公布了全国第二批 276 个特色小镇名单，广西有河池市宜州市刘三姐镇、贵港市港南区桥圩镇、贵港市桂平市木乐镇、南宁市横县校椅镇、北海市银海区侨港镇、桂林市兴安县溶江镇、崇左市江州区新和镇、贺州市昭平县黄姚镇、梧州市苍梧县六堡镇、钦州市灵山县陆屋镇共 10 个小镇成功入选。至此，广西共有中国特色小镇 14 个，占全国入选小镇的 3.5%。

2017 年 10 月，党的十九大报告首次提出"乡村振兴战略"。乡村振兴战略不是局限于乡村，而是要把乡村和城镇视作一个整体，走城乡协调共享发展之路，作为决胜全面建成小康社会的七大国家战略之一。乡村振兴不是低层次振兴或者城镇化模式的复制，也不是乡村的独立更新或者新农村建设的简单重复，而是高质量发展的重要组成部分，是因地制宜的多样

① 韩妙第.特色小镇学[EB/OL].[2017-05-04].http://www.360doc.com/content/17/0504/12/9825508_650881721.shtml.

② 住房城乡建设部，国家发展改革委，财政部.关于开展特色小镇培育工作的通知[EB/OL].[2016-07-01].http://www.mohurd.gov.cn/wjfb/201607/t20160720_228237.html.

化创新探索,是城乡协调互动、共享融合发展的系统工程。因此,配套的城乡关系改革势在必行,急需建立城乡要素双向流动机制、推动城市基础设施向乡村延伸等改革措施,而这些改革措施需要一个强有力的载体。特色小镇作为乡村之头、城镇之尾,已成为实施乡村振兴战略、实现城乡融合发展中重要的着力点,也扮演着重要的角色①。

广西地处中国华南地区,是西南、华南和东盟三大经济区的重要枢纽,同时广西区内居住着数以万计的少数民族,多元的民族文化风情和得天独厚的自然环境,都可以作为广西建设发展特色小镇的优势。首先,由于广西地域辽阔、情况复杂,许多城镇建设现状不尽如人意,存在着城镇化质量较低,城镇中常住人口不能共享基本公共服务,城镇发展短期化、功利化等问题。特别是一些小城镇发展定位不准、空间布局偏大、人口规模与环境承载力不匹配、镇区交通比较混乱、环境治理弱化、防灾减灾能力低下、城镇风貌千篇一律等,大大地稀释城镇化的建设质量②。这些问题不只是出现在地理尺度较大的城市,那些地理尺度相对较小的城市,同样饱受这些问题的困扰。由于特色小镇在地理尺度上相对较小,其自身的经济发展相对薄弱,自然文化资源的开发程度相对比较落后,因此,特色小镇在未来发展所面临的挑战将会更大。其次,由于广西经济发展正处于转型、升级的关键时期。伴随着社会经济发展进入新常态,过去经济发展采用的低端、高耗能、高污染发展模式的各种弊端不断显现,现已难以为继。因此,如何推动广西社会经济可持续发展,寻找到新的发展动力引擎,促进产业创新、产业升级,形成大众创业、万众创新的发展态势,探索出一条人口、资源、环境协调发展的新途径,成为国家层面、地方层面、企业层面乃至个人层面均高度关注的热点问题③。

为了加快特色小镇的建设,广西要认真贯彻落实科学发展观,从特色小镇建设入手,积极推进特色小城镇的发展。为此,2011年,广西将城乡风貌改造工程转型升级,即将城乡风貌改造从以"外立面改造+村屯环境整

① 吴德进,陈捷.要素集聚下特色小镇建设引领乡村振兴研究[J].福建论坛(人文社会科学版),2019(1):146-152.

② 张登国,孙晓岩.城市定位塑造城市品牌[J].经济研究导刊,2007(9):172-173.

③ 詹杜颖.品牌效应下的特色小镇构建研究[D].杭州:浙江工业大学,2016.

治"为主,转为以"名镇名村建设＋村屯环境综合整治"为主,计划建设 100
个广西名镇名村。2016 年,广西住建厅、发改委、财政厅联合印发《广西百
镇建设示范工程实施方案》,统筹推进 100 个经济强镇、特色民镇、特色小
镇建设,改革机制体制,培育主导产业,引导农村居民自愿到附近小城镇落
户①。至 2016 年年底,广西已经命名的名镇名村达到 78 个。同时,广西还
组织实施"百镇建设",这些名镇名村的建设示范为广西建设经济强镇、特
色小镇先行先试,探索路径,累积经验,夯实基础。2017 年,广西壮族自治
区人民政府办公厅出台了《关于培育广西特色小镇的实施意见》(桂政办发
〔2017〕94 号),到 2020 年,广西将培育 30 个左右全国特色小镇,同时建设
100 个左右自治区级特色小镇以及 200 个左右市级特色小镇,以特色小镇
为载体,培育特色产业,做强特色优势企业,建成百个经济(生态)强镇,激
活 2000 亿元以上固定资产投资,同时培育形成产业链、投资链、创新链、人
才链、服务链等融合发展的生态链,并通过扩权强镇、改革创新,逐步完善
适应特色小(城)镇发展的机制体制,营造良好的创新、创业氛围,增强发展
内生动力,推进全区小城镇发展水平整体提升②。2018 年 4 月,广西壮族自
治区人民政府办公厅在各地推荐的基础上,经现场考察、专家评审和公示,
将 45 个小镇列为第一批广西特色小镇培育名单。提出全区各地各部门要
加强组织领导,切实采取措施,完善工作机制,加快产业集聚,加大政策支
持和资金投入力度,全力推进特色小镇项目建设,促进特色小镇高起点规
划、高标准建设、高速度发展③。

但总体来看,小城镇的发展在广西尚处于起步阶段,面临着建设发展
思路不清晰、结构不合理、特征不明显、产业支撑缺乏、自我发展能力弱等
问题。因此,小城镇的发展和特色产业相结合,促进城乡协调发展,促进改
善镇容镇貌、优化人民生活质量、活跃城乡经济、创造就业岗位,促进特色
产业的发展并形成特色优势产业体系,这一系列的城镇化,是加快广西经

---

① 石鞞韬,吴婧婧,董桂清,等.广西加快建设特色小镇的发展思路探讨[J].绿色科技,2017
(12):204-206.

② 广西壮族自治区人民政府办公厅.关于培育广西特色小镇的实施意见[EB/OL].〔2017-07-
15〕.http://www.gxzf.gov.cn/2wgk/2fwj/20170721-634907.shtml.

③ 广西壮族自治区人民政府办公厅.关于公布第一批广西特色小镇培育名单的通知
[EB/OL].〔2018-04-13〕.http://fun.gxzf.gov.cn/zwgk/zfwj/20180413_689328.shtml.

济和社会发展、全面建成小康社会的重要战略和必然趋势。推进广西特色小镇建设,需要从目标导向、问题导向入手,立足区情县情,坚持改革创新,加强制度设计,走出一条后发展地区特色小镇建设的路子。

综上所述,广西特色小镇的建设面临三个主要问题:①特色小镇的建设如何解决小镇缺乏特色、个性的现状问题;②我国社会经济发展进入了转型、升级的时期,特色小镇的建设如何推动我国社会经济可持续发展;③广西人民政府要为国家特色小镇建设做出哪些重要工作。因此,特色小镇的建设要立足于农村发展,推进新型城镇化进程,对于特色小镇的关注应该进一步聚焦,寻找到适合广西地区发展特色小镇的建设模式与提升策略。

1.1.2 中国特色小镇发展回顾

2013 年 12 月,在中央经济工作会议的讲话中,习近平总书记首次提出"新常态",以概括我国经济发展新阶段。相应地,我国城镇化也进入中后期,城市发展方式亟待转变。在这样的背景下,浙江提出的"非镇非区"的多功能创新空间新含义的特色小镇模式得到中央领导同志的肯定,特色小镇的培育上升为国家行动。

2014 年 10 月,浙江省省长李强参观"云栖小镇",首次公开提及"特色小镇"。2015 年 4 月,浙江省政府出台《关于加快特色小镇规划建设的指导意见》,明确浙江版特色小镇规划建设的总体要求、创建程序、政策措施、组织领导等内容。

2016 年 3 月发布的《十三五规划纲要》提出,要加快发展中小城市和特色镇,因地制宜发展特色鲜明、产城融合、充满魅力的小城镇。

2016 年 5 月,《国务院关于深入推进新型城镇化建设的若干意见》要求加快特色镇发展。因地制宜、突出特色、创新机制,充分发挥市场主体作用,推动小城镇发展与疏解大城市中心城区功能相结合、与特色产业发展相结合、与服务"三农"相结合。发展具有特色优势的休闲旅游、商贸物流、信息产业、先进制造、民俗文化传承、科技教育等魅力小镇[①]。

---

① 余池明.五大理念引领特色小镇健康发展[N].中国企业报,2017-02-14(024).

2016 年 7 月,住房城乡建设部、国家发展改革委、财政部三个部委(以下简称三部委)联合发布了《关于开展特色小镇培育工作的通知》(建村〔2016〕147 号,以下简称《通知》),决定在全国范围内开展特色小镇的培育工作,《通知》中明确了发展目标,提出到 2020 年培育 1000 个左右各具特色、富有活力的休闲旅游、商贸物流、现代制造、教育科技、传统文化、美丽宜居等特色小镇,引领带动全国小城镇建设,不断提高建设水平和发展质量。在三部委发文之前,已有贵州、福建和重庆出台特色小镇指导意见。三部委发文之后,又有甘肃、安徽、辽宁、河北、山东、内蒙古、天津等省、直辖市出台特色小镇政策文件,在过去本省小城镇建设的基础上推出特色小镇的升级版。其中,福建、河北、山东基本上采用了浙江模式,其他省则采取了各具特色的模式①。

2016 年 8 月,住房城乡建设部发出了《关于做好 2016 年特色小镇推荐工作的通知》(建村建函〔2016〕71 号),下达各省特色小镇推荐名额。2016 年 10 月,公布了第一批中国特色小镇名单,其中广西有 4 个小镇获此殊荣。同月国家发展改革委员会发布了《关于加快美丽特色小(城)镇建设的指导意见》,从产业特色、创业创新、基础设施、公共服务、美丽宜居、创新机制等多个方面对特色小镇的建设提出了具体要求,为各省份开展特色小镇建设工作指明了方向。

2016 年 10 月,中央财经领导小组办公室、国家发展改革委、住房城乡建设部在浙江杭州召开特色小(城)镇建设经验交流会,住房城乡建设部同期公布 127 个镇为第一批中国特色小镇。

2017 年 5 月,住房城乡建设部发布了《关于做好第二批全国特色小镇推荐工作的通知》,第二批特色小镇总计推荐名额为 159 个,广西拥有 5 个名额。

2017 年 7 月,住房城乡建设部公布了第二批全国特色小镇名单,认定有 276 个镇入选成为第二批全国特色小镇,并要求各省(区、市)住房和城乡建设部门做好特色小镇建设工作的指导、支持和监督。广西有 10 个小镇入选,远远超出预期推荐名额。

---

① 余池明.特色小镇的起源和探索历程[EB/OL].人民网.[2016-10-24].http://history.people.com.cn/n1/2016/0912/c393599-28710443-3.html.

2018 年 8 月,国家发展改革委发布《关于建立特色小镇和特色小城镇高质量发展机制的通知》,通知强调各地区要依据特色小镇与特色小城镇本质内涵的差异性,调整并分类现有省级特色小镇和特色小城镇创建名单,明确功能定位和发展模式。并对创建名单外的小镇和小城镇,加强监督检查整改①。

2019 年 3 月,国家发展改革委发布了《2019 年新型城镇化建设重点任务》,要求组织制定特色小镇标准体系,适时健全支持特色小镇有序发展的体制机制和政策措施。

1.2 研究目的与意义

1.2.1 研究目的

本书的研究目的是在对比国内外特色小镇建设案例的基础上,总结经验,分析广西特色小镇的建设现状与存在的主要问题。根据广西各地资源条件、区位优势和市场发展潜力,提出广西特色小镇的建设模式类型,不同类型特色小镇建设中各有侧重的政府或市场主导、投资、运营方式,实现特色小镇在产业上"特而强"、功能上"有机合"、形态上"小而美"、机制上"新而活"。以十八届五中全会提出的创新、协调、绿色、开放、共享发展理念为引领,因镇施策,因地制宜,根据不同的特色小镇类型,从规划引导、特色产业支撑、地方文化习俗、市场运营指引以及特色小镇受益群众等多个方面提出广西特色小镇建设的提升策略建议。

1.2.2 研究意义

（1）理论意义

首先,本书的研究是从特色小镇建设如何带动小城镇发展出发,对于广西特色小镇研究领域是一项开创性的工作,同时对于丰富新型城镇化建设的

---

① 吴妍.我国发布建立特色小镇和特色小城镇高质量发展机制[J].福建轻纺,2018(11):1.

学术研究具有一定意义。广西特色小镇的建设尚处于起步阶段,特别是广西作为少数民族众多的地区,其民族文化传统的保护、历史文化的延续、旅游业发展的新思路和产业品种的推广、发展方式等方面需要科学规范的指导,同时本书对于特色小镇规划设计具有重要的理论意义。

其次,特色小镇的形成,既有独特的地理环境因素、历史的原因,也有后天人文制度因素,特色小镇的经济主题是按照其特色展开,在经济利润产出方面要比通常区域经济有着更高的水准,所以,特色小镇应同时具有与时俱进的创新能力及其核心竞争力。本书从吸引资金注入、推动特色小镇经济发展与保障农户利益等角度出发,研究特色小镇的建设模式与评价标准对于广西特色经济发展需求、城镇经济竞争等理论层面具有拾遗补缺的研究作用。

(2)现实意义

广西为加快特色城镇化和城乡统筹规划进程,积极响应党的十九大报告中提出的乡村振兴战略,结合精准扶贫和新型社会治理等相关政策理论,探索广西特色小镇建设新路子。在发展初期阶段,由于特色小镇自身发展能力较弱,资金匮乏、产业稀缺、特征不明显等问题还比较突出,特色小镇建设还没有一个较为成熟的标杆可供参照,只能在摸索中前行。在高速发展时期,我国部分地区面临着环境污染的挑战,广西良好的生态环境是一笔宝贵的财富,自然亲切、和谐宜居。特色小镇的建设要让这幅美好的生态画卷继续书写下去,在保护各区域独特的生态空间结构的同时,巩固和完善良好的自然生态景观。本书以特色小镇社会实体的角度作为出发点,对特色小镇的风土人情、地域文化以及当地风俗习惯等传统文化进行进一步的探究和挖掘,充分发挥特色小镇的特色,打造独一无二的特色品牌,增强特色小镇居民的认同感,加深特色小镇在人们心中的印象,充分发掘小镇的资源优势,打造特色产业,为解决广西特色小镇建设面临的问题提供新的思路与解决方法。本书的研究对于加快广西特色小镇建设,促进社会治理、供给侧结构性改革和破解城乡二元经济结构等具有见微知著、先行先试的现实意义。

1.3 国内外研究综述

1.3.1 新型城镇化研究

国外对小城镇的研究起源于 18 世纪中期,英国、美国、法国等都进行了多年的实践,主要集中在旅游业、小城镇建设和可持续发展等方面,直至现阶段已经形成相对成熟的理论。由于国外城市化发展起始时间比较早,很多国家在 20 世纪就完成了城市化进程,因此关于城市化进程的理论研究也较为广泛和深入,基于不同的视角产生了很多具有影响力的研究学者和理论著作[①]。

马克思(K. Marx,1859)最早在《政治经济学批判》一书中提出"乡村城市化"的概念。依勒德本索·塞尔(A. Serda,1867)在《城镇化基本理论》中第一次界定了城市化概念,之后,城市化相关的理论研究开始步入一个崭新的时期[②]。英国学者霍华德(Howard,1898)在《明日的花园城市》一书中提出了建立田园城市的思想,强调把城市和区域作为整体来进行研究[③]。赫茨勒(Hertzler,1963)认为城市化就是农村人口流向城市,以及城市人口不断增加的过程[④]。金斯利·戴维斯(Kingsley Davids,1965)认为工业化的发展促使农村人口流向城市趋于稳定,但由于生产生活条件的限制,城市人口规模增长并不快,所以其城市化是一个渐变的、平滑的曲线。他认为西方发达国家的城市化就是城乡人口转型和经济结构变化相适应的过程[⑤]。德国地理学家 W. 沃尔特(W. Walter,1967)首次发表中心地理论,指出在一个区域内的中心点的基本功能是向其他点提供商品和服务,据此区位出发,可以推算出小城镇的合理数量以及分布情况。贝尔格(Berg)、克拉森(Klassen,1971)等人将生命周期引入城市化理论,根据人口在城镇的

① 黄云霞.湛江市新型城镇化建设中的问题与对策研究[D].湛江:广东海洋大学,2016.
② 陈春林,梅林,刘继生,等.国外城市化研究脉络评析[J].世界地理研究,2011,20(1):70-78.
③ 张松.新型城镇化背景下济南市小城镇发展路径研究[D].济南:山东师范大学,2014.
④ 赫茨勒.世界人口的危机[M].何新,译.北京:商务印书馆,1963.
⑤ 顾朝林,陈璐,王玹井.论城市科学学科体系的建设[J].城市发展研究,2004,11(6):32-40.

空间分布状况,提出了"城市化—郊区化—逆城市化—再城市化"的城市发展阶段模型①。弗里德曼(Friedman,1973)认为城市化过程不仅包括农业人口的转移,城市地域景观的变化,还包括城市文化及价值观对农村的影响与扩散②。诺贝尔经济学家库兹涅茨(Kuznets,1989)把城市化进程定义为城市和农村人口分布方式的变化③。而麦吉(T. G. McGee,1991)以东南亚国家为研究对象,提出了"城乡融合区"的概念,他认为亚洲国家的城市化模式是待人口、经济聚集后,以区域为基础发展的城市化模式④。格鲁斯曼(Grossman)和克鲁格(Krueger,1995)首次证实了经济水平与环境质量之间的关系,认为当人均收入较低时城市污染相对严重,当人均收入提升到一定程度后,环境质量将会得到改善,整个过程呈倒"U"形演变⑤。

在我国,新型城镇化是推动经济社会发展的强大引擎。随着新型城镇化在国家重大发展战略中的地位不断上升,学术界对于新型城镇化的研究热情不断升温,也取得了大量的理论成果。因此,对新型城镇化的研究现状及理论成果进行深度整合并分析,对于将理论应用于指导新型城镇化的发展实践具有重要意义。

胡标权(2005)在最初定义新型城镇化是以"以人为本、可持续发展"为理念,以市场为主导,以集约、和谐发展为目标,大中小城市合理布局,产业结构优化,新四化协同发展,就业充分、环境优美、城乡一体化发展的城镇化道路⑥。吴江、王斌等(2009)认为新型城镇化是以科学发展观为统领,以新型工业化及信息化为推动力,追求人、自然、社会协调发展的城镇化道路⑦。张占仓(2010)认为相对于传统城镇化而言,新型城镇化是指资源、环境、经济、文化、社会协调发展的城镇化,是城乡互促共进、大中小城市协调

---

① 陈瑞章.河南省新密市新型城镇化发展问题研究[D].郑州:郑州大学,2014.

② 姜斌.快速城市化进程中城市居住空间形态演进与发展[D].大连:辽宁师范大学,2008.

③ 郑菊芬.关于城市化理论研究的文献综述[J].现代商业,2009(11):197-198.

④ MCGEE T G. The Emergence of Desakota Regions in Asia:Expanding a Hypothesis [M]. Honolulu:University of Hawaii Press,1991.

⑤ GROSSMAN G M, ALAN K. Economic Growth and the Environment [J]. Quarterly Journal of Economics,1995,110(2):13-24.

⑥ 胡标权.中国新型城镇化发展研究[D].重庆:西南农业大学,2005.

⑦ 吴江,王斌,申丽娟.中国新型城镇化进程中的地方政府行为研究[J].中国行政管理,2009(3):88-91.

发展,因地制宜,强调个性发展的城镇化[1]。彭红碧、杨峰(2010)理解新型城镇化是以科学发展观为引领,以集约和生态为发展理念,构建功能完善、规模合理的城镇体系,统筹城乡一体化的发展[2]。刘嘉汉、罗蓉(2011)认为新型城镇化是以人的发展权为核心,以城镇化成果共享为标志,以城乡一体化发展为目标,鼓励资源要素自由流动,公共服务与基础设施均衡发展,逐步化解城乡二元结构,最终达到共同富裕的城镇化之路[3]。仇保兴(2012)指出新型城镇化应实现六个方面的转型,由原来优先发展城市,以高消耗、高环境冲击,注重数量增长,放任式发展和少数人先富的城镇化向城乡互补,以低能耗、低环境冲击,注重质量提高,集约式发展,社会和谐的城镇化转变[4]。单卓然、黄亚平(2013)认为新型城镇化是以关注民生、提高发展质量为内涵,以追求幸福、绿色、集约为核心,以城乡统筹、产业升级、制度创新等为重点的全新的城镇化过程[5]。王素斋(2013)在前人基础上总结新型城镇化是以市场和政府为推动机制,构建城乡统筹规划、合理布局、功能完善、以大带小的城镇体系,四化良性互动,形成资源、环境、经济、社会协调发展的城镇化道路[6]。

1.3.2　特色小镇内涵研究

搜索中国知网和查询国外文献等,就可发现国外对于特色小镇内涵研究的文献几近没有,这主要是由于国外并无"特色小镇"这一统一性的概念,大多数都是以不同功能来对小镇进行命名。

国外对小城镇的研究起源于 18 世纪中期,理论研究已经相对成熟。

当前,国外小城镇发展的典型模式主要有:英国的工业化模式、美国的自由市场模式、日本的行政管理导向模式、韩国的新村运动模式、拉美国家的外部经济模式。20 世纪 50 年代英国近郊区小城镇因工业化进程而得到

① 张占仓.河南省新型城镇化战略研究[J].经济地理,2010,30(9):1462-1466.
② 彭红碧,杨峰.新型城镇化的科学内涵[J].理论探索,2010(4):76-78.
③ 刘嘉汉,罗蓉.以发展权为核心的新型城镇化道路研究[J].经济学家,2011(5):82-88.
④ 仇保兴.新型城镇化:从概念到行动[J].行政管理改革,2012(11):11-18.
⑤ 单卓然,黄亚平."新型城镇化"概念内涵、目标、内容、规划策略及认知误区解析[J].城市规划学刊,2013(4):16-22.
⑥ 王素斋.新型城镇化科学发展的内涵、目标与路径[J].理论月刊,2013(4):165-168.

了快速发展;20世纪60年代美国通过"示范城市",充分发展了小城镇;日本从20世纪70年代,就提出了缩小城乡差别的"村镇综合建设示范工程";韩国20世纪70年代兴起的"新村运动",使小城镇得到了重视与发展;拉美小城镇的发展主要缺乏工业化带动,如何依靠第三产业带动小城镇发展成为研究重点[①]。

纵观国外小城镇发展的历程,通过对国外典型小城镇的案例分析,例如,法国普罗旺斯、意大利波托菲诺、瑞士达沃斯等小城镇,可以将国外小城镇总体发展趋势归结为几个方面:小城镇发展建设与社会经济发展同步,强调科技支撑;小城镇建设"规范化";小城镇建设需坚持合理布局、功能完善、可持续发展等原则;强调保持小城镇特色文化和历史延续性;大城市群、大都市圈的发展带动小城镇发展。

在我国,较早用"特色小镇"一词的,是一些与房地产有关的文章,它所指的大多也是一种新开发的具有异域情调的房地产项目,如《中国房地产报》2005年5月12日第7版刊登的记者刘笑一的文章《原汁原味展现北欧城镇风格,"金罗店"经营现代化特色小镇》就是在这个意义上使用"特色小镇"一词的。云南省把旅游作为全省的重点产业来发展,自2003年起就启动了60个旅游小镇建设的规划,这些旅游小镇也被称为"特色小镇",如《中国党政干部论坛》2010年第11期发表的云南省住房和城乡建设厅厅长罗应光的文章《特色小镇建设:西南边疆地区推进城镇化的主要载体》,其中的"特色小镇"指的正是这种意义上的小镇。而真正意义上的"特色小镇"是2015年从浙江开始的,即特色小镇不属于行政区划单元意义上的镇,也与产业园区所谓的区有很大区别,特色小镇是以创新、协调、绿色、开放、共享五个发展理念为基础,聚焦信息经济、环保、健康、旅游、时尚、金融、高端装备等七大新兴产业,融合产业、文化、旅游、社区功能的创新创业发展平台[②]。

虽然特色小镇出现的时间较短,但是在近几年的发展中也有很多相关成果。关于特色小镇的定义及内涵,秦诗立(2015)指出,特色小镇既不是

---

① 张松.新型城镇化背景下济南市小城镇发展路径研究[D].济南:山东师范大学,2014.

② 黄毅,覃鉴淇.特色小镇及其建设原则、方法研究综述[J].广西经济管理干部学院学报,2017,29(1):93-98.

传统意义上的小镇,也不是一级行政单元,它更多是依托于大中城市而存在的一个相对独立的空间,以便于新兴产业或经典产业汇集,及相关人才、创新、创业等要素汇聚[①]。陈炎兵(2016)认为特色小镇的特色:一是产业特色。特色小镇的产业特色是基于小镇的传统资源、地理区位、人文、传统工艺等多方面的独特资源而形成的经济特色。二是文化特色。这是特色小镇的核心和灵魂,是支撑特色小镇发展的文化动力,是特色小镇基于当地的文化特色、民族特色、传统特色而形成的具有长久的魅力和吸引力的文化因素。三是风情风俗风貌特色。这是特色小镇的物质内涵和文化底蕴的综合体现,包括小镇的民俗、民风以及小镇的建筑特色、镇容镇貌特色、风土人情特色等。四是管理和服务特色。这是特色小镇在改善投资环境、扶持产业发展、挖掘传统资源、整合社会资源等多方面的组织、协调、服务特色,是特色小镇软件环境和软实力的综合体现[②]。蓝枫(2016)则认为,发展特色小镇涵盖的内容丰富多元,但主要核心是发展产业和文化,即特色小镇的特色主要还是表现在产业和文化上[③]。而卫龙宝、史新杰(2016)则是从特色小镇在产业、功能、形态、机制等方面来概括,认为特色小镇具备产业上"特而强"、功能上"有机合"、形态上"小而美"、机制上"新而活"的特征[④]。盛世豪、张伟明(2016)阐述了特色小镇特色形成的根源。他们认为,产业生态位是包括产业生存、发展和演变的生态环境,它为产业演变发展提供了各种所需要的资源,进而决定了产业的成长机制、组织形式、核心竞争力和可持续发展能力。产业生态位决定了资源要素甚至产业性质的差异,是产业间共生互补或竞争关系的基础前提,也正是产业生态位决定了特色小镇的产业"特色",欧美国家的特色小镇无一不与其相应的"产业生态位"紧密相关[⑤]。周蕾等(2017)认为,特色小镇是以创新创业为要素,以产业文化和特色产业为重点,聚合各种经济元素的一种新的经济形态,它既不是行政单元,也不是行政区域,它是聚合各种创新因子,融合一种全产

---

① 秦诗立.特色小镇建设须着力"特"与"色"[J].浙江经济,2015(12):42-43.
② 陈炎兵.特色小镇建设与城乡发展一体化[J].中国经贸导刊,2016(19):44-46.
③ 蓝枫.培育特色小镇应突出"特色"[J].城乡建设,2016(10):27-28.
④ 卫龙宝,史新杰.浙江特色小镇建设的若干思考与建议[J].浙江社会科学,2016(3):28-32.
⑤ 盛世豪,张伟明.特色小镇:一种产业空间组织形式[J].浙江社会科学,2016(3):36-38.

业链的经济转型和产业升级的平台[①]。齐拴禄等（2018）认为，特色小镇的特质是立足产业"特而强"、功能"聚而合"、形态"小而美"、机制"新而活"，推动创新性供给与个性化需求有效对接，打造创新创业发展平台和新型城镇化的有效载体[②]。

李龙（2019）认为，特色小镇的核心在于产业建镇、产业融合，从文化与哲学的角度，特色小镇是文化特色鲜明，"产、经、城、人、文、游"深度融合的生态宜居宜业宜游社区[③]。

1.3.3　特色小镇建设研究

在国外，小城镇的建设在美国、英国、澳大利亚以及拉美国家都经历了多年的实践，被认为是推进城市化的有效途径，其中包含大量以旅游企业为主导产业的旅游型小城镇的开发。

罗伯特·马德里加尔（Robert Madrigal，1995）指出，特色小镇的开发必须要结合当地居民的意愿，听取更多民众的声音，保证绝大部分居民的利益，只有这样才能确保小镇持续健康发展。同时，作者以美国和英国的两个小城镇为例，研究当地居民满意度对特色小镇建设的影响[④]。格雷厄姆（Graham Parlett）、约翰弗莱彻（John Fletcher）、克里斯库珀（Chris Cooper，1995）通过构建投入产出模型，以爱丁堡历史古镇的旅游业为基础，计算旅游对小镇其他产业所产生的乘数效应。研究表明，爱丁堡历史古镇的旅游业在当地经济发展中占据最为重要的位置[⑤]。在具体案例研究方面，最具代表性的便是欧洲图书镇。杰弗里·M.霍奇逊于 20 世纪 60 年代，对当时在威尔士萌芽，直至 90 年代扩散到全英国的欧洲图书镇，进行了长期跟踪研究，认为旅游发展能够帮助小镇打破一些社会壁垒[⑥]。梅兰

---

① 周蕾,周峰.安徽特色小镇建设模式与策略研究[J].黑河学院学报,2017,8(7):42-43.

② 齐拴禄,杨昆.河北省特色小镇创建与运营模式研究[J].经济论坛,2018(1):4-16

③ 李龙,李春艳.特色小镇内涵及可持续发展研究[J].智库时代,2019(40):5-6

④ MADRIGAL R. Residents'Perceptions and the Role of Government [J]. Annals of Tourism Research,1995,22(1):86-102.

⑤ 阿尔弗雷德·韦伯.工业区位论[M].北京:商务印书馆,1997.

⑥ 杰弗里·M.霍奇逊.演化与制度:论演化经济学和经济学的演化[M].任荣华,等译.北京:中国人民大学出版社,2007.

妮·凯·史密斯(Melanie Kay Smith,2004)研究了英国沿海传统度假城镇的复兴过程,结果表明旅游业与文化、休闲、零售等领域相互融合带动当地商业投资,强化经济联系,从而大力推动了当地旅游业为主导的经济体系复苏。因此,加强文化发展规划对小城镇旅游业的发展至关重要,采用宽泛的文化界定,融入后现代理念,能够有效消除社会和种族隔离,促进文化旅游的多样化①。克莱尔·墨菲(Clare Murphy)和艾米丽·波义耳(Emily Boyle,2006)通过构建旅游小镇文化旅游发展理论模型研究了英国前工业城镇如何利用当地文化特质打造文化旅游城镇,实现城镇经济发展转型。通过模型研究发现,当地业已形成的特定居民的角色和居民之间的关系是当地文化旅游发展的最重要因素;同时最初当地文化旅游发展的偶然性而非政府战略导向是另一关键因素。此外,当地文化遗产、文化产品创新等也是构建文化旅游小镇的有利因素②。约翰 S. 阿卡玛(John S. Akama)和Damiannah Kieti(2007)对肯尼亚蒙巴萨岛旅游小镇的研究结论表明,肯尼亚蒙巴萨岛旅游小镇的旅游业并没有发挥出当地政府希望其发挥的作用,尽管当地政府一直把小镇的旅游业作为社会经济发展的工具③。

在我国,"特色小镇"这个新词在学术领域一出现,立刻引起了学者的广泛研究和关注。尽管我国在特色小镇建设方面刚刚起步,但关于它的研究并非一片空白,相反,已经有很多的相关研究成果呈现在我们的面前。罗应光(2012)介绍了云南地区特色小镇的发展历史和发展现状,指出要遵照"产业立镇"的一般规律,根据云南独特的资源优势,因地制宜地选择宜农则农、宜工则工,成功建立起一批独具地方特色的旅游小镇④。张金忠(2013)将大连地区温泉旅游产业作为研究对象,通过对国内外温泉旅游产业的综合对比,提出了加强环境保护,构建法律体系,合理谋划布局,建立品牌效应,引入循环经济发展思路等⑤。于新东(2015)从特色小镇规划建设基本路径的角度,提出了建设特色小镇应当探索走出一条"特色化牵引、

---

① 孟昭伟.集安市太王镇旅游经济发展研究[D].长春:东北师范大学,2010.
② 熊彼特.资本主义、社会主义和民主主义[M].北京:商务印书馆,1979.
③ 迈诺尔夫·迪尔克斯,阿里安娜·贝图安·安托尔,约翰·蔡尔德,等.组织学习与知识创新[M].上海:上海人民出版社,2001.
④ 罗应光.云南特色城镇化发展研究[D].昆明:云南大学,2012.
⑤ 张金忠.大连温泉旅游空间整合开发研究[D].大连:辽宁师范大学,2013.

市场化主导、项目化运作、产业化支撑、互联网化加速、法治化护航"的"六化"发展路径①。卫龙宝、史新杰(2016)从浙江特色小镇建设的内涵、意义、经验、建议等几个方面进行讨论和研究,并提出在特色小镇建设过程中要做到"一统多动,上下互通;合理布局,有序推进;多重标准,科学评价;政策优化,保驾护航;浙江经验,全国发扬"。钟建林(2015)以浙江省湖州地区的特色小镇为背景,大胆提出要借鉴"慢城"理念,从浙江的特色小镇里甄选一批符合条件的特色小镇申报国际"慢城",编制"慢城"规划与年度行动计划,按规划同步进行各项策划和准备工作,在创建特色小镇的同时,创建国际性"慢城",以提升浙江特色小镇的国际知名度②。杨国胜、孙奇(2015)以浙江"鹿城"温州为研究重点,对温州的特色小镇进行分析,提出围绕"时尚"谋划特色产业,围绕"信息经济"谋划特色产业的具体对策③。马斌(2016)指出浙江的特色小镇既不是行政区域,也不是工业园区或是旅游景点,而是具有一定社会功能和文化内涵的创新发展平台。特色小镇是浙江经济转型的重要举措,是从之前的"一镇一品"到"独镇特色"的重大转型;是从单一到多元诸如"产、城、文、旅"功能融合的新平台;是从"无为而治"到"有效作为"实现制度供给的新空间④。朱莹莹(2016)以浙江省嘉兴市特色小镇的发展状况为研究对象,分析了嘉兴地区存在着特色形象不突出、功能叠加不足、运营主体错位、产业层次不高、创建进度差异较大等问题。她提出要加快特色小镇建设应处理好特色小镇与创新驱动发展、集聚区转型升级、美丽乡村创建等三大关系,建立好政务生态系统、创业创新生态系统、自然生态系统、社会文化生态系统等四个生态系统,抓好科学规划、分类发展、运营管理、集聚转化、要素保障等五个方面的重点工作⑤。柯敏(2016)以嘉善上海人才创业小镇为研究对象,运用边缘城市理论,总结了区位导向下通过 PPP 开发模式推进小镇建设,进而吸引产业集聚、完善服

---

① 于新东.关于浙江加快特色小镇培育发展的建议[J].党政视野,2015(C1):18-22.
② 钟建林.特色小镇可借鉴"慢城"理念[J].浙江经济,2015(21):54.
③ 杨国胜,孙奇.用五大发展理念引领特色小镇建设[J].浙江经济,2015(23):50-51.
④ 马斌.特色小镇:浙江经济转型升级的大战略[J].浙江社会科学,2016(3):39-42.
⑤ 朱莹莹.浙江省特色小镇建设的现状与对策研究——以嘉兴市为例[J].嘉兴学院学报,2016,28(2):49-56.

务配套、带动综合开发的特色小镇创建路径①。关于特色小镇建设模式研究,姜紫莹(2016)通过对浙江特色小镇建设模式的分析,归纳了四种模式:专业中心模式、高端服务业模式、产业创新中心模式、文化旅游中心模式②。付晓东等(2017)从根植性的角度对我国第一批特色小镇进行了分析,他认为根植性的表现形态分为自然资源禀赋、社会资本基础以及市场需求偏好这三类,并提出特色小镇的特色形成可以概括为自然禀赋模式、社会资本模式和市场需求模式③。

1.4　研究内容与研究方法

1.4.1　研究内容

(1)特色小镇的基本内涵和特征

本书通过收集和梳理特色小镇的相关文献等资料,对特色小镇相关概念进行界定,探讨特色小镇的基本内涵。特色小镇是以某一特色产业、特色功能或者特色环境等为基础,汇聚相关组织、机构与人员,形成的具有特色与文化氛围的现代化群落,打造具有明确产业定位、景观旅游、文化风情和一定居住生活功能的综合开发项目,实现特色小镇产业上"特而强"、功能上"有机合"、形态上"小而美"、机制上"新而活"。同时,本书明确特色小镇的发展特征,以及特色小镇与特色小城镇、新型城镇化、美丽乡村等在行政区划、产业结构、管理运营主体、开发建设模式和功能等方面的不同,从产业、功能、规模、形态四个维度对特色小镇的主要特征进行总结。

(2)国内外特色小镇建设现状

本书借鉴美国和欧洲发达国家通过产业引领建设特色小镇的经验,例

---

① 柯敏.边缘城市视角下的区位导向型特色小镇建设路径——以嘉善上海人才创业小镇为例[J].小城镇建设,2016(3):49-53.

② 姜紫莹.浅析浙江"特色小镇"发展模式创新[C]//中国城市规划学会,沈阳市人民政府.规划60年:成就与挑战——2016中国城市规划年会论文集(16 小城镇规划).北京:中国建筑工业出版社,2016.

③ 付晓东,蒋雅伟.基于根植性视角的我国特色小镇发展模式探讨[J].中国软科学,2017(8):102-111.

如瑞士的达沃斯小镇、美国的格林威治对冲基金小镇、法国的普罗旺斯小镇等,同时分析我国较早开展特色小镇建设的实例,着重分析浙江省特色小镇建设状况,探讨中外特色小镇建设模式,总结国内外建设经验。掌握国家和广西壮族自治区有关特色小镇的相关政策,如《关于开展特色小镇培育工作的通知》《关于加快美丽特色小(城)镇建设的指导意见》,挖掘支持特色小镇建设的政策红利,为研究广西特色小镇建设模式和提升策略提供参考。

(3)广西特色小镇建设现状

本书通过分析特色小镇在广西乡村振兴、新型社会治理、新农村建设等方面发挥的作用和优势,结合国家在政治、金融方面的支持,通过相关资料分析、实地考察调研等方式收集反映广西特色小镇的地区生产总值、财政收入、城镇居民可支配收入、文娱设施数量等多方面的指标数据,利用定性分析的方法得出广西特色小镇建设的劣势。

(4)广西特色小镇建设模式

本书根据广西各地资源条件、区位优势和市场发展潜力,提出适合广西特色小镇建设的四种模式:民族文化保护型、旅游资源开发型、特色产业型、健康休闲主导型。

(5)广西特色小镇建设提升策略

特色小镇建设是一项系统工程,涉及经济社会发展的多个领域,地方政府应在国家政策的统一指导下,加强规划引导,加强统筹和服务,挖掘广西特色小镇资源,加大特色小镇建设力度。同时也需要社会各方的积极参与,在特色小镇建设过程中实行"全面动员、分类指导、分步实施"。本书根据广西特色小镇建设的相关研究,结合广西的经济、文化、区位等实际情况,提出特色小镇建设的策略建议。

1.4.2 研究方法

(1)文献综述法

本书广泛收集国内外关于新型城镇化、特色小镇内涵与建设等方面已有研究成果,对现有研究成果进行总结、归纳和提炼,经过整理、对比、分析后得到提升。众多小城镇、特色小镇和相关政策是本文的理论支撑。

（2）比较研究法

本书比较分析国外和国内典型特色小镇的地理位置、建设环境、开发模式、建设规划以及建设现状等，归纳典型特色小镇建设的成功经验与有效措施，为广西特色小镇建设模式与提升策略提供参考。

（3）系统论法

系统论法是指用系统的观点研究和改造客观对象的方法，要求人们从整体的观点出发，全面地分析系统中要素与要素、要素与系统、系统与环境、此系统与他系统的关系，从而把握其内部联系与规律性。从系统论的观点出发，此方法运用在广西特色小镇评价模型构建当中，主要体现于能有效地厘清整体与部分（要素）之间、广西特色小镇评价体系与其他省区特色小镇评价体系之间相互联系、相互作用、相互制约的关系，从而综合地、精确地考察对象，最佳地处理和研究评价问题。

（4）实地调查法

本书通过对特色小镇政府部门、社会机构、企业以及相关人士的走访问谈，收集相关文献资料，为研究广西特色小镇建设现状收集第一手素材，这样能够保证研究结论不断贴近特色小镇发展的实际情况，增强研究的真实性与科学性。在实地调研、走访以及后续的数据分析过程中，将研究报告架构与现实问题相结合，加强对二者的深入探究，对于发散研究思维、扩宽理论研究的广度、挖掘研究深度等都有着重要作用。

（5）多学科理论交叉法

本书以特色小镇建设理论为切入点，综合运用旅游学、产业经济学、区域经济学、管理学、社会学等学科理论。笔者对研究理论的运用不拘泥于某一特定学科，而是根据具体问题的研究需要，选择最具有解释力的理论和模型，进行多维度交叉研究。

本书采用的技术路线如图 1.1 所示。

问题的提出

研究意义

国内外研究综述

新型城镇化 | 特色小镇内涵 | 特色小镇建设

拟解决的关键问题

广西特色小镇存在的主要问题 | 广西特色小镇建设模式 | 广西特色小镇建设的提升策略

广西特色小镇建设现状分析 | 国内外特色小镇案例与启示

广西特色小镇建设模式分析
民族文化保护型
旅游资源开发型
特色产业型
健康休闲主导型

评价原则

框架构建

广西特色小镇评价体系

基本信息指标

发展绩效指标

特色水平指标

政策保障

项目对接

广西特色小镇提升策略分析

宣传推广

产业支撑

结论与展望

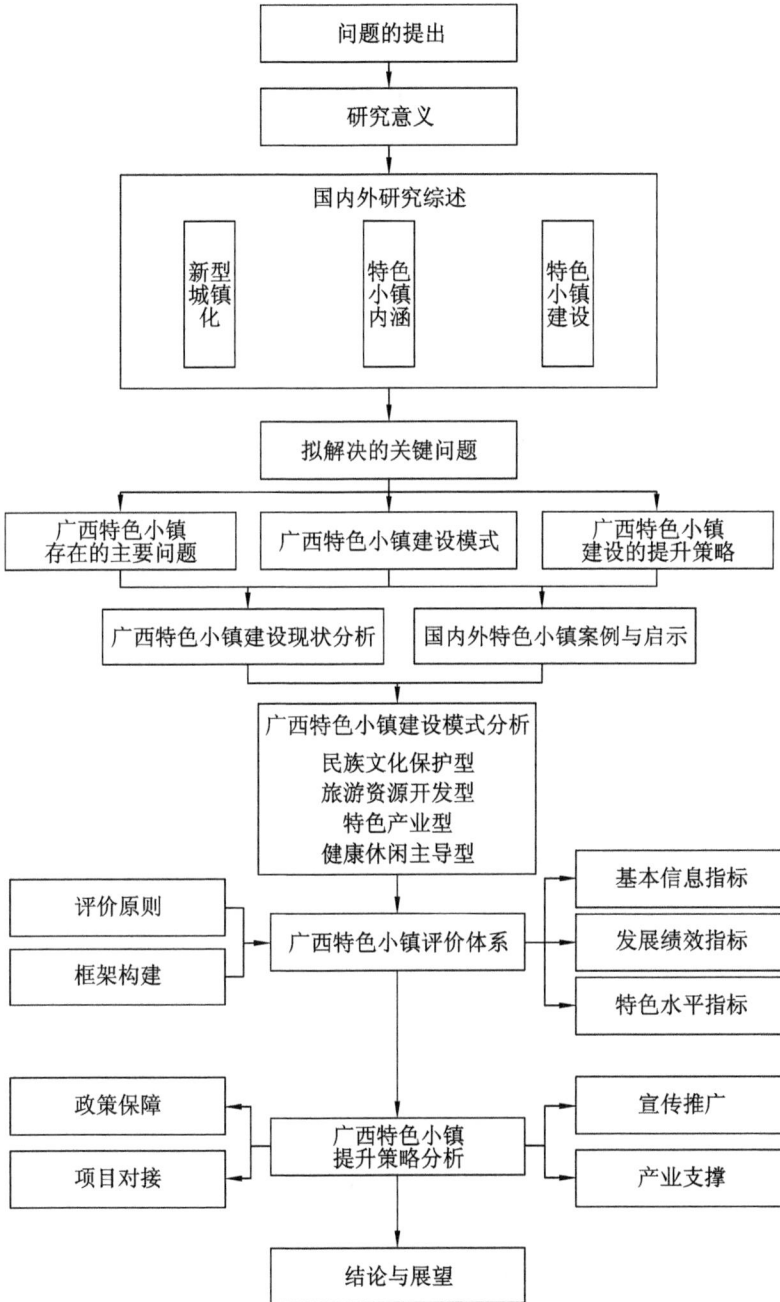

图 1.1　技术路线

2 特色小镇相关概念及理论基础

2.1 特色小镇的相关概念

2.1.1 特色小镇

随着经济社会的快速发展,在新型城镇化的战略背景下,我国大多数小城镇在发展过程中逐渐暴露出了诸多问题,在产业升级、科技发展、人才引进、生态环境等方面都面临着巨大的挑战。2014 年年末,为了解决在产业发展过程中"缺乏创新、产业低端、资源利用粗放"这些问题,浙江省在国内率先提出了打造特色小镇的发展战略。特色小镇作为一个新的事物,正成为经济新常态下转型发展的新引擎和改革创新的新载体。《国家发展改革委关于加快美丽特色小(城)镇建设的指导意见》提出:"特色小镇主要指聚焦特色产业和新兴产业,集聚发展要素,不同于行政建制镇和产业园区的创新创业平台。"①

参照浙江省对特色小镇界定的概念,可总结为:特色小镇有别于传统意义上界定的行政区域单位"镇",也不是一个独立的行政单元。它是一个在城市内部或周边的,在空间上相对独立发展的,以特色产业和产业文化为核心,以创业创新为因子,兼备生产、生活、生态多种功能,多种经济元素聚合的块状经济转型升级的新业态。不同于一般中心镇、特色镇等基于行政管辖范围的城镇单元,特色小镇本质上属于产业开发平台,是"产、城、人、文"四位一体有机结合的重要功能平台②。

特色小镇是国家继大城市发展、中小城市培育、美丽乡村建设之后的

---

① 李燕,张新美.脱贫视角下广西特色小镇建设与县域特色产业发展[J].商业经济研究,2019(10):145-149.

② 李强.特色小镇是浙江创新发展的战略选择[J].今日浙江,2015(24):16-19.

又一项重要国家战略,重点培育引领带动未来区域经济发展的特色小城镇,形成"大城市国家层面引领(国家中心城市)、中小城市省级层面辐射(区域性中心城市)、特色小城镇地区带动(地区性中心城镇)、美丽乡村点缀(中心村)"的四级国家城乡统筹发展体系,特色小(城)镇将成为未来国内小城镇发展的主要模式①。

2.1.2 特色小城镇

小城镇,它介于城乡之间,地位特殊。关于"小城镇"的概念,不同的专家学者对此存在不同的看法。有一部分专家学者认为小城镇包含小的城市、县城、建制镇和未建制的集镇;有的认为仅包含县城和建制镇、不包括集镇;有的又认为是建制镇和集镇,不包括县城;还有的人认为,小城镇是一种区别于城市和村庄的早已客观存在的聚落。

《中国 21 世纪初城镇可持续发展纲要》(2002)中称"中国的城镇分为城市和小城镇两种类型。城市是指经中华人民共和国民政部批准的建制城市……小城镇是指经国家批准设立的建制镇镇政府所在地的建成区和相连的村民小组的非农建设用地部分"。《小城镇污水处理工程建设标准》(2011)和《小城镇生活垃圾处理工程建设标准》(2011)中称"本标准主要针对县城以下建制镇的……工程提出建设内容和标准"。这里"小城镇"的概念仅限于低于县级的建制镇。

原住建部政策研究中心主任、中国城乡经济建设研究所所长陈淮对小城镇的定位和精准内涵进行了解读。他认为中国的小城镇不应只是连接城市与农村的中转站,而应是一种成熟阶段的城市化基本形式。他强调小城镇精准发展首先要精准在产业的承载力上,其次要精准在小城镇人口结构上,最后要精准在市场化的资源配置上。

在本课题研究中,将小城镇的范畴界定为县城关镇和县城以外的其他建制镇。它的建设首先是加快新型城镇化的有效路径,同时也是搭建城乡发展一体化的基本平台的有效举措。

特色小城镇是在新型城镇化建设和新农村建设的大背景下提出的,指

---

① 于博宇.广西康养特色小镇建设的 PPP 融资模式研究[D].南宁:广西大学,2019.

的是那些具有区别于其他小城镇的独特特征的小城镇,特色小城镇是多样化的,小城镇的特色可以是历史的、人文的,也可以是近代遗迹,或者具有地方现代产业等。特色小城镇在城乡地域中地理位置重要,资源优势独特,经济规模较普通小镇大,产业相对集中化。小城镇作为连接城市和农村的重要纽带,将城市和农村的各种资源要素进行相互传递,从而起到辐射和带动的作用。

截止到 2017 年,我国有将近 20000 个建制型小城镇,它们是推进城镇化的现实载体、存量载体,由中华人民共和国住房城乡建设部主管。国家发展改革委城市和小城镇改革发展中心学术委员会秘书长冯奎指出:"提出'支持中小城市和特色小城镇',是更加突显建制型小城镇的重要抓手与平台作用。"北京产城融合技术研究院院长、中国特色小镇智库联盟秘书长胡柏表示:"特色小城镇更注重公共性、社会性,体现在基础设施、小城镇配套、居民公共服务均等化等方面;而特色小镇则强调经济性、产业性。"

2.1.3 新型城镇化

关于新型城镇化的定义,国内众多学者、专家都提出了自己的观点,如陈甬军认为,新型城镇化即遵循工业化与城市化、农村与城市、农业与工业协调发展的集约、可持续并实现大中小、多产业类型的多元城市化模式[①]。

牛文元认为,新型城镇化是"坚持实现可持续发展战略的目标,坚持实现人口、资源、环境、发展四位一体的互相协调,坚持实现城乡公共服务的均质化,以城乡之间和城际之间撰取财富和分享财富的机会平等为标志,逐步消解城乡二元结构达到社会和谐的城市化"[②]。

杨永光认为,新型城镇化是在科学发展观的指导下,以新型工业化和现代服务业为产业基础,以现代交通通信网络为物质技术手段,形成大中小城市和城镇合理的结构和空间体系,充分发挥各自的特点和功能,并以城乡和谐发展为目的,城市带领农村发展,从而形成国民经济全面、和谐和可持续发展的城市化道路,其核心是城乡和谐发展、共同富裕、可持续

---

① 陈甬军. 中国的城市化与城市化研究——兼论新型城市化道路[J]. 东南学术,2004(4):23-29.

② 牛文元. 中国新型城市化报告[M]. 北京:科学出版社,2012.

发展。

本书通过综合已有的研究成果提出:新型城镇化是针对现在城乡之间出现的严重矛盾,通过围绕质量化协调性发展的深层次改革,寻求转型发展的新时期城镇化之路。其内涵是实现人的城镇化,坚持以人为本,以新型产业化为动力,以统筹兼顾为原则,全面提升城镇化质量和水平,实现城乡统筹、节约集约、生态宜居、社会和谐的发展目标。其本质是以生态平衡为总前提,以创新与知识支撑经济社会发展,确保发展质量,推动绿色经济体系及文明社会的建设。其特征是经济发展模式健康,人民安居乐业,生态环境优良,社会保障全面,城乡特色鲜明,基础设施先进,社会氛围和谐[1]。

新型城镇化建设与特色小镇建设都必须坚持以人为本,全面贯彻创新、协调、绿色、开放、共享、可持续的发展理念。两者具有以下几个方面的紧密联系。

(1) 定义相关

新型城镇化着重于"镇"的本身,强调行政建制镇的长远发展,而特色小镇更着眼于"镇"的功能,强调小镇功能的健全程度,但是两者都对"镇"的功能集聚有着极高的重视程度,要求从产业集聚创新、经济协同增长等多个方面进行突破。

(2) 性质相似

城镇化在"镇"的发展过程中致力于实现空间要素的自由流动,合理分配劳动力、土地等资源要素。特色小镇将特色产业在一定区域内进行集聚发展,并发挥其辐射带动作用,将资源进行空间上的流动,可在一定程度上促进城镇化的发展。

(3) 目标一致

新型城镇化建设的目标之一是打破城乡二元差异化结构,促进城乡协调发展。而特色小镇在发展建设的过程中,通过特色产业的发展,促进区域经济的转型升级,这对于城乡的均衡发展具有一定的意义,因此,从目标

---

① 董晓峰,杨春志,刘星光.中国新型城镇化理论探讨[J].城市发展研究,2017,24(1):26-34.

的角度来看,两者的发展目标具有一致性。

(4)功能衔接

新型城镇化作为一个重要的国家级战略,将发展具有特色资源、区位优势和文化底蕴的小城镇作为新型城镇化的重点任务之一,城镇化模式开始从速度型向质量型转变。在当前我国经济转型升级、提倡绿色生态理念的背景下,特色小镇担负起了缓解大城市病、因地制宜发展新型城镇化的历史使命。因此,两者在推动经济发展上进行了有力的衔接[①]。

2.1.4 供给侧结构性改革

供给侧包括劳动力、土地、资本、创新四大要素。我国的供给侧结构性改革的核心是转变经济发展方式,调整经济结构,提高全要素生产率,即以供给侧为着眼点,着力推进制度,提高全要素生产率。

关于供给侧结构性改革的定义,目前国内学者并没有达成共识。吉林大学经济学院教授李俊江认为,供给侧结构性改革就是增加有效供给的一项系统性工程,指的是从供给、生产端入手,通过解放生产力,提升竞争力以促进经济发展。北京大学经济学教授曹和平认为,所谓供给侧改革就是将全国的生产潜力看作一个整体,破除制度性因素和技术性因素对于生产能力的限制,使生产能力处于最优状态,因同时存在产能过剩和供给不足的问题,所以供给侧管理要进行结构性改革。刘世锦(2016)认为,供给侧结构性改革就是通过实质性的改革措施,进一步开放要素市场,打通要素流动通道,优化资源配置,全面提高要素生产率。

中南财经政法大学经济学院教授朱巧玲认为,供给侧结构性改革是针对过去宏观调控的思路和重点放在需求侧而提出的,区别于短期需求调控为主的凯恩斯主义模式。供给侧结构性改革强调从中长期视野和供给角度,实施结构优化、增加有效供给的宏观调控,从注重宏观经济总量上的平衡转向更加注重结构平衡,通过比例或结构的调整,解决当前我国经济发展动力不足、产出效率低等一系列宏观经济层面上的供给冲击问题[②]。

---

① 程艺,陈玲,张晓巍.特色小镇对中国新型城镇化建设的影响解析[J].中国名城,2017(10):4-8.

② 牛冬杰.供给侧改革为发展提质增效[N].中国社会科学报,2016-02-26(1).

2.1.5 新农村建设

建设社会主义和谐社会,首先要全面推进新农村建设。充分挖掘新农村的工业特色、文化底蕴以及生态资源,分别从理念、机制、载体三个方面进行革新,全方位助力"新农村"建设,为新农村经济发展构造新的平台,响应创新、协调、绿色、开放、共享的发展理念。因此,要加快特色产业的建设,丰富文化氛围,美化生态环境,建立功能丰富的旅游社区,"特色小镇"建设将大力推动新型城镇化与新农村建设,极大地促进区域政治经济文化的发展[①]。

特色小镇建设有利于进一步推动美丽乡村发展,加快实现产业现代化的步伐。为了加速推进特色小镇落地,部分已经建设成熟且具有集聚效应的美丽乡村或部分具有特色产业或独特资源禀赋的乡村都可以申请进一步打造特色小镇,在原有较为成熟的基础上,结合特色小镇的相关建设要求,完成乡村转型升级。特色小镇既能与都市经济融为一体,又能带动农村农业的发展,带动乡村基础设施、村容村貌的改善,成为新型城乡经济和消费发展的纽带。因此,特色小镇建设是破解城乡二元结构,推进美丽乡村建设的重要抓手[②]。

2.1.6 乡村振兴战略

2017 年 10 月,党的十九大报告首次提出"乡村振兴战略",并将它列为决胜全面建成小康社会的七大战略之一。乡村振兴战略核心内涵包括:坚持农业农村优先发展,按照产业兴旺、生态宜居、乡风文明、治理有效、生活富裕的总要求,建立健全城乡融合发展机制体制,加快推进农业农村现代化。其中,产业兴旺是经济发展建设的重要基础,重点在于资源整合、产业培育、经济转型和收入增长,不能仅局限于第一产业的发展,而应着眼于三大产业融合发展[③]。特色小镇被视为实施休闲农业和乡村旅游的精品工

---

① 马宁.绥芬河特色小镇建设问题研究[D].长春:吉林大学,2017.

② 程艺,陈玲,张晓巍.特色小镇对中国新型城镇化建设的影响解析[J].中国名城,2017(10):4-8.

③ 邓想,曾绍伦.乡村振兴战略背景下村镇产业生态链构建研究[J].生态经济,2019,35(4):111-117.

程,同时也是构建农村三大产业融合发展体系的重要支点。

综上所述,乡村振兴的发展理念与培育特色小镇所提出的建设目标在很大程度上相互重合,昭示了特色小镇今后的发展将更加贴近乡村振兴的脉搏与心脏,特色小镇完全可以成为乡村振兴的一个重要抓手和平台①。特色小镇归根到底是服从和服务于乡村振兴战略的,特色小镇的良好建设,不仅能够协助实现统筹城乡发展,同时也是实现乡村振兴的重要途径。

2.2　特色小镇的主要特征

2.2.1　产业特征

(1) 产业类型丰富

特色小镇应该具有明显的特色产业支撑,依据当地已有产业发展,扩大范围,以产业支撑小镇发展。2016 年 7 月,住房城乡建设部、国家发展改革委、财政部联合下发《关于开展特色小镇培育工作的通知》,提出到 2020 年,要培育 1000 个左右各具特色、富有活力的休闲旅游、商贸物流、现代制造、教育科技、传统文化、美丽宜居等特色小镇。浙江省是我国特色小镇建设的领军省份,其特色小镇的产业聚焦于信息经济、环保、健康、旅游、时尚、金融、高端装备制造等朝阳行业,也包括茶叶、丝绸、中药、青瓷、根雕、石雕等历史经典产业,即所谓的"7+10"产业:七大万亿级产业和十大历史景点产业。

从全国第一批特色小镇的产业定位来看,每个小镇都依据产业突出"独特"。特色是小镇的核心要素,特色产业是重中之重,每个特色小镇的产业定位都紧扣国家的要求,主攻自己最有基础、最有优势的特色产业。不同小镇即使其产业定位相同,但也都依据自身的区位条件和各方面综合因素细分领域、错位发展,使其具有自己的独特魅力。如浙江省的云栖小镇与余杭梦想小镇,两者都属于信息经济产业,但两者的具体内容又有所

---

① 段雯娟.走到十字路口的特色小镇,该往何处去?[J].地球,2018(5):48-49.

不同,云栖小镇是中国首个云计算产业生态小镇,以发展大数据云计算为主要发展特点[1];而梦想小镇则涵盖了互联网创业小镇和天使投资小镇新型发展模式,重点鼓励和支持广大青年群体创办电子商务、信息服务等互联网相关领域产品研发生产、经营和技术服务的企业,以及重点培育和发展科技金融、互联网金融[2]。

（2）定位具有双重性

特色小镇的任一产业都具有文化和经济的双重特征[3],原因在于特色小镇不局限于发展特色产业,而是走"产业＋旅游"相互融合的发展道路。一个有产业引领作用的小镇开发旅游业,其影响力甚至大过周边的大城市,还能对产业发展和区域经济发展起到相互促进的作用。产业可以带动小镇旅游,旅游又可以推动产业发展[4]。

特色小镇在特色产业发展上,孕育出鲜明的特色文化,甚至衍生出旅游功能,是一个产业、文化、旅游、社区的有机复合体。特色小镇的产业定性还具有文化和经济的双重属性。特色小镇的发展过程,具有从经济性质组建向文化性质转换的规律,即在特色小镇发展旅游的初级阶段,由于大量的资金投入和建设,往往经济性质占主导地位;当小镇的旅游产业进入发达阶段后,由于游客文化消费需求的日益增强,文化性质便逐渐占了主导地位[5]。

（3）产业集聚现象明显

特色小镇建设重自身的产业特征,以小镇特有的资源和现有的产业为出发点,作为一种"小空间大集聚"的产业转型升级区,依托互联网延长产业链,齐聚创新链,形成创新生态区,以国家五大发展理念"创新、协调、绿色、开放、共享"为核心,坚持创业、创新、创意三创融合,促进产业结构升级转型,趋向资源、技术集约型产业。

---

① 张雪.从郊区小镇到全球焦点——西湖云栖小镇的嬗变[J].小城镇建设,2016(3):67-71.

② 王永昌.小镇大梦想 创业大舞台——关于梦想小镇、特色小镇建设的若干思考[J].浙江经济,2015(13):10-15.

③ 谢春山.旅游业发展的新思路——基于产业特征的视角[J].开发研究,2005(4):115-118.

④ 刘锡宾.我省特色小镇建设原则和对策研究[J].政策瞭望,2015(9):49-51.

⑤ 孔建新.对旅游产业若干理论问题的探讨[J].新疆金融,2004(2):9-12.

以特色小镇为代表的特色产业发展平台,是在原有传统产业集群模式基础上的创新和升级,是区域产业集聚的 3.0。特色小镇建设同样离不开市场、要素、技术等内外因素,但创新则是其核心要素。作为产业集聚模式的 3.0,就是要在特色产业支撑下的小镇形成一个融文化创意、研发创新、成果转换、体验应用于一体的立体化特色产业系统,进而在小镇范围内构建起由市场主体共同参与的知识或技术的共享、共创、共进机制,进而形成企业间知识外溢、技术扩散、收益共享的创新网络,实现创新资源在小镇范围的持续循环滚动配置,进而推动小镇范围内产业的集聚发展[①]。因此,从产业的视角来看,产业的转型、更新和升级,以及生产集聚和产业的集群化发展,推动了特色小镇的不断升级发展[②]。

2.2.2 功能特征

特色小镇是融合不同功能特性的有机结合体,其核心功能应当具备特色产业、历史文化、宜居社区、休闲旅游等,部分特色小镇的建设以前三者为主,旅游功能相对弱化。特色小镇需要以产业链思维来运营,以"产、城、人"融合发展的理念来建设[①]。特色小镇的功能特征是追求产业间的融合、产业内的融合、产业发展与城镇空间布局之间的融合三大融合。特色小镇重点发展产业,将产业功能设为优先级,这次由国家驱动的城镇化发展还肩负着文化与民生的功能。住房城乡建设部相关措施要求,特色小镇追求小范围区域内的多种功能的相互叠加,建设必需的基础设施以满足基本的社区功能,立足于自身的产业基础培育出特有的产业文化,并且逐步形成旅游功能,产业、旅游、社区等多种功能相互融合反应,是 $1+1>2$ 的化学聚合反应[③]。

（1）产业功能

特色小镇的核心是特色产业,推动传统劳动密集型产业转型升级,引

---

① 盛世豪,张伟明.特色小镇:一种产业空间组织形式[J].浙江社会科学,2016(3):36-38.

② 李柏文,曾博伟,宋红梅.特色小城镇的形成动因及其发展规律[J].北京联合大学学报(人文社会科学版),2017,15(2):36-40.

③ 陈文文,刘刚.特色小镇"特"在哪——省政府有关部门负责人为您全面解读[N].浙江日报,2015-06-17(3).

导其向知识技术密集型发展,积极发展信息经济、高端装备制造等新兴产业是推进产业结构转型升级的着力点。通过打造特色产业生态,拓宽产业链,促进产业链一体化发展,并将文化、旅游、社区服务等多种要素叠加形成一个完整的产业生态圈,增强对上游的设计研发和下游品牌营销的结构性功能,以特色小镇作为中小型企业的孵化器,提高企业孵化率,以产业发展带动区域经济的发展,这是特色小镇产业的重点功能。

(2)文化传承功能

特色小镇是城市底蕴和历史文化的传承器①。在很长的一段时间内,我国城镇化采取粗放型的发展模式,造成许多城市在大拆大建中舍弃了历史,忘记了文化,这样机械外扩式的城镇化品质已经难以满足人们对于城市的情感需求,因此,城镇化亟待向提升品质、注重人性的内聚式发展。而特色小镇在产业发展中高度重视小镇发展的文化积淀与历史传承,通过挖掘各地独特而丰富的文化内涵,弘扬历史景点文化,满足人民文化需求,提升中国各地小城镇的软实力②。习近平总书记在中央城镇化工作会议上就提出:"让居民望得见山,看得见水,记得住乡愁。"特色小镇就是乡愁的载体,将历史文化融入产业发展、小镇建设之中,用特色文化保留乡土气息,增强人们对小镇的认同感、归属感,用传统文化逐渐打破人们心中的枷锁,重建城市与人类情感桥梁。特色小镇的发展,不仅照亮了我国城镇化发展的康庄大道,也照亮了人民群众内心深处那百转千回的乡情之路。

(3)旅游功能

与传统小镇的人口结构和对外联系相比,特色小镇拥有大量的旅居人口,具有更大的人口包容性、功能兼容性和对外开放性。当前,旅居社会发展越来越快,几乎成为全球化趋势③,这也进一步揭示了为什么住房城乡建设部公布的第一批127家特色小镇中70%与旅游休闲有关,即便是产业特色小镇也会具有强大的旅居功能。特色小镇的旅居功能,也刚好满足了过度城市化和后工业社会中迁徙、挤出和出逃的城市人口的需求。这些城市

---

① 史云贵.当前我国特色小镇的功能与路径创新[J].国家治理,2017(2):18-27.

② 李强.用改革创新精神推进特色小镇建设[J].今日浙江,2015(7):8-10.

③ 李柏文,毛志睿.旅游目的地"旅居社会"的建构与发展研究[J].华东经济管理,2012(11):64-67.

人口的流出归纳起来有三种情形：一是开明的老年人出城度假、养老而形成的候鸟式度假或第二居所；二是中小业主或高级白领因为地租级差而转租城外；三是年轻的旅居者。这些人群常态化的旅居行为，会形成稳态的规模化的城市人口流出，具有城市人口流出疏解效应。但这种城市人口的流出必须有序有度，需要构建特色小镇与城市之间良好的对流机制，否则会出现"空心城"的现象，并成为一种新的社会问题。为此，未来我国生活型特色小镇的建设和发展规模必须要与城市流出人口规模相匹配，在功能上要匹配发展度假养老小镇、特色产业小镇、旅游小镇，满足这三类人群的需求。

2.2.3 形态特征

特色小镇的开发建设可以是一个独立的范围，也可以现有的行政建镇为依托进行建设，将特色产业功能融为一体进行发展[①]。"小而美"是特色小镇的主要形态，特色小镇并不追求宏伟庞大的建筑群，它的规划面积一般都不超过3平方千米，核心规划区为1平方千米左右。在特色小镇形态打造过程中也要着重发挥小镇"特色"。

特色小镇的核心在于打造和发展特色村，应"看得见乡野、听得见乡音、闻得到乡味、摸得到乡趣、记得住乡愁"。乡愁通常有具体的载体，儿时的记忆往往与祖屋密不可分，这些记忆就是人们对家乡的眷恋，特色小镇因地制宜的建筑形态为我们的乡愁提供了栖息之地。每个地区都有自己独特的文化底蕴，随着岁月的沉淀，文化也逐渐散发出其独特的魅力，文化特色作为软实力，是特色小镇发展的重要驱动力之一。要将人文特色融入小镇的建设中去，因为正是这种独特的历史元素才孕育出当地特有的本土建筑形态，这种建筑形态也是对传统文化的一种传承，是对历史的尊重，因此，建设过程中要注意根据本土文化特色进行形态打造，不可生搬硬套国外或其他地区的模式，过分借鉴会破坏当地传统文化环境，导致地域特色消失，造成百镇一景的局面。

住房城乡建设部的政策文件规定，所有的特色小镇都要建成3A级以

---

① 尤继民.辽阳 LEP 镇特色小镇建设问题研究[D].长春:吉林大学,2017.

上旅游景区,旅游产业类的特色小镇要按照5A级景区的标准建设。茂密的生态林、生态型现代化城市交通体系、低碳的生活方式都决定了小镇的打造必须要保证其鲜明的生态特征,在环境设计、建筑设计中一定不能破坏当地的生态环境。"望得见山、看得见水"是现代城市人对休闲生活的向往,为此打造山水秀美的特色小镇是必须实现的目标。

2.2.4 制度机制特征

特色小镇不是传统观念上行政区域单位"镇"的概念,与工业园区、旅游园区等概念也有所区别。特色小镇拥有得天独厚的优势,它不仅是政府、市场、社会三者相互联结的核心,并且是三者资源共享、合作共享的平台和载体。政府进行顶层规划引导,企业作为主体参与开发经营、市场化运作,以此灵活的创新开发机制打造完整的产业生态圈。新常态下需要新理念、新动力、新作为,特色小镇在融资建设、创建机制,以及为创业者提供的"众创空间"创业服务平台上都有了很大转变。我们推进新型城镇化要在"新"字上确立以人为本的新理念,赋予城镇化建设质量和效益导向并重的新内涵,构建生态、生产、生活"三生融合"的建设开发新体系。

(1)市场主导

按照CAS理论,自组织是自下而上依据某种基础或某种愿望形成的,其他组织是根据从上到下的规定塑造出来的。任何一个有活力的组织必须是自下而上自己组织出来的。只要是自发的组织,就具有无比的活力[1]。特色小镇的产业和空间的活力源于其个体的自适应性所形成的自组织性[2]。好的特色小镇是由企业作为参与主体,小镇相当于企业孵化器和"双创平台",由企业为了自身利益、投资者的利益、当地居民的利益通过"自组织"达到协同供应的结果,这是特色小镇较理想的发展模式。由企业作为参与主体参与各种大型项目的投融资与建设工作,充分发挥市场在资源配置中的决定性作用。这样自下而上的组织结构充分调动了各个企业的参与积极性,有力地推进小镇的项目建设和经济发展,使特色小镇获得长久

---

① 仇保兴.复杂适应理论(CAS)视角的特色小镇评价[J].浙江经济,2017(10):20-21.
② 仇保兴.特色小镇的特色要有广度与深度[J].现代城市,2017,12(01):1-5.

发展的强大动力,使特色小镇走上不断兴旺发达的可持续发展道路①。

(2) 政府引导

在特色小镇的建设过程中政府始终发挥引导作用。一方面,政府在建设前期突出规划统筹作用,科学引导特色小镇的建设,并且编制特色小镇的长期发展规划,依据国家相关政策,以当地资源禀赋和历史人文条件为基础,按先规划、再策划、后招商建设的运作程序,有序推进特色小镇建设;另一方面,政府部门积极探索建立规范完善的法律法规和支撑体系,优化发展环境,完善市场监督,营造公平有序的市场环境。整个建设过程中政府解决了长久以来的"投资单位"和"监管部门"双重身份的难题,使政府公权力和市场私行为有效分离,使得权力滥用的可能大大降低。

政策性资金的支持对于特色小镇的建设具有重要的引导作用。国家相关部门在组织领导和支持政策中提出两条支持渠道:一是国家发展改革委等有关部门支持符合条件的特色小镇建设项目申请专项建设基金;二是中央财政对工作开展较好的特色小镇给予适当奖励。各个地方政府也出台了许多金融政策,采取财政支持和补助等形式,如财政返还、城镇化专项资金优先利用、地方发债、低价的土地指标划分和低息贷款等。

(3) 社会积极参与

国家发展改革委《关于加快美丽特色小(城)镇建设的指导意见》明确指出:"鼓励利用财政资金撬动社会资金,共同发起设立美丽特色小(城)镇建设基金。"由此可以看出,政府和社会资本合作(PPP模式),在国家政策层面上,已经成为推动特色小镇建设的重要动力。

PPP模式具体是指政府与私人组织基于某个项目而形成相互合作关系的一种特许经营项目融资模式,由该项目公司负责筹资、建设与经营。政府通常与提供贷款的金融机构达成一个直接协议,由政府向借贷机构做出承诺,金融机构将按照政府与项目公司签订的合同支付有关费用。这个协议使项目公司能够比较顺利地获得金融机构的贷款。采取这种融资形式的实质是,政府通过给予民营企业长期的特许经营权和收益权来加快基础设施的建设及有效运营。

---

① 刘锡宾.特色小镇有序建设应当怎么推[J].浙江经济,2015(12):44-45.

（4）创新的问责制度

问责是公共权力运行闭合链条中至关重要的一环，也是促进政府绩效持续提升的重要手段[1]。但是类似区域的建设过程中通常会涉及多方面因素，相关负责人员的责任划分界限不明确，而且我国目前对于决策权的问责，依然没有有效的手段加以处理[2]，导致"审批制"的园区设立模式大多存在责任虚置的情况。在"特色小镇"建设中，常利用"创建制"来代替传统的"审批制"。浙江省的《关于加快特色小镇规划建设的指导意见》中明确规定，特色小镇的创建要通过"自愿申报、分批审核、年度考核、验收命名"的流程，且在省配套奖励措施上还规定，一旦考核没有达标，不但会追回，还将"倒扣"。下属各地级市出台的配套政策中，基本上也都做了类似的规定。"宽进严定"、"能进能出"的原则，以及公示考核的流程都保证"特色小镇"创建并非一劳永逸的过程。从《关于加快特色小镇规划建设的指导意见》的实施结果来看，首批列入"特色小镇"培育名单的特色小镇项目中已经出现被"降级"的案例，这直接反映了该制度在操作上的可行性。《关于加快特色小镇规划建设的指导意见》中对特色小镇培育周期的规定，以及验收通过后予以"挂牌认定"的处理方式，也反映出"特色小镇"相比于开发区，不仅仅是区域治理的过程，更是一个具有价值导向的治理目标，并能够以此来评判"特色小镇"创建工作的具体成效。从 2015 年推出"特色小镇"以来，浙江省先后进行了两批共 79 个省级特色小镇的认定工作。虽然"创建制"还处于试点的阶段，但其效果已经逐渐展现，尤其是作为一种新型的地方政府治理模式，其呈现出的诸多做法对于开发区治理模式中存在的困难与问题能够很好地回应，并可能代表今后一段时期取代开发区模式的中国地方政府治理模式转型取向。"创建制"在新型政府、企业、社会关系构建、政府考核与激励方式转变等方面所采取的系列创新举措，也将成为未来一段时期和谐发展、持续增长的新动力。

---

① 王柳.理解问责制度的三个视角及其相互关系[J].经济社会体制比较,2016(2):184-194.

② 谷志军.中国决策问责的现状与困境——基于 2003—2012 年问责案例的分析[J].学习与探索,2015(7):50-55.

2.3 特色小镇的相关理论基础

2.3.1 城市区域核心理论

从某种意义上来说,特色小镇是有独立的创业空间和一整套的生活价值的表达系统,这一内涵是在一定的"城市区域核"范围内创造完整的就业与生活体系。1977年美国社会学家万斯提出城市"区域核理论"。其主要内涵包括:远离城市形成独立"核"。人口向郊区迁移,远郊出现城市核,城市与郊区的相互作用强度降低;郊外城市核出现,郊区加强了城市"自我维系能力",并最终脱离对城市中心商业区依赖,重现城市功能;一个空间发展较为良性的城市,都有多个分离的"城市区域核";区域核形成以就业为核心的生活方式,即创业、就业、生产、流通、分配、消费、娱乐一体化。万斯说:"大部分城市的居民越来越不会使用整个城市辖区,除非有特殊需要;相反,他们在一个足够相对有效地发挥自己作用的城市空间内生活和工作。"[①]

2.3.2 现代城市规划理论

特色小镇建设注重产业、文化、旅游等多功能叠加,坚持生产、生活、生态融合一体化发展,遵循以人为本的发展理念,与现代城市规划理论高度吻合。日本《都市计划》认为城市规划就是要以一定区域作为对象,设定一个明确的目标,为使得居民能够安全、舒适地生活,通过高效开展工作,来实现既定的经济目标。现代城市规划要预先确定区域内每部分空间的具体安排和使用,从全方位立体的角度进行规划,规定土地的使用规模,提高利用率[②]。我国对于现代城市规划的理解是在充分研究城镇的现状和发展趋势基础上,对城市的具体区块的土地、设施、房屋等物质要素做出统一配

---

① 詹姆斯·E.万斯.延伸的城市——西方文明中的城市形态学[M].凌霓,潘荣,译.北京:中国建筑工业出版社,2013.

② 严国芬.对我国城市化动力机制的分析[J].城市规划,1988(1):39-41,61.

置,来实现一定时期内的经济和社会发展目标[①]。

特色小镇本着以人为本的建设理念,坚持特色产业和旅游产业的双轮驱动作用,注重生态生产的融合。依照产业结构高端化的发展规律,特色小镇未来的发展必然要由工业经济向更紧凑、更绿化、更多元化的复合园区转型。特色小镇比较符合现代城市规划理念,规划之初,对小镇的建设区域进行科学规划,将生活区、工业区和服务区进行良好布局,每个部分的配置都是为了更加有助于产业的融合和协调发展,有利于市场拓展,符合现代人的激情和创新,也可以在美丽的环境中追求诗意的生活,发展未来新型城镇化的新景观。

本 章 小 结

本章首先对本课题研究所涉及的相关概念进行了界定,综合以往学者对特色小镇的定义,本课题将其定义为有别于传统意义上界定的行政区域单位"镇"。特色小镇也不是一个独立的行政单元。它是一个在城市内部或周边的,在空间上相对独立发展的,以特色产业和产业文化为核心,以创业创新为因子,兼备生产、生活、生态多种功能,多种经济元素聚合的块状经济转型升级的新业态。在明确了特色小镇与特色小城镇二者的区别与联系的基础之上,厘清了新型城镇化、供给侧结构性改革以及乡村振兴战略的概念。

其次,从产业、功能、形态、制度机制四个维度对特色小镇的主要特征进行了分析。产业类型丰富、定位具有双重性、产业集聚现象明显是特色小镇产业的主要特征。住房城乡建设部相关措施要求特色小镇追求小范围区域内的多种功能的相互叠加,建设必需的基础设施以满足基本的社区功能,立足于自身的产业基础培育出特有的产业文化,并且逐步形成旅游功能。这就决定了特色小镇的小区域多功能的特点,除了产业功能外还具备旅居、文化传承的功能。"小而美"是特色小镇的建设要求,也是它的形态特征,历史文化的积淀使得特色小镇充满乡愁,处处让人回归本真。特

---

① 尤继民.辽阳 LEP 镇特色小镇建设问题研究[D].长春:吉林大学,2017.

色小镇是以市场为主导,政府作为引导,社会各方积极参与,并且采用创新的体制机制的新型城镇化发展之路,这四个部分也正是特色小镇的制度机制"特色",使得特色小镇从传统的新型城镇化发展模式中脱颖而出。

最后,对特色小镇的理论基础进行概述,主要包括城市区域核心理论和现代城市规划理论,从特色小镇的空间区域发展和规划建设所涉及的理论进行分析,为后续的研究打下基础。

3 国内外特色小镇建设经验借鉴

特色小镇概念在我国的提出,灵感起源于国外小镇建设模式,如瑞士的达沃斯小镇、美国的格林威治小镇、法国的普罗旺斯小镇等,这些小镇都极具产业特色,业态新颖、有趣,且以其独特的魅力吸引了世界各地慕名拜访的游客,产生了可观的经济收益和社会影响,改变了人们传统观念上对小镇的认识,它们的成功可以为我国特色小镇的发展模式提供思路。近年来,我国在吸取国外特色小镇建设经验的基础上,也不断涌现出经典的建设案例,如杭州新天地·跨贸小镇、云栖小镇、沃尔沃汽车小镇、乌镇、热河草莓公社小镇、楚雄彝人古镇、澳门威尼斯人度假村等。这些小镇在我国的实践和其先进的建设思想,为广西特色小镇建设模式提供了宝贵的经验与启示。住房城乡建设部将我国第一批特色小镇类型结构分为商贸流通型、农业服务型、民族聚居型、旅游发展型、历史文化型、工业发展型,因此,本章通过分析这六大类型的国内外特色小镇的建设实例,归纳出培育特色小镇的路径和经验做法,为更好更快地建设广西特色小镇提供建议与思路。

3.1 国内外典型特色小镇案例

3.1.1 国外典型特色小镇案例

(1) 商贸流通型——格林威治小镇

格林威治是美国康尼狄格州的一个小镇,面积仅有 174 平方千米,却集中了超过 500 家对冲基金公司,规模占全美的 1/3,是全球最著名的对冲基金公司的聚集地,其原因是格林威治税收政策十分优惠,吸引了许多对冲基金公司落户在小镇内。几十年前,格林威治开始筹建对冲基金小镇时,当地的税收就比纽约低很多,1000 万美元的年收入,在格林威治要比在纽约州少交 50 万美元的税金,再如房产税,格林威治只有 12‰,而近在咫尺的纽约州就要 30‰①。正是这些节省的税金吸引了最初一批对冲基金企业,加上小镇距离纽约州 35～40 分钟的车程,使得金融业的集聚效应得到了更好的体现。如今的格林威治小镇,人均年收入在 500 万美元以上,同时近半数对冲基金公司都把总部设在这里,其中包括管理 65 亿美元资产的战略对冲基金 Front Point、管理逾 100 亿美元资产的 Lone Pine 以及克利夫·阿斯内斯掌控的 190 亿美元资产的定量型基金 AQR。

(2)农业服务型——普罗旺斯小镇

普罗旺斯位于法国南部,拥有适宜薰衣草成长的充足的阳光,是"农业＋文化"的典型代表,它在彼得·梅尔笔下不仅仅是一个单纯的地域名称,更代表了一种简单无忧、轻松慵懒的生活方式。12 世纪时,普罗旺斯以骑士爱情而闻名。而这里除了浪漫的爱情故事,更具吸引力的是风景。薰衣草是普罗旺斯的名花,每年 7 月至 8 月,普罗旺斯的薰衣草绽放在阳光下,紫色花田点缀着法国南部山谷,浓艳、芳馥,熏得游人醉。作为世界著名的旅游胜地,普罗旺斯是由一系列文化小镇形成的文化产业集群,其特色是紧紧围绕"农业＋文化",以文化推动城镇化发展。

① 小镇农业的发展是文化产业的基础。其主要产业为薰衣草和葡萄酒产业,这两种产业的组合在外国文化中是休闲和舒适的代名词,与法国人的生活方式非常贴切,是小镇吸引人群的亮点。普罗旺斯以忘记忧愁、悠闲舒适为主题,以中世纪的骑士爱情故事为铺垫,使小镇充满浪漫气息。

② 农业与艺术融为一体。薰衣草和葡萄酒融合在一起释放出一种艺术的气息,薰衣草浓艳的色彩、葡萄酒微微的香气,刺激着艺术家创作的灵感,吸引了世界各地众多艺术家来到这里,从而把普罗旺斯的文化产业推向顶峰。塞尚、毕加索、莫奈等著名画家纷纷到此寻找灵感,开启了艺术生涯的新阶段;美国作家菲兹杰拉德,英国作家 D. H. 劳伦斯、彼得·梅尔,德国诗人尼采等都曾经为寻找灵感而来到普罗旺斯。名人和精神领袖的名人效应使得普罗旺斯成为普通人群向往的圣地。

③ 新兴文化产业发展迅速。在饱含文化意境与名人文化的基础上,小

---

① 冯晓霞.国外特色小镇是如何打造的[J].光彩,2017(8):28-29.

镇同样与时俱进,结合当今科技与传播平台,不断探索出新兴文化产业(如影视、文化集会、展览等),形成文化产业集群,如每年戛纳电影节就是衍生的文化产业业态,除此,还衍生了许多与薰衣草有关的旅游商品,如薰衣草香包、香袋、香精油、香水、香皂、蜡烛等[①]。

由此可见,普罗旺斯地域广阔,不仅拥有优越的自然资源,还有浓厚的历史文化沉淀,并在此基础上实现产业升级,形成综合性的文化产业和完整的文化产业链,从而形成产业集群。

(3)民族聚居型——萨法德小镇

萨法德小镇位于以色列上加利利山区,人口不到三万人,与耶路撒冷、希伯伦、太巴列一起被称为以色列犹太教的四大圣城。15世纪末,大批西班牙裔犹太人逃到萨法德,并在这里建立了犹太神秘主义哲学教派Kabbalah,至今这里仍是Kabbalah教派的中心,很多人来到这里学习犹太传统。

艺术气质与古老传统,造就了萨法德小镇,20世纪五六十年代起,萨法德被众多犹太艺术家发现,悠久的历史、尘封的传统、老城中人们的生活方式,熏陶和感染着艺术家们,他们纷纷来到萨法德开设工作室和画廊,使这里迅速成为以色列艺术之都。在老城中,专门有个艺术街区,鳞次栉比地开着画廊、工作室、设计室和店铺。小镇的居民,大多保留着非常传统的犹太习俗。狭窄的鹅卵石路、身着传统黑衣黑帽的犹太人,连犹太教传统的烛台、门柱圣卷,都设计得十分艺术、别致,凝重中透着历史的仪式感。2012年,萨法德小镇被CNN评选为全球最美十大小镇之一[②]。

(4)旅游发展型——波托菲诺小镇、达沃斯小镇

① 波托菲诺小镇

波托菲诺小镇位于意大利里格连海岸东面,背靠群山绿荫繁密,面临大海碧波浩渺,其得天独厚的风光资源、四季皆宜的游玩期以及良好的设施和服务,使其成为著名的旅游海港小镇。在20世纪20年代,波托菲诺得

---

① 冯锐.建设中国特色乡镇[J].浙江经济,2017(8):41.

② 新浪博客.全球最美小镇,神秘的犹太之城[EB/OL].[2013-07-29].http://blog.sina.com.cn/s/blog_4ee5029e0102ecem.html.

到快速发展,很多欧洲贵族喜欢小镇的气候和环境,怀着寻觅独特而原始的宁静来到波托菲诺。他们在这里建造了堂皇的村庄并定居在此,使波托菲诺闻名于世。此后,陆续有更多的名人来到这里,其中包括来自世界各地著名的艺术家、金融家等。

波托菲诺充分利用阳光、海景等资源,将海景和小镇完美地融合在一起,三四米宽的小街道也显得格外亲切,各种丰富的空间打造出悠闲生活的氛围,居民、游客在这些场所进行活动,能体验到舒适或静谧或开心①。

② 达沃斯小镇

达沃斯小镇位于瑞士兰德瓦瑟河畔,群山怀抱,空气清新,其特色结构为"旅游+论坛+商贸"。因其海拔高,四面环山,空气干爽,在19世纪肺结核还是不治之症时,是肺病患者的最佳疗养地,所以达沃斯小镇也被称为达沃斯健康度假村。在该镇新的定位与规划下,不少以前的医院已经改建为酒店,但每年仍有不少医学大会在这里举行。

每年年初达沃斯小镇都要承办世界经济论坛,也被称为"达沃斯论坛"。这使得达沃斯小镇成为全球瞩目的焦点,同时也带动了小镇的经济,据世界经济论坛统计,每年的年会可为达沃斯当地经济创造约4500万瑞士法郎(约合4945万美元)的效益,给瑞士整体经济带来的效益约为7500万瑞士法郎(约合8241万美元)②。

另外,达沃斯坐落在一条17千米长的山谷里,是阿尔卑斯山系海拔最高的小镇,也是瑞士最寒冷的小镇之一,这让它的滑雪场拥有了得天独厚的条件。达沃斯有着欧洲最大的高山滑雪场,一共拥有5个独立的滑雪场,其中克罗斯特滑雪场是英国皇室的最爱。

(5) 历史文化型——温莎小镇

温莎小镇位于英国伦敦以西,地处泰晤士河南岸,因女王行宫温莎城堡在此而著名。莎士比亚在这里写出了传世名著《温莎的风流娘儿们》,这里还流传着爱德华八世"不爱江山爱美人"的故事③。

温莎城堡的历史可以回溯到威廉一世时期,城堡的地板面积大约有

---

① 张婧.达沃斯:小镇培育大思想[N].中国经济导报,2010-09-11(T7).
② 田傲云.国外特色小镇案例[J].城市开发,2017(8):47-48.
③ 崔琳洁.温莎小镇的"自省碑"[J].思维与智慧,2012(15):49.

45000 平方米,与伦敦的白金汉宫、爱丁堡的荷里路德一样,温莎城堡也是英国君主主要的行政官邸。温莎城堡坐落在泰晤士河边一个山头上,建于1070 年,迄今已有近千年的历史。现任的英国女王伊丽莎白二世每年有相当多的时间在温莎城堡度过,在这里进行国家或私人的娱乐活动。

温莎城堡对游客开放后,为温莎小镇和周边居民带来了旅游服务的机会,增加了居民收入,树立了女王伊丽莎白二世的亲民形象。如今,温莎小镇作为英国最著名的皇室小镇,虽然大街小巷被来自世界各地的游客挤满,但这里的生活依然轻松愉快。

(6)工业发展型——硅谷

硅谷是美国加州最早以硅芯片的设计与制造而得名的一段 25 千米长的山谷,主要坐落在加州北部旧金山湾以南的圣克拉拉山谷及其周边的部分区域。20 世纪 70 年代,当地的产业主要是与由高纯度的硅制造的半导体及电脑相关。现如今,硅谷因为其高新产业的蓬勃发展和高科技先锋聚集而被人们所熟知。

从生产不同产品和服务的角度来看,硅谷可以分为四个发展阶段,第一个阶段在 20 世纪 50 年代初到 60 年代末,是国防产品的研发与生产阶段;第二个阶段在 20 世纪 50 年代末到 70 年代后期,是集成电路的研发和生产阶段;第三个阶段在 20 世纪 70 年代中期到 90 年代初,是个人电脑的研发和生产阶段;第四个阶段在 20 世纪 80 年代末到现在,是因特网的开发与服务阶段[①]。

硅谷的发展以附近一些具有雄厚科研力量的世界知名大学,如斯坦福大学、加州大学伯克利分校等为依托,以高技术的中小公司群为基础,融科学、技术、生产为一体,形成了高科技发展的独特的硅谷模式:第一是“三位一体,政府中介”模式,硅谷首创了一种科学、技术、生产三位一体的发展模式,其中政府发挥了重要的中介力量。第二是裂变模式,例如,史蒂夫·乔布斯和史蒂夫·沃兹尼亚克创立了苹果公司,这些公司后来又分裂出一系列新的公司。这种类似核裂变的公司衍生模式是硅谷地区推动高科技发

---

① 罗良占,史占中.美国硅谷模式对我国高科技园区发展的启示[J].山西财经大学学报,2003,25(4):36-40.

展的典型模式,也称之为硅谷裂变模式,是造就硅谷辉煌之旅的主要因素之一,也是硅谷区别于其他工业园的显著特点之一。第三是以中小企业为核心的发展模式,这种小型灵活的企业很符合高技术产业的发展特点。

如今,硅谷作为创新基地,虽然发展速度放缓,但作为技术多元化的经济体,其计算机硬件和存储设备、生物制药、信息服务业、多媒体、网络、商业服务等行业水平仍处于世界领先地位。

3.1.2 国内典型特色小镇案例

(1)商贸流通型——新天地·跨贸小镇

跨贸小镇位于杭州市下城区北部,费家塘路和新北街交叉口。跨贸小镇是一个"产城融合"的项目,涵盖了跨境O2O体验街区项目、跨境电商、众创空间平台、总部企业、跨境小镇第三方服务等项目。打造小镇的意义在于力图给消费者营造"一条街购全球"的购物体验,着力打造成为跨境电商CBD的"首脑中心"。

跨贸小镇按照"一镇、两核心、多园区"进行空间布局。最引人注目的海彼购街区囊括了上万种热门商品,完全能够满足不同层次的多元化需求。目前,小镇已基本形成集大数据通关服务平台、一站式服务平台、外贸综合服务平台、跨境智能物流平台等各功能平台于一体的跨境电商服务生态链。

(2)农业服务型——热河草莓公社小镇

热河草莓公社小镇位于河北省承德市隆化县茅荆坝国家森林公园、七家森林温泉休闲旅游区,距离北京2~3小时车程,在坝上草原出游的黄金线路上。小镇以草莓元素为主题,以西道村草莓产业为依托,打造集"生态农业、温泉养生、草莓采摘、特色餐饮、田园时光、民俗展演、民俗体验"于一体的"热河草莓公社"民宿品牌[①]。

热河草莓小镇周边有千亩四季草莓产业基地,通过草莓风车、草莓广场、稻田栈道、景观小品等项目建设营造整体环境。政府为此改善了水、

---

① 北京中农四方农业规划.创意农业依托型特色小镇——草莓公社小镇[EB/OL].[2017-04-17].http://www.sohu.com/a/134505037_714700.

电、路等基础设施,投资改造村内道路、房屋外立面,修建拦河坝、游客接待中心、村民广场、风车景观等。在热河草莓小镇中,从廊桥、路灯、舞台到卡通雕塑、产品标识、餐饮用品无不融入了鲜明的草莓文化元素。同时,热河草莓小镇大力引进草莓运输、包装、深加工项目,延长下游产业链,打造伴手礼店,售卖蛋糕、甜品等草莓主题高附加值旅游商品。

(3)民族聚居型——彝人古镇

彝族是中国少数民族中有文字、历法和独特传统文化的古民族之一。彝人古镇坐落于云南省楚雄市经济技术开发区永安大道以北、太阳历公园以西、龙川江以东、楚大高速公路以南。这是一个以古建筑为平台、彝族文化为"灵魂"的小镇。同时,作为国家4A级旅游景区,彝人古镇以独特的民族文化、传统的建筑风格吸引大批游客来此。

小镇可以让人时刻感受到民族文化与风情的传承,镇内商铺林立,却没有嘈杂之感,在古戏台上,可以喝上一碗彝家热情的拦门酒,充分感受彝人的热情好客。建筑美、园林美、景观美、人美、水美、风情美是给游客的第一感触。小镇内彝族部落与白族、纳西族、藏族的部落共同形成了一道云南少数民族文化旅游的风景线,彝族深厚的文化内涵吸引了大量旅行社的目光,已有100多家旅行社签约彝人古镇旅游公司。彝人古镇已成为滇西旅游不可或缺的一个站点。

(4)旅游发展型——威尼斯人度假村

威尼斯人度假村位于澳门路氹氹仔金光大道望德圣母湾大马路,设有3000间豪华套房。

威尼斯人度假村的设计概念源于美国拉斯维加斯威尼斯人度假村酒店,其建筑特点也类似于美国拉斯维加斯的威尼斯人度假村酒店。酒店范围内有人造天幕,充满威尼斯特色的拱桥、小运河及石板路。威尼斯人度假村内含购物休闲、娱乐、会展、体育、餐饮、住宿,是亚洲区内唯一集庞大设施、旅游热点和各种优良设备于一身的旗舰级建筑[①]。

威尼斯人度假村虽然只是一个酒店,但在某种意义上,它的功能性、特色性却不亚于特色小镇,度假村在突出"威尼斯"主题的基础上,很好地体

---

① 刘怡.澳门威尼斯人度假村掠影——巨型城市综合体的探讨[J].建筑知识,2010(6):83-84.

现出空间资源配置的重要性,是追求用较小空间资源达到生产力最优化的良好典范。

(5) 历史文化型——乌镇

乌镇位于浙江省嘉兴市桐乡市,西临湖州市,北界江苏苏州市吴江区,为两省三市交界之处。作为国内最负盛名的古镇,小镇内打造两期景区:一期景区为"具有深厚文化底蕴的水乡小镇""中国最后的枕水人家"的观光旅游景点;二期景区为"宿在乌镇,枕水江南"的休闲度假区。

其发展模式是整体产权开发、复合多元经营、度假商务并重、资产全面增值。为了承接古镇风貌,力求原汁原味,小镇在建设方面具体做法为"迁、拆、修、补、饰"。"迁"为搬迁历史街区内工厂、大型商场;"拆"为拆除不协调建筑;"修"为修缮破损老街、旧屋、河岸;"补"为恢复和补建旧建筑,连缀整体;"饰"为各类电线、管道全部地埋铺设,现代化设施全部遮掩。

(6) 工业发展型——云栖小镇、沃尔沃汽车小镇

① 云栖小镇

云栖小镇位于杭州市西湖区,规划面积 3.5 平方千米。它是一个云计算产业聚集地,大数据和智能硬件产业是它的特色产业。经过数年的高速发展,云栖小镇已成为全国以云计算、大数据为主导产业的知名特色小镇,这里聚集了涉云企业 700 多家,产业已经覆盖云计算、大数据、互联网金融、移动互联网等各个领域,汇集了全国近 70% 的云计算、大数据产业顶尖人才。

云栖小镇名誉镇长王坚博士,是阿里巴巴的首席技术官、阿里云的创始人、中国云计算领域的领军人物,也是云栖小镇主要创建者,他致力于把云栖小镇打造成中国未来创新的第一镇[1]。以云计算为代表的信息经济产业是云栖小镇的特色和发展动力,阿里云是云栖小镇最大也是最吸引人的平台,这里已经集聚了一大批云计算、大数据、APP 开发、游戏和智能硬件领域的企业和团队,发展前景一片光明。

② 沃尔沃汽车小镇

沃尔沃汽车小镇位于浙江省台州市路桥区,作为浙江省首批特色小镇

---

① 佚名.国内特色小镇案例[J].城市开发,2017(8):50-51.

创建镇,沃尔沃特色小镇在申报时植入汽车元素,力求打造一个集汽车产业、汽车文化创意以及汽车旅游的汽车小镇,小镇总规划面积为6平方千米,其开发遵循"一次规划、分步实施、滚动发展"的原则。

在产业上,沃尔沃汽车小镇拥有吉利、吉奥、永源、彪马4家整车生产企业及再生金属产业基地,汽车零部件生产企业6000多家,汽车产业优势十分明显。沃尔沃汽车小镇是以吉利V汽车为项目核心,以汽车产业、文化、旅游为三大特色,发展汽车整车、零部件、产品创意研发与设计、主题旅游、电子商务产业的特色小镇。

沃尔沃汽车小镇主要分为五大功能区,一是沃尔沃汽车整车生产项目,总建设面积39.39万平方米,计划总投资100亿元,项目在2014年已开始建设,2015年基本完成土建,2017年6月正式量产。二是汽车零部件生产基地,总用地2000多亩,目的是引入一批国内外知名的汽车零部件企业,带动台州汽配行业提升。三是汽车创意产业园,项目投资3.8亿元,2017年已开工建设。四是汽车主题公园,项目投资8.2亿元,在2016年开工建设,2017年建成一期,2018年全面建成。五是北欧风情街,项目投资4.1亿元,于2016年开工,2017年建成一期工程①。沃尔沃汽车小镇建设不仅是路桥工业、文化、旅游产业发展的一个标志,更是产业转型升级的重要里程碑。

3.2 国内外典型特色小镇建设经验与启示

3.2.1 国外典型特色小镇建设经验与启示

(1)发展路径

特色小镇的概念是舶来品,其发展与建设过程并不是一蹴而就的,而是经过长时间的积累,经济发展到一定阶段的产物,根据两大动力机制,特色小镇可分为两大类型,即外推型和内生型。外推型指依靠某种外部力量推动建设而成的小镇,包括城市辐射、外资注入及引进科技推动。内生型

---

① 徐军.依托沃尔沃产业 建汽车特色小镇[N].中国改革报,2015-09-30(8).

则指依靠自身发展成长起来的小城镇。每个小镇具体的形成契机与发展路径都具有自身的特点,存在一定的不确定性,结合国外特色小镇的案例,归纳总结为以下五种主要发展路径[①]:

① 企业家返乡创业。例如,世界著名的好时巧克力小镇的创始人米尔顿·好时先生,先后在兰开斯特、费城从事过焦糖生意,1900 年在家乡德利郡买下一个农场,创办巧克力工厂,并为小镇建设基础设施与公共设施,以企业集团带动小镇经济发展与社会服务建设,并于 1906 年将其命名为 Hershey(好时镇)。

② 家族或传统的延续。例如,奥地利的瓦滕斯水晶小镇的发展在于施华洛世奇家族。施华洛世奇企业至今仍保持着家族经营方式,并把水晶制作工艺作为商业秘密代代相传。法国格拉斯香水小镇和薇姿疗养小镇,则是在传承多年的传统手工业基础上发展起来的。

③ 名人、文化的催生。例如,法国的普罗旺斯小镇正是被英国作家彼得·梅尔的《山居岁月》一书将其推向世界,由此吸引了众多世界名人居住于此。英国的温莎小镇因是女王行宫和莎士比亚曾在这里创作而闻名世界。

④ 重大事件的发生。例如,自 1987 年起每年的世界经济论坛都在瑞士达沃斯小镇召开,在此影响下,达沃斯小镇的商务服务设施逐渐完善,产业链拓宽,小镇也由此成为全球度假胜地。

⑤ 新兴产业的崛起。进入 21 世纪以来,金融、科技、信息等新兴产业迅速崛起,与之相生的就有美国硅谷和格林威治小镇。硅谷是世界上第一个科技园区,而格林威治小镇借助镇内的优惠税收政策和毗邻纽约的地理位置优势,都迅速成为举世瞩目的特色小镇。

(2)经验与启示

本书在列举了国外特色小镇发展路径的基础上,综合其建设实例,总结出国外特色小镇建设的经验与几点启示。

① 特色小镇是新型城镇化发展的尝试。国外特色小镇的建成是经过长时间积累,经济发展到一定阶段的产物。由于我国的政策对于特色小镇

---

① 张银银,丁元.国外特色小镇对浙江特色小镇建设的借鉴[J].小城镇建设,2016(11):32-34.

的建设周期规定为三年,周期较短,因此建设过程中更要注重产业升级、文化培育、环境塑造等方面的要求,在建设内容、规划过程和后期运营过程中要注意做到与本镇特色相关联,与城市长期发展相适应,避免出现追求短期效益的现象。

② 特色小镇的形成要以市场为主,以政府为辅。国外特色小镇的形成是市场自由选择的结果,同时也离不开政府的政策扶持。税收、融资、配套等政策能够有效降低企业成本,有利于企业的集聚,如前文提到过的格林威治小镇就是因镇内税收的优惠而形成。欧美国家主要采取"用地—文化—环保—财税"的策略来引导特色小镇的建设,并通过引导小镇的发展业态、制定环保政策、浮动绩效财税补贴等措施,推动特色小镇健康发展。而我国对于特色小镇的建设具有强制性,政策推动也较为浓重,所以在遵循政策的同时,还应注意发挥市场资源配置作用,挖掘市场的潜力。

③ 特色小镇要极具个性,避免千镇一面。在分析国外特色小镇发展路径过程中发现,特色小镇的形成是各种资源在时间、空间上耦合的结果,每一个小镇的建成都不可复制,具有一定的偶然性与不确定性,所以广西在建设特色小镇过程中要避免生搬硬套,而要切合实际,灵活处理个性与普适性的关系。

④ 特色小镇应在全国乃至全球具有影响力。越是在全球具有竞争力的发达国家,其国内的特色小镇越是著名。我国作为最大的发展中国家,应该塑造出一批具有本国风采的特色小镇,而广西又是少数民族自治区,更要体现出民族特色。与浙江省大批量入选不同,广西的特色小镇数量较少,能更好地处理好特色与数量、质量的问题,因此,打造具有广西特色的产业,创造连带效应,不急于在数量上扩充,而应稳中求进,平衡好数量与特色的关系。

⑤ 特色小镇应注重企业的创新。作为产业升级平台,国外特色小镇空间特色明显、文化浓郁,更重要的是具备了主题性产业体系,如法国格拉斯香水小镇、薇姿小镇、美国好时小镇等在品牌上、产品上几百年来有着不断的升级与创新。由此可知,要推动特色小镇建设,需要注重通过制定政策来促进企业创新发展,并以市场为导向,优化公平竞争的市场环境。

3.2.2 国内典型特色小镇建设经验与启示

（1）建设思路

就国内而言,特色小镇的建设以浙江省特色小镇为首且最为成功,发展也最为成熟。目前浙江省工业经济中70%是传统产业,它将特色小镇的创建方向放在了信息经济、环保、健康、旅游、时尚、金融和高端装备制造这7个被认为支撑浙江省未来经济发展的万亿元级潜力产业,以及茶叶、丝绸等历史经典产业上,展示出了与传统小城镇截然不同的形象,在具体操作上也不同于传统小城镇的建设思路①。

① 小镇特色产业是关键。浙江省特色小镇的建设由当地发改委牵头,优先发展特色产业是小镇建设的第一步,先有业,后有镇,特色小镇实际上已成为某一产业、某一行业、某一门类的集聚区。

② 小镇选址多在城乡结合部。村庄的衰落程度与村庄的地理位置有很大关系。在城乡结合部建设特色小镇,有利于接受来自城市文明等各方面的影响与辐射,且交通便利,能够把城市的动力与乡村的魅力结合起来,从而可以迸发出新的希望、文明与生活方式。

③ 政府鼓励先行先试。特色小镇作为深化改革的试验区,凡是符合法律的改革,都允许先行突破;凡是国家的改革试点,都优先上报;凡是国家和浙江省先行先试的改革试点,都优先实施。

④ 人居环境优先。每一个特色小镇的建设都贯彻以人为中心的发展思想,把不断提高人的生活质量作为出发点和落脚点,致力于建设环境,保持乡村原有风貌,做到人们可以在城市与小镇之间随意切换角色,享受不同的生活方式。

⑤ 完善的高质量配套设施与公共服务。浙江省的特色小镇在重视交通、通信、教育、医疗、文化、金融等的同时,也大力推进互联网、数字化和智能化,保障镇内基础设施与公共服务的完善。

---

① 孟焕民,陶若伦,张济康,等.江南"特色小镇"螺蛳壳里做道场[J].广西城镇建设,2016(10):82-84.

（2）经验与启示

浙江特色小镇虽然在我国的实践时间不长,但已经为其他省份特色小镇的建设提供了宝贵的实践经验与做法,涌现出诸如云栖小镇等一系列典型的具有浙江元素的特色小镇。

通过分析我国特色小镇建设的案例,总结出国内特色小镇建设的几点经验与启示。

① 中国的城市化发展方向是大城市和特大城市,城市溢出效应和逆城市化较为有限,特色小镇自身必须有强大吸引力。在中国当前的国情下,全国人力和产业资源必然向发达地区集中、向大城市集中,而不是小城镇化。尽管小城镇环境好,但是绝大部分人仍会选择去大城市发展。所以,产业集聚可以大大提高效率、降低成本、获取人力、链接渠道、整合资源等,如云栖小镇、沃尔沃汽车小镇等就是典型的产业集聚形成的特色小镇。城市越大,交通越便捷,集聚作用就越强。外部力量必须有足够的能量才能把城市内部的一些原有产业和人口吸引过去,不然只能接纳一些被大城市淘汰的产业,否则就是自己被大城市核心区域吸附。集聚和吸附很容易,溢出却很难。

② 中国的特色小镇多活跃于大城市周边。我国目前只有在大城市周边才有可能获得发展特色产业所必需的专业人才,才可利用中心城市的纽带作用与其他相关产业良好衔接。在目前国内的示范性案例中,如杭州的上城玉皇山南基金小镇、浙江乌镇等,无一例外都是背靠着大城市核心来发展。政府的政策引导、资金扶持、税收优惠可以在培育期使小镇产生一定的吸引力,但小镇能否长期保持经济活力,最终还是要靠其自身特色产业与大城市的结合。

③ 特色小镇的核心是特色产业,不能是房地产或是其他。特色小镇应以高科技产业或高端制造业为主(如沃尔沃汽车小镇、跨境小镇等)。部分有当地独特资源的地区可以搞特色产业(如热河草莓公社小镇、嘉兴巧克力小镇等),这一类小镇可根据实际情况,结合金融资源、教育资源,以及良好的基础设施、物流体系和服务业态,进行系统性的打造。特色是小镇产业的竞争力和吸引力所在,只有特色产业才能给小镇带来稳定的岗位需求,稳定的人口基础,形成一个有机协同运作的整体。

另外,特色小镇建设过程中,要谨防拿着特色小镇的名义搞圈地开发,让项目或设施建设规模过大而导致资源浪费,也绝不可过度房地产化。以旅游文化产业为主导的特色小镇在我国已过剩,因此,住房城乡建设部发布的《关于做好第二批全国特色小镇推荐的通知》(以下简称《通知》)中,规定以旅游文化为主导的特色小镇推荐比例不超过 1/3。

④ 特色小镇在突出特色产业的同时,也应注重整体生态的建设。大都市的"职住分离"趋势,造成生产性服务业越来越集中于市中心,居民住得离市中心越来越远,通勤时间越来越长,道路越来越堵,城市宜居性越来越差。这对特色小镇来说是一个竞争优势①。

特色小镇在得到政策和经济支持,培育特色产业的同时,也应注意小镇整体生态的建立和融合,使之成为一个宜居的小镇。在《通知》中新增加了对环境进行量化标准考核,明确了绿化率选项。建造人才公寓,完善社区功能、商业和娱乐设施,实现生产、生活、生态融合,打造"产城"一体的新型空间,也是特色小镇不可或缺的内容之一。

⑤ 特色小镇智慧化是未来发展趋势。随着信息技术的快速发展,我们已经从数字化进入了相对成熟的网络化,以信息化改造提升传统动能,提高供给质量和效率,推动传统产业数字化、智能化、网络化转型升级是特色小镇建设以及发展的大趋势。例如丁兰智慧小镇、德清地理信息小镇等都是在基础设施、旅游环境、生活服务上集中进行智慧化改造形成的。另外,推进特色小镇智慧化建设,可有效采集数据、深度融合数据,通过数据集中和共享,从而有助于各级政府部门之间实现信息共享,加强沟通交流,实现特色小镇全域管理系统化、精细化,产业发展生态化、高端化,应用服务普惠化、便捷化。

本 章 小 结

本章根据特色小镇常见的六种类型,分析了美国格林威治小镇、法国普罗旺斯小镇、以色列萨法德小镇、意大利波托菲诺小镇、瑞士达沃斯小

---

① 水利家园. 一文读懂特色小镇的前世今生[EB/OL]. [2017-03-26]. https://www.sohu.com/a/130344300_651611.

镇、英国温莎小镇、美国硅谷、杭州跨贸小镇、热河草莓公社小镇、楚雄彝人古镇、澳门威尼斯人度假村、乌镇、云栖小镇和沃尔沃汽车小镇等国内外14个典型特色小镇的建设情况及发展过程,从每个特色小镇的地理位置、建设环境、开发模式、建设规划以及建设现状等方面,研究小镇的由来、发展历程及规划过程中的亮点与措施。总结了国外典型特色小镇建设的几点经验与启示:①特色小镇是新型城镇化发展的尝试;②特色小镇的形成要以市场为主,以政府为辅;③特色小镇要极具个性,避免千镇一面;④特色小镇应在全国乃至全球范围内具有影响力;⑤特色小镇应注重企业的创新。通过分析浙江等地特色小镇区别于传统城镇发展的建设思路,归纳了我国特色小镇建设的几点经验与启示:①中国的城市化发展方向是大城市和特大城市,城市溢出效应和逆城市化较为有限,特色小镇自身必须有强大的吸引力;②中国的特色小镇多活跃于大城市周边;③特色小镇的核心是特色产业,不能是房地产或是其他;④特色小镇在突出特色产业的同时,也应注重整体生态的建设;⑤特色小镇智慧化是未来发展趋势。

4 广西特色小镇建设现状分析

4.1 广西特色小镇的建设背景

4.1.1 宏观经济背景

2016 年,面对错综复杂的经济环境和持续加大的经济下行压力,广西坚持稳中求进工作总基调,克服重重困难,积极应对各种风险挑战,新发展动能逐渐成长壮大,传统动能不断改造提升,保持了经济运行稳中趋缓、稳中向好的发展态势,实现了"十三五"的良好开局。2017 年,广西先后发布了 9 个("1+6+2")系列政策文件,全方位支持广西境内以县为单位的经济发展[①]。就经济方面而言,以新发展理念引领经济发展新常态,破解增长动力青黄不接的难题,加快新旧动能接续转换,实现经济转型升级,是目前广西经济发展的制胜之道。特色小镇作为现阶段促进经济转型的重要抓手,对于优化产业空间布局,保持经济持续稳定发展具有重要的推动作用[②]。

4.1.2 政策环境背景

2011 年,广西将城乡风貌改造工程进行转型升级,即将城乡风貌改造从以"外立面改造+村屯环境整治"为主,转为以"名镇名村建设+村屯环境综合整治"为主,计划建设 100 个广西名镇名村。自 2015 年年底,广西壮族自治区人民政府已经命名的名村名镇达到 60 个,并且广西还组织实施百镇建设示范工程,在广西住房和城乡建设厅出台的《广西百镇建设示范

---

① 傅远佳.加快特色小镇建设 推动广西县域经济发展[J].商业经济,2019(6):23-27.
② 李世泽,甘日栋.加快新旧动能接续转换 2017 年广西宏观经济形势前瞻[J].广西经济,2017(1):24-27.

工程实施方案》中指出：自治区将有序重点推进 100 个经济强镇、特色名镇、特色小镇建设。计划到 2020 年，培育出一批环境优美、经济发达、特色鲜明、设施完善、整体先进的小城镇。百镇建设方案从 2014 年起开始实施，前后共分三批组织实施，按照工作启动、项目实施、验收总结三个阶段进行，建设周期为三年。计划经过 5 年左右的建设发展，形成一批经济指标高于广西发展平均水平，且生产总值超过 20 亿元、财政收入超过 2 亿元的经济发展强镇。

2017 年 7 月，广西壮族自治区人民政府办公厅为了全面贯彻党中央、国务院关于推进特色小镇、小城镇建设的精神，更好地推动县域经济和小城镇发展，结合广西的实际情况，公布了《关于培育广西特色小镇的实施意见》（以下简称《实施意见》），《实施意见》明确要使特色小镇成为广西县域经济发展新的增长点，成为农民就地就近城镇化的重要载体。同时提出，到 2020 年，培育 30 个左右全国特色小镇，使它们成为 21 世纪海上丝绸之路和广西北部湾城市群的新亮点；建设 100 个左右自治区级特色小镇，使它们成为县域经济跨越发展的新支撑；建设 200 个左右市级特色小镇，使它们成为提升就近就业成效，加快区域整体发展，统筹城乡发展的新平台。自《实施意见》公布以来，广西各市积极响应自治区人民政府的号召，就各市自身特点制订了各市的培育工作实施方案。2018 年 1 月，南宁市人民政府印发《南宁市特色小镇培育工作实施方案》，确定了未来两年南宁市的重点工作目标，即重点推进校椅镇全国特色小镇、马山县古零镇攀岩特色体育小镇建设，鼓励各级、各部门继续积极申报。

2018 年 4 月，广西壮族自治区人民政府办公厅公布了第一批广西特色小镇培育名单，共 45 个特色小镇入选，自治区财政按照每个特色小镇培育资金 2000 万元予以奖励，在列入培育名单时先拨 1000 万元用于特色小镇的初期建设，培育合格后再奖励 1000 万元用于进一步完善小镇各项设施。而各市发布的培育工作实施方案中，也都列出补助资金激励措施，使有特色的小镇能将其自身特色进一步挖掘出来。不仅如此，还有各项财税优惠激励政策，对于符合条件的特色小镇，国家开发银行、中国农业发展银行等政策性银行将提供长期低息贷款，着重对国家级、自治区级、市级的科技企业孵化器、大学科技园、众创空间等创新创业载体和国家级、自治区级、市级科技部门支持的公共创新服务平台,给予一定资金奖励。这一系列政策的公布都体现出广西对特色小镇建设的重视及对改善人民群众生活的迫切愿望。

2018 年 12 月,广西财政厅提前下达《2019 年广西特色小镇培育自治区本级财政奖补资金预算的通知》,通知提到资金主要用于产业发展策划研究,重大项目的可行性研究以及围绕特色小镇所需的总体规划修编,并对纳入自治区人民政府公布名单的特色小镇实行差异化补助标准,对特色小镇的培育情况进行评估。

4.1.3 社会环境背景

在经济方面,2018 年广西全年全区生产总值(GDP)20352.51 亿元,按可比价格计算,比上年增长 6.8%。其中,第一产业增加值增长 5.6%,第二产业增加值增长 4.3%,第三产业增加值增长 9.4%。第一、二、三产业增加值占地区生产总值的比重分别为 14.8%、39.7%和 45.5%,对经济增长的贡献率分别为 13.1%、25.4%和 61.5%。按常住人口计算,人均地区生产总值 41489 元。

在就业方面,年末全区就业人员 2848.3 万人,全年全区城镇新增就业 42.1 万人,失业人员实现再就业 10.14 万人。全区农村劳动力转移就业新增 74.74 万人次,完成年度目标任务 142.9%。年末城镇登记失业率为 2.34%。稳定的社会环境和良好的经济基础为广西特色小镇的建设发展创造了社会环境优势①。

4.2 广西第一批、第二批中国特色小镇建设现状

4.2.1 广西入选的第一批、第二批中国特色小镇

2016 年 10 月,住房城乡建设部公布了第一批 127 个中国特色小镇名单,其中,广西的中渡镇、莲花镇、贺街镇和南康镇等 4 个小镇成功入选,占

---

① 广西壮族自治区统计局,国家统计局广西调查总队.2016 年广西壮族自治区国民经济和社会发展统计公报[N].广西日报,2017-04-27(15).

全国入选小镇的 3.1%。2017 年 7 月,在住房城乡建设部公布的第二批 276 个中国特色小镇名单中,广西的校椅镇、溶江镇、刘三姐镇、黄姚镇、新和镇、侨港镇、六堡镇、陆屋镇、桥圩镇、木乐镇等 10 个小镇成功入选,占全国入选小镇的 3.6%。至此,广西共有 14 个小镇入选为中国特色小镇,占全国入选小镇的 3.5%。表 4-1 和表 4-2 分别为广西入选的第一批、第二批中国特色小镇。

表 4-1 广西入选第一批中国特色小镇名单

序号	小镇名称	所属市/县	小镇简介
1	中渡镇	柳州市鹿寨县	境内有以香桥岩国家地质公园为中心的九龙潭、响水瀑布、鹰山、洛江古榕等自然风光,以一方保障、香桥石刻、武庙等为代表的洛江文化,在区内外享有盛名
2	莲花镇	桂林市恭城瑶族自治县	水果和农产品集散地,享有中国"月柿之乡"的美誉
3	贺街镇	贺州市八步区	贺街镇山水秀丽、历史悠久、文化古迹众多。2001 年 7 月,古建筑群——临贺古城被列为全国重点文物保护单位
4	南康镇	北海市铁山港区	南康镇经历数百年的风雨沧桑和时代的变革,文化古迹众多,有文物保护单位 16 处,文物点 93 处

表 4-2 广西入选第二批中国特色小镇名单

序号	小镇名称	所属市/县	小镇简介
1	刘三姐镇	河池市宜州市	历年来,刘三姐镇积极引进蚕种、种植桑树、开发桑园,推广种桑养蚕技术
2	桥圩镇	贵港市港南区	桥圩镇主导产业为羽绒产业,坚持以打造"桥圩品牌"的羽绒产业为核心

续表 4-2

序号	小镇名称	所属市/县	小镇简介
3	木乐镇	贵港市桂平市	桂平市木乐镇是广西休闲运动服装生产基地、广西百镇示范工程建设镇和中国休闲运动服装名镇
4	校椅镇	南宁市横县	中华茉莉园坐落其中,茉莉花国家现代农业产业园依镇而建,茉莉花(茶)产量占全国的80%以上,全世界的60%以上
5	侨港镇	北海市银海区	侨港镇依托自身侨乡特色,借海上丝绸之路的东风,建设成东南亚异国风情的体验中心,发展旅游产业
6	溶江镇	桂林市兴安县	溶江镇以桂林三花米酒、桂林米粉等一批极具桂林传统特色的食品加工制造业为工业核心
7	新和镇	崇左市江州区	新和镇素有"甜镇"之称,甘蔗播种面积达12万亩
8	黄姚镇	贺州市昭平县	黄姚镇是广西现有的三个国家级历史文化名镇之一,属4A级景区
9	六堡镇	梧州市苍梧县	六堡镇是六堡茶的发源地,是中国历史名茶之乡
10	陆屋镇	钦州市灵山县	陆屋镇致力发展成为机电产业小镇

4.2.2　广西第一批中国特色小镇建设现状

(1)柳州市鹿寨县中渡镇

中渡镇位于广西鹿寨县西北部,建于孙甘露元年(公元265年),距今将近两千年的历史,距鹿寨县城28千米,距柳州市区64千米,距桂林市区102千米,距离鹿寨高铁北站4千米,30千米范围内有桂柳、阳鹿两个高速路出入口,100千米范围内有白莲、两江两座机场。中渡镇既是鹿寨、融安、永福三县的结合部的西南边陲经济重镇,又是一座历史悠久、风光美丽,民风淳朴、文化底蕴深厚的千年古镇,享有"四十八弄明珠"的美称。

中渡镇依托悠久的历史文化、优美的自然山水、浓厚的民俗风情等资源,借助香桥喀斯特生态国家地质公园、中渡古城、一方保障等优势,大力建设文化旅游名镇,打造了中渡香桥十里旅游黄金长廊,挖掘出千年庙会、和家宴、民俗婚礼等传统民俗文化产品,开发了响水石林、祥荷乡韵(千亩荷花)等休闲旅游项目。香桥石刻、武庙等为代表的洛江文化在广西内外享有盛名。中渡镇于 2011 年获得"全国特色景观旅游名镇"称号;2014 年获第六批"中国历史文化名镇"称号①。2017 年,"寨美一方"、"稻花香里"两大示范园区升级为广西壮族自治区自治区级示范园区并通过验收;按照5A 级景区标准规划建设香桥十里画廊景观带。2018 年,对中渡古镇及香桥十里画廊等旅游项目进行包装整合;启动并实施石祥、大兆、石合等 6 个传统村落建设,打造农业旅游示范带;香桥风景区申报国家 5A 级旅游景区。

(2)桂林市恭城瑶族自治县莲花镇

莲花镇位于恭城瑶族自治县南部,与县城相距 13 千米。莲花镇有其特殊的地理位置优势,东临钟山县,西接平乐县二塘镇,南邻同安镇,北接平安乡,是"两市三县之交"的重点镇区。镇区内交通便利,有二级公路可以直达高铁站和高速路口,且已规划的天蛾至富川二级公路也将经过莲花镇,形成"十字形"的交通运输网络。

莲花镇月柿年产量平均可达 20 万吨,占全县月柿产量的 62%。月柿特色产业以月柿的生产、加工、销售为主;月柿的销售渠道较为广泛,以莲花镇和势江村两大月柿交易集散地为中心的月柿年交易额可达 3 亿元,且莲花镇的月柿享誉国外,在泰国及俄罗斯等国家也有稳定的销售渠道,更是被冠以"中国月柿之乡"的美誉②。除此之外,莲花镇还在月柿的基础上,开发出柿饼、脆柿、果脯、柿叶茶、柿果酒等衍生产品,形成较为成熟的产业链,并有效利用互联网、物联网等技术,实现市场整合、系统进行物流配送等功能。

---

① 赵亮,连旭.鹰山洛水 清幽古镇——广西省中渡镇[J].小城镇建设,2013(4):22-23.
② 刘俊杰."月柿之乡"莲花镇 产业领跑特色发展[J].广西城镇建设,2016(10):42-53.

（3）北海市铁山港区南康镇

南康镇地处北部湾畔，位于北海市东部，东北临大海，东连兴港镇，南靠营盘镇，西接福成镇，北邻闸口镇，西距北海市区中心 41 千米，距北海机场 18 千米，辖区总面积 175.4 平方千米。北海市铁山港区南康镇历经数百年的风雨沧桑和时代变革，文物古迹众多，有文物保护单位 16 处，文物点 93 处。其中，骑楼街最是声名远扬。人们在南康饱经沧桑的老街游览，触摸斑驳的墙体，在独具特色的商贸交易铺窗上还能感受到它昔日的美丽和繁华兴盛。南康镇境内有世界唯一的珍贵树种——华库林树，还有各种水果、药材等经济价值极高的亚热带植物 100 多种。全镇有海岸线长约 15 千米，沿海滩涂面积 1000 多万平方米，沙细水美，是开发浴场和滨海度假村的好地方①。

南康镇是铁山港临海工业区的后花园，发展定位是建设临港花园小镇，打造成人文宜居的典范。全镇按照"一中心四区"发展规划②，即镇区重点发展物流、商贸中心，东部发展临海养生健康社区，北部发挥合湛高铁的铁山港北站的优势发展高铁经济区，西部成片的耕地发展现代农业高产示范区，南部是港区行政中心所在地。现借助入选中国首批特色小镇的契机，深挖文化特色，壮大产业，完善城镇功能，改善城镇面貌，建设美丽的滨海宜居新南康。

（4）贺州市八步区贺街镇

贺街镇地处桂粤湘三省区交界地带的广西贺州市八步区中部，总面积 377 平方千米，辖 24 个行政村、3 个社区，约 7.37 万人。贺街镇自西汉武帝元鼎六年（公元前 111 年），设临贺、封阳、信都、建兴、兴安、桂岭等县，至 1952 年县城迁往八步，始终为郡州、县治所在地，历经 13 个朝代，前后 2100 多年历史，素有"千年古镇"的美誉，曾被评为第六批中国历史文化名镇，并获得"广西特色文化名镇"的称号，同时也是全国重点村镇、全国第四批一村一品示范村镇。贺街镇拥有深厚的文化底蕴，至今已有 2000 年历史，是

---

① 佚名.广西重点镇 阔步前进的铁山港区南康镇[J].广西城镇建设,2010(1):14.
② 铁山港区人民政府.北海市铁山港区南康镇简介[EB/OL].[2017-12-27].http://www.bhtsg.gov.cn/html/dzjg/xqssz/nkz/jggk/20171227191752216053.html.

广西重点乡镇之一。贺街镇先后打造了玉印浮山、桂花香井、临贺故城城址、姓氏宗祠群、魁星点斗、西汉古城墙等一大批风景名胜,其中临贺故城于 2001 年 7 月被国务院列为全国重点文物保护单位。近年来,贺街镇先后获得国家历史文化名镇、广西历史文化名镇以及特色文化名镇等称号,一年一度的非物质文化遗产"贺街浮山歌节"的名号被进一步打响。据不完全统计,临贺故城全年共接待游客 8 万余人次。

贺州至富川一级公路(贺街段)、故城片区及故城河东片区棚户区改造项目、扶贫生态移民项目、贺江整治工程贺街段防洪堤工程、八步区中型灌区节水配套改造工程、八步区特色农业示范区建设项目、临贺故城保护与开发项目、历史文化名镇城区基础设施建设项目、贺街镇污水处理厂及配套管网建设项目、八步区五协生态科技园基础设施建设项目、骏鑫钾长石加工项目等一大批市级、(八步)区级层面重点项目先后落户贺街镇,项目总投资达 30 多亿元,部分已实现开工建设,全镇项目建设实现了新突破。一直以来,各级领导高度重视贺街镇特色小镇的发展。总体规划上形成"一心、两园、三区"的产业空间布局,有线电视覆盖率 78%,建立健全了以镇中心卫生院为中心的镇、村两级医疗保健网络。2018 年以来,已有 5 万多各地游客纷纷走进贺街浮山歌节,走进中国李子之乡,游百家祠、桂花井,领略古城墙辉映文笔塔、石板街上酿瓜花等内涵丰富、形式多样的贺街文化,感受贺街千年古镇的文化魅力。

4.2.3 广西第二批中国特色小镇建设现状

(1) 南宁市横县校椅镇

校椅镇位于横县中北部,距离县城 18 千米,距南宁市 94 千米。茉莉花是横县的县花。横县茉莉花产量占全国的 80%,占世界的 50%,而校椅镇是全县茉莉花生产的核心区域,茉莉花产量占全县的 50%,是名副其实的茉莉小镇。校椅镇以茉莉花为载体,形成了独具特色的茉莉文化,在建筑中融入茉莉元素,打造宜居家园,尽享茉莉芬芳。茉莉花特色产业也吸引了许多著名花茶老字号企业在此落户发展,例如:北京张一元、浙江华茗园、台湾隆泰等。同时也有不少像北京吴裕泰、星巴克、娃哈哈、康师傅等著名茶饮公司,它们使用的茉莉花(茶)80%以上都产自校椅镇。2015—

2017年,校椅镇茉莉花产业年均投资额增长50%以上[①]。

此外,校椅镇大力打造民俗文化彰显茉莉小镇特色,通过举办关帝庙会、三清庙会、横塘三王爷庙会等民俗文化庙会来传承民俗。校椅镇还拥有丰富的非物质文化遗产,包括鱼生、大粽、临江壮歌剧等,此类非物质文化遗产也已成为校椅镇特色小镇文化的重要组成部分。

(2)桂林市兴安县溶江镇

溶江镇位于兴安县西南部,地处"湘桂走廊"。溶江镇资源条件优越,有着"南方吐鲁番"的美誉,葡萄是该镇的特色支柱产业,同时该镇还大力培育发展罗汉果、百香果、灵芝等产业。在广西壮族自治区政府的引领下,通过建立的灵渠葡萄产业核心示范区对葡萄进行改良,有效提高葡萄产量,增加葡萄种植收入。同时增加了罗汉果、百香果等品种的种植,种植罗汉果近6000亩、百香果300多亩、林下种植高山仿野生灵芝200多亩,积极培育新兴产业的发展。在葡萄产业发展的基础上,溶江镇积极发展生态乡村旅游等联动产业,将溶江、灵渠、风电场和连片葡萄园等生态资源联系起来,以乡里乐为代表的农家乐逐步发展起来。

溶江镇具有悠久的历史文化,先秦古老文化至今遗存,灵渠的开凿,为秦始皇统一岭南奠定基础;同时也传承着贺郎歌、龙船调等特色文化。红色文化底蕴使得溶江镇更具历史特色。在特色小镇的建设中,溶江镇以特色产业为依托,以特色文化为内涵,以自然生态为基底,将"产、城、人、文"深入融合,促进特色产业进一步发展,居民创新创业增收,从而有更多的幸福感和获得感。

(3)河池市宜州市刘三姐镇

刘三姐镇位于河池市宜州区东北部,总面积352平方千米,是宜州的第四大乡(镇)。它地处广西石灰岩地区,岩溶地貌较为发达,形成了许多奇峰异洞,风景优美。该镇具有悠久的历史,被传为壮族歌仙刘三姐的故乡,且人文景观众多,民族风情浓郁。刘三姐镇境内山清水秀,风景迷人,旅游资源十分丰富,是宜州市旅游景观的核心区域,也是刘三姐文化核心

---

① 人民网.南宁市横县校椅镇成为第二批全国特色小镇[EB/OL].[2017-12-21]. http://gx. people.com.cn/n2/2017/1221/c382887-31059013-2.html.

区。镇区绿化覆盖率达 40%,绿地率达到 36%,人均绿地 11 平方米,有小型公园 5 处、街头绿地多处。

刘三姐镇自然风光奇美,下枧河周边的刘三姐对歌台、扁担山、眼泪泉、鲤鱼石等景点让人回味无穷;龙洲岛上竹青水绿、风光旖旎;古龙漂流的终点六妹村中河面开阔,河中有一座面积约 5000 平方米的小岛;还有三门寺,原名花婆岩,内有滴水观音、卧佛、药师佛、普贤菩萨、日月菩萨、弥勒佛等十几尊圣像。这些自然景观、人文景观与民族风情融为一体,形成刘三姐镇旅游特质。开发建成后的刘三姐风情小镇,将集度假、休闲娱乐、民俗体验、民族旅游商品、手工艺品展示、会议商务等于一身,以综合性的功能定位、广泛的市场覆盖面,满足旅游、摄影、观光、休闲、度假等多种需求,客源市场十分广阔①。

(4)贺州市昭平县黄姚镇

黄姚镇位于昭平县北面,是昭平、钟山、贺州三县(市)的交界点,该镇地处漓江下游,是一个有着九百多年历史文化的明清古镇,素有"小桂林"之称。镇内可见典型喀斯特地貌,奇峰林立,古木参天,溶洞幽深,清溪环绕。古镇有"六多":山水岩洞多、亭台楼阁多、寺观庙祠多、祠堂多、古树多、楹联匾额多。古镇内山水相映,小桥流水,亭台楼阁,相映成趣,构成了古镇独特的风景。古镇内用黑色石板镶嵌而成的 8 条主要街道虽历经岁月沧桑,但至今仍无松动,街道平滑如镜。镇内的古建筑有 600 余座,现存传统建筑规模约 162200 平方米,均为岭南风格的九宫八卦阵式布局。著名的建筑有黄姚古戏台、宝珠观、文明阁、天然亭、兴宁庙、吴家祠、郭家宅、佐龙祠等。同时有韩愈、何香凝、张锡昌、千家驹等文化名人故居寓所这样的人文景观,以及被收入中华名匾的"且坐契茶"等匾额及许多贤哲留下的楹联、碑刻等。古镇内自然景观和人文景观交相辉映,小桥流水人家的意境吸引了大批国内外游客②。

---

① 河池市宜州区人民政府办公室.河池市宜州区人民政府办公室关于印发宜州区刘三姐特色小镇培育工作实施方案的通知(宜政办发〔2018〕94 号)[EB/OL].[2018-12-24]. http://www. hcyzq. gov. cn/zfwj/t924957. shtml.

② 昭平县人民政府.黄姚镇简介[EB/OL].[2020-04-21]. http://www. gxzp. gov. cn/zjzp/xzgl/t5116723. shtml.

（5）崇左市江州区新和镇

新和镇位于崇左市江州区西北面,距离崇左市区 28 千米,东北面与大新县接壤,西南与龙州县交界。新和镇的主要特色产业是甘蔗的种植,在政府的支持下,建设有 30 万亩的甘蔗"双高"基地。新和镇围绕蔗糖这一主导产业,并且大力推进蔗糖循环产业项目建设。目前,蔗糖循环经济园区已进驻重要的蔗糖企业和大的项目,包括年产值达 20 亿元的湘桂糖厂、法国乐斯福酵母项目、蔗糖食品及糖保健茶等系列糖品深加工产业项目、广西最大的蔗糖秸秆饲料项目、甘蔗滤泥循环生态肥项目、高铁环保纸包装系列项目、肉牛养殖加工基地、惠利公司甘蔗"双高"器材设备生产项目,每年生产的器材设备可满足 100 万亩"双高"基地的设备需求。这些围绕蔗糖形成的产业链大大促进了新和镇经济的发展。

除了蔗糖主导产业之外,新和镇还大力做足旅游这篇"大文章"。以旅游项目促发展,包括新和如意岛婚庆项目、万亩玫瑰旅游项目、大华山水牧场、新和颐养城项目等旅游项目,这些项目使得新和镇在创建特色小镇的过程中不断实现产城融合的目标,为创建边境特色小镇打下了基础。

（6）北海市银海区侨港镇

侨港镇地处北海市区南部国家级旅游度假区北海银滩中段。1978 年,1 万多越南归侨汇集于此。1979 年 6 月 2 日,广西壮族自治区人民政府批准成立唯一一个为安置归侨而设立的镇级行政区域,即当年的北海市侨港人民公社,后来更名为"侨港镇"。昔日杂草丛生的荒滩,现在变成了一座充满魅力的海滨城镇,成为全国最大的归侨集中安置点。2017 年,侨港镇行政区域面积 1.1 平方千米,常住人口 22325 人[①]。其中,归侨侨眷占 95%以上,大部分居民以从事渔业为生,成为中国面积最小的镇,也是中国最大的越南归侨安置镇。侨港镇围绕"凝聚侨心、汇集侨智、发挥侨力、维护侨益"的工作方针,坚持以经济建设为中心,以发展促安置,以发展促文明,以发展促和谐,让昔日荒滩崛起成为一座以渔业为主产业,工业、商业、旅游业齐头并进,各项社会事业协调发展的新城镇。侨港镇的渔业由弱到强,

---

① 国家统计局农村社会经济调查司. 中国县域统计年鉴·2018(乡镇卷)[M]. 北京:中国统计出版社,2019.

现已成为广西重要的渔业重镇,是广西最大的海产品深加工基地,产品出口美、日、韩以及欧盟等国家和地区。同时,侨港镇以旅游服务业和餐饮业为主的第三产业迅猛发展,"玩海水、品海鲜、观疍家风情、尝特色美食"的魅力活动吸引着八方游客,成为北海市一个响亮的饮食文化品牌①。

侨港镇拥有闻名遐迩的越南风情街,老街、咸水歌、疍家婚礼、龙舟祭港等传统民俗资源,海浪沙滩、日出日落、渔帆点点等美景②,每当夜幕降临,从市区及外地过来的车辆便开始源源不断地涌进侨港镇,品尝当地带有越南餐饮特色的海鲜。随着北海旅游业的兴起,主打"侨越风情"和"滨海风情"的侨港镇近年来深受游客喜爱。但随着旅游业的发展,目前当地的海洋环境保护较为欠缺,当潮水退后会出现大量的人工垃圾,并且当地的基础设施还有待完善,镇上的公园、集市等地设施完善程度很低,极大程度地影响了游客的观赏体验。

(7)梧州市苍梧县六堡镇

六堡镇位于广西梧州市苍梧县北部,东邻梨埠镇,南接夏郢、旺甫镇,西连狮寨镇,北与贺州市平桂区水口镇交界,全镇总面积 291 平方千米。六堡茶产业是六堡镇的主导产业,六堡茶因原产于广西苍梧县六堡镇而得名,六堡茶采原产地原生种,取传统制作工艺,得六堡镇之钟灵毓秀,本地生产本地陈化,素以"红、浓、陈、醇"而著称。六堡茶的种植还辐射到同属苍梧县的狮寨、梨埠、京南、木双、旺甫等镇,现从事茶产业相关工作的有18000 多人。

苍梧县采取"政府牵头、市场运作"的方式,积极开展各项准备工作。一是积极向上对接,由党政主要负责人牵头向自治区、市相关部门汇报六堡镇特色建设情况,争取上级支持,同时明确专人进行业务对接。二是组织专业申报,聘请有资质的规划设计单位,对六堡镇山水人文生态优势、特色产业结构、美丽宜居的整体环境和充满活力的体制机制进行梳理发掘,与镇共同形成申报材料。三是突出特色发展,近年来,六堡镇坚持生态立镇、产业强镇、旅游兴镇的整体发展理念,结合六堡镇总体规划和土地利用

---

① 银海区人民政府.侨港镇简介[EB/OL].[2018-04-15].http://www.yinhai.gov.cn/yhgk/xzqh/201804/t20180415_1708464.html.asp?id=6121.

② 李雪凤.北海市侨港镇——海洋小镇[J].广西城镇建设,2018(10):120-121.

总体规划,立足六堡茶产业发展、自然资源和人文禀赋实际,利用这次获得国家特色小镇的契机,力争将六堡镇打造成为全区乃至全国有影响的六堡茶产业特色小镇①。

(8)钦州市灵山县陆屋镇

陆屋镇位于灵山县西南部,南与钦州市钦南区的那思镇、钦北区的平吉镇交界,北与旧州镇毗邻,东面与三隆镇、伯劳镇接壤,西南面与钦北区青塘镇相邻,全镇总面积 278 平方千米。陆屋镇产业特色鲜明,近年来不断实施并储备了一些具有产业带动力的项目,以壮大工业经济总量为目标,大力推进临港产业园的建设,并取得了可见的成效。目前产业园已经有来自浙江、福建、江苏等地的机电、卫浴产业相关联的 57 家企业签约进入,总投资超过 51 亿元,被列为自治区 A 类产业园区,打造成了名副其实的陆屋机电产业小镇。该镇主要生产各类直流电动机、发电机以及发电机组等产品,已经形成较有规模的机电产业链条以及初具规模的产业集群。特别是来自福建的几家中国知名机电品牌企业,为钦州市机电产业领域填补了空白。同时,产业的快速发展也给镇区生产总值带来了大幅增长,陆屋镇的工业总产值由 2011 年的 5.55 亿元上升到 2016 年的 18.68 亿元。

近年来,陆屋镇在发展规划上大做文章,科学实施全镇的总体规划,2016 年年底集镇建成区面积扩展至 4.5 平方千米。目前,该镇城镇骨架初步形成,正在建设农创园、金海商城、陆阳新城、桂味生态园等一批产城融合项目。同时还建成了 1 个市县级示范村、3 个"精品村",镇区绿化率达到 35%,人均公共绿地面积 10.5 平方米。陆屋镇正以良好的生态优势,铺展镇区绿色发展的恢弘长卷。

(9)贵港市港南区桥圩镇

港南区桥圩镇位于郁江平原南部,是广西的四大名镇之一,总人口12.1万人。桥圩镇是全国重点镇和"中国羽绒之乡",物产丰饶,民风淳朴,镇内民营经济蓬勃发展,生态产业充满魅力。2014 年以来,全镇财税收入均保持亿元以上,2016 年达 1.13 亿元,居贵港市前茅。

---

① 广西梧州苍梧县人民政府门户网站.苍梧县:六堡镇入选国家第二批特色小镇[EB/OL].[2017-07-31].http://www.cangwu.gov.cn/cwdt/cwyw/t3471262.shtml.

羽绒是桥圩镇的主导产业,羽绒产业的发展已经历经30多年,并形成了较大的规模。桥圩镇现有羽绒企业108家,其中较具规模的企业有25家,年加工羽绒原料总量占全国的28%,占世界总量约为18%,羽绒产品畅销东南亚、欧美等50多个国家和地区。同时还形成了围绕羽绒产品的产业链,包括养殖、研发、深加工等上下游产业链,培育出荷城家纺以及丰源羽绒等著名品牌。目前,桥圩镇与亚洲最大羽绒企业柳桥集团合作,打造以羽绒交易中心、桥圩工贸科技创业园为"双核"的中国-东盟羽绒产业基地。计划建设的桥圩工贸科技创业园已开工,规划占地2335亩。桥圩镇的羽绒交易中心已列入《广西现代服务业发展"十三五"规划》,并引导本地9家核心羽绒企业联合组建广西桥圩小荷羽绒制品集团,有效地推动羽绒产业产品品质的提升。另外,桥圩镇累计整合资金8000多万元,完善基础设施,改善人居环境,例如建成乡镇污水处理厂、垃圾无害化处理、全镇街区路灯覆盖等。

(10)贵港市桂平市木乐镇

木乐镇位于桂平市的东部,东邻平南县镇隆镇,西接马皮乡,南临社坡镇,北与木奎镇相接,地处北回归线,属亚热带气候。木乐镇的矿产资源十分丰富,地下蕴藏着大量的锌、锰、铁等矿石,最主要的是锰矿和黏土矿资源。木乐镇的手工业非常发达,有远近闻名的"服装之乡"之称。针织、印染、服装、绣花、织带等形成了一条工业链,主要产品是运动服,畅销全国各地和东南亚、中东、南非等地。

服装制造是木乐镇的特色产业和主导产业,也是支撑木乐镇经济发展的重要力量。木乐镇现有企业334家,注册服装品牌有43个。近年来,在国际和国内经济大环境背景下,木乐镇积极寻求服装产业创新发展,不仅注重增强品牌力量,增强服装品牌的自主创新能力,同时注重提升产品质量,改变来料加工的生产模式,引进先进的设备和理念,创设品牌并加强知识产权保护。在企业运营管理方面,积极借助"互联网+"技术,搭建跨区域一体化的协作模式,进行跨区域研发设计以及互联网营销,实现服装产业从"木乐制造"向"木乐智造"的转变。在服装产业的转型发展之下,木乐镇已经有多个服装品牌打响了知名度,如"中健"牌休闲运动服被评为"广西区著名商标"和"广西区名牌产品",对克、恒力、竞技神等获地市级名牌称号。

4.3 广西特色小镇建设总体现状

4.3.1 广西特色小镇建设的主要优势

（1）丰富的旅游资源

① 奇特壮观的岩溶地貌风景。广西的岩溶风景名胜数不胜数、遍布广西各地。以桂林芦笛岩、荔浦丰鱼岩、北流勾漏洞、武鸣伊岭岩、柳州都乐岩、靖西通灵大峡谷、盘阳河洞穴群、崇左石林等为代表的岩溶地貌多达8.95万平方千米，占广西面积的37.81%[①]。这些岩溶地貌造型奇特、景色壮观，具有很高的知名度，是开发喀斯特地貌科学考察和探险旅游的理想之地。

② 亚热带滨海旅游资源。风景迷人的北部湾畔既是独特的旅游度假胜地，又是挖掘滨海文化，开展滨海体育、娱乐旅游的绝好之地。例如：东兴京族三岛是我国海上民族——京族人民唯一的聚居地，金滩拥有全国唯一的京族海滨风情，它们都是开展京族文化风情旅游的宝贵资源。另外，北部湾沿海的火山岛——涠洲岛和斜阳岛以及合浦星岛、防城江山半岛、钦州龙门七十二径、斜阳岛山口红树林生态自然保护区等也十分有利于开发以海岛探险、生态科考为主题的特色旅游。

③ 独特的南国边关风情和边贸旅游资源。广西与越南山水相连，有着1012千米的边境线，边境风光绮丽，名胜古迹众多，例如：千古之谜——花山崖壁画群，中国九大名关之一的友谊关，气势磅礴的跨国大瀑布——德天瀑布，世界罕见的集特高瀑布、热带雨林珍稀植物和奇特岩洞于一体的靖西通灵大峡谷，世界八大斜塔之一的崇左斜塔，别具边关特色的凭祥中越边贸城等。这些资源都可重点培育为如边关风情、千古探秘、边境贸易等特色旅游产业。

④ 闻名遐迩的人文旅游资源。广西的人文资源十分丰富，现有国家和

---

① 谢晓莺.关于广西发展特色旅游及其资源开发问题的思考[J].桂林旅游高等专科学校学报，2002(4)：44-47.

自治区重点文物保护单位 145 个。其中有著名的兴安灵渠古水利工程,宁明花山岩画石刻,桂林王城、容县真武阁、恭城文庙、南宁杨美古镇等古老文化遗址;近代的一些革命活动纪念地,如桂平的太平天国发祥地金田村、百色的红七军军部旧址等;还有一些宗教名胜古迹,如国家重点风景名胜区桂平西山,是广西最完整的佛教圣地,也是全国十三大佛教圣地之一。这些无疑都是用以开发考古文化、近代历史、红色文化、佛教文化旅游的重要资源。

⑤ 世界珍稀的长寿旅游资源。广西西北部以巴马县为中心的盘阳河一带的壮族、瑶族村寨中,百岁老人占当地人口的比率最高达 28%。巴马县每十万人中有百岁老人 30.8 人、90 岁以上的老人 126 人,居全国首位,为世界长寿之乡之一。长寿之乡绝妙的原始生态、自然环境与淳朴的民风构成了一种特殊的社会风情资源,在人们追求健康长寿愿望日趋强烈的今天,长寿资源变成了稀世珍宝和极具世界竞争优势的特色旅游资源①。

(2) 深厚的文化底蕴

① 山水文化。八桂大地因独特的自然地理环境形成富有特色的风景名胜,山水文化整体结构以"江海边"(即桂林漓江山水奇风、北部湾滨海风光、中越边关风貌)为战略重点。其风景名胜多姿多彩、蔚为大观,许多景观在全国乃至世界上占有重要地位。拥有国家和区级风景名胜区 33 个,国家和区级旅游度假区 10 个,国家和区级自然保护区 64 处,国家和区级森林公园 26 个,国家地质公园 11 个,5A 级景区 5 个、4A 级景区 176 个,主要包括:峰林景观、岩溶洞穴、山地景观、河湖水景、瀑布景观、泉流景观、滨海景观等。

② 民族民间文化。广西是以壮族为主体的多种少数民族聚居的少数民族自治区,他们各自的语言、服饰、建筑物、生活习惯、风土人情、喜庆节日、民间艺术、工艺特产、烹调技术等,构成了多姿多彩的民族民间文化。主要包括:民族服饰,如右衽大襟装、无领开胸对襟装、百褶裙、尖帽、碗帽、高耸帽等;美食,如壮族五色糯米饭、侗族和瑶族的打油茶、侗瑶苗的酸鱼酸肉等;特色建筑,如壮族干栏式建筑、侗族的木楼和苗族的吊脚楼、侗族

① 谢晓莺.关于广西发展特色旅游及其资源开发问题的思考[J].桂林旅游高等专科学校学报,2002(4):44-47.

巧夺天工的风雨桥;独有节庆,如瑶族的盘王节、侗族的侗年、彝族的跳弓节、毛南族的分龙节、仫佬族的走坡节等;歌舞,如侗族的"行歌坐夜"、苗族系列坡会的"芦笙舞"等;传统习俗,如用脚轻轻地踩在意中人脚背上表示求爱的"踩脚表情",子女及亲友给老年人祝福的"添粮补寿"等;民族手工艺,如壮锦、瑶锦、苗锦、侗锦以及刺绣等。

③ 历史文化。广西历史文化十分丰富,全国重点文物保护单位就达66处。首先是文物古迹,广西历史悠久,古建筑、古文化遗址、古水利工程、石刻、墓葬等古文物遗址众多。其次是著名历史人物,宋有壮民首领侬智高,明有抗倭女英雄瓦氏夫人,清有理学名臣、岭表儒宗陈宏谋。近代以后的太平天国杰出将领石达开、萧朝贵、杨秀清,抗法民族英雄冯子材、刘永福,爱国民主人士李济深、李任元、陈铭枢,四大文化名人梁漱溟、马君武、王力、雷沛鸿,国民党著名将领李宗仁、白崇禧、陈济棠等,无产阶级革命家邓颖超、韦拔群、李明瑞、韦国清等。

④ 沿海文化。广西拥有 1595 千米的海岸线,具有优美的滨海自然风光,如北海集海、滩、岛、湖、林于一体,钦州有"七十二泾"和三娘湾,防城港拥有着江山半岛、火山岛、金花茶自然保护区、十万大山国家森林公园、九龙潭漂流等景区。北部湾特殊的地理位置孕育了沿海的特色文化。其沿海文化主要体现为:京族"哈节"文化、珍珠文化和独弦琴。京族崇拜海神,有专门的节日祭祀海神,这个节日就叫作"哈节"。北海被称为南珠故乡,北海的南珠享誉中外,现存有白龙珍珠城遗址,以"珠还合浦"为代表的故事、传说和北海国际珍珠节。独弦琴是京族人征服恶劣海洋环境的象征,其构造简单,音色清澈,优美动听。

⑤ 边境文化。广西有防城区、东兴市、凭祥市、大新县、宁明县、龙州县、靖西县、那坡县等 8 个县(市、区)与越南 4 个省 17 个县毗邻,陆路边境线长达 1012 千米,生活着汉族、壮族、瑶族、京族、侗族、彝族等近 10 个民族,是典型的多民族聚居地,具有丰富的边境民族文化①。其中,最突出的是民居建筑、民族服饰、民间工艺、民族乐器、民族生产生活习俗等五大类别。最著名的民居建筑要数"干栏"屋。在广西边境地区,每个民族都有各

---

① 覃萍.广西边境地区民俗旅游开发策略的思考[J].广西师范学院学报(哲学社会科学版),2007(4):28-33.

具鲜明民族特色的服饰。沿海边疆的民族工艺,如北海市的铁艺制品和"金龙牌"贝雕工艺画自 20 世纪 70 年代开始就畅销欧美,靖西壮锦和绣球亦在国内外久负盛名。边境地区的民族乐器亦多种多样,除了各民族共有的铜鼓、铜锣和铜钹外,还有彝族的葫芦笙、彝胡、木鼓、单双管彝箫、口弦,苗族的芦笙、唢呐、瓜子琴,壮族的啵咧和天琴等。东兴市是我国唯一的京族聚居地,独特的生活环境使他们形成了自己独特的生产和生活习俗,渔泊、渔竹筏、踩高跷捕鱼等生产习俗和糯米糖粥、鱼露等饮食习俗都别具一格[①]。

(3)特色的农业资源

广西位于我国西南边陲,北纬 20°54′~26°23′,东经 104°28′~112°40′,属亚热带湿润性季风气候区域,年日照 1600~1800 小时,平均气温 17.1~23.5℃,大部分地区无霜期在 300 天以上,年降雨量 1035~2897 毫米,热量丰富,雨量充沛,为亚热带特色农业发展提供难得的条件,而丰富且具有特色的农业资源也为特色小镇的建设提供了得天独厚的资源条件,如中渡镇的建设以"旅游+农业"为主要定位进行特色发展。农业资源不仅具有特色,还可作为旅游纪念品进行二次开发,充分带动当地经济的发展。

① 蔗糖业。广西属于亚热带气候,地理位置和自然环境为我国最适宜种植和生产甘蔗的地区。蔗糖业是广西农业重要的支柱产业和优势产业,其制糖历史较为悠久,可以追溯到公元前 400 年,但一直到 1949 年前广西糖业都未获得很大的发展,1949 年食糖产量仅为 2 万吨。中华人民共和国成立后,尤其是 1988 年国家把广西确定为中国糖业基地后,广西糖业才得以快速发展[②]。1999 年国家环保总局在广西贵港市开设了广西贵港国家生态工业(制糖)示范园区,它是当时国内第一个生态工业园区,使广西制糖业迅猛发展,不仅带动了当地经济,也为现今广西建设特色小镇提供了特色的农业资源。

② 木薯业。广西自然资源条件得天独厚,高温多雨,雨水和热量丰富,十分有利于木薯的生长,是我国最适宜种植木薯的地区。据统计,全国适

---

① 张玉华.广西特色文化的内涵、特征及类型[J].传承,2009(14):162-163.
② 张安群.广西特色农业发展研究[D].武汉:中南民族大学,2011.

合种植木薯的面积约有 29.67 万平方千米,而广西就占据 11.40 万平方千米,几乎占据 50% 的适宜面积,居全国首位。在广西作物结构中,木薯种植面积仅次于水稻、玉米和甘蔗的种植面积,位居第四,继蔗糖之后成为广西特色农业又一支柱产业。

③ 亚热带水果。广西的气候条件十分有利于南亚热带水果生长,已查明的果树种类占全国果树种类总数的 70%,是名副其实的水果之乡。目前,广西水果种植面积已超过 1700 万亩,位居全国第一。广西的热带水果中以蕉类、沙田柚、菠萝、龙眼、荔枝以及芒果为主要种类。经过区域化布局、规模化生产和商品化经营,市场份额进一步增加,在国际国内市场上均具有一定的竞争力。

④ 中草药。广西是中草药资源大省,中草药资源雄厚,据中药资源普查,全区有中草药 4623 种,约占全国植物资源种数(12807 种)的 1/3,排全国第二位,仅次于云南。另外,广西的药材生产、药材加工、中草药生产的规模都位居全国前列。广西有地方特产的药材共 112 种,其中比较有名的中药材有罗汉果、八角、肉桂、砂仁、田七、安息香、剑叶龙血树、绞股蓝、水半夏、鸡血藤、苦丁茶等。目前,全国 400 多种常用中药材中有 70 多种主要来源于广西,其中 10 多个品种产量占全国总产量的 50%~80%,罗汉果、鸡血藤、广豆根更是高达 90% 以上。另外,广西在人工种植药材方面也颇具规模,现有各种药材种植场 2.8 万个,其中较大规模的生产基地有 12 个,种植面积在 52 万亩以上,约占全国栽培面积的 1/5,是全国四大药材产区之一。中草药产品种植已分别形成了桂南的肉桂、八角基地和桂北的罗汉果基地的格局,为中草药产业的发展奠定了良好的基础。

发展特色农业是发展特色小镇区域经济的现实选择,广西作为一个农业大省,农业生产具有悠久的历史和独特的自然区位优势,这为广西发展特色农业奠定了深厚的基础,同时也为广西建设特色小镇提供了现实的条件基础。

(4)独特的区位优势

广西具有北部湾经济区发展建设和面向东盟开放合作的区位优势,发展前景广阔,是西南、华南与东盟三大经济商圈的重要枢纽。由于广西具备古代海上丝绸之路的历史底蕴,北部湾经济区又具有洁净的海湾、优美的环境、宜人的气候、优良的空气质量等丰富的旅游资源,同时还形成了现代化港口群和新型产业群。2015 年 3 月,习近平总书记对广西寄予厚望,希望将广西打造成为面向东盟的国际大通道、西南中南地区开放发展的战略支点,形成"一带一路"有机衔接的重要门户。"一带一路"建设将促进沿边地区更多地参与国际分工,口岸城市及沿边地区将在基础设施、商贸物流、通关便利等多方面获得发展机遇和水平提升。截至 2017 年 12 月 31日,广西中越边境口岸有东兴、凭祥、友谊关、平孟等 8 个国家一类口岸,除此之外,广西还有桂林、南宁、北海等 12 个国家一类口岸。这些优势因素使得广西发展特色小镇的潜力巨大①。

4.3.2 广西特色小镇建设的主要问题

(1)空间规划设计缺乏新思路

现阶段广西特色小镇在规划设计方面存在规划面积过大、拼凑目的明显等问题。特色小镇规划建设旨在打造一个具有明确产业定位、旅游休闲功能、产业文化内涵、社区性质的多功能叠加的特色空间载体,而非以打造多个单一功能区域的旧规划思维进行特色小镇的规划设计,因为传统规划思维已经不适应小城镇现阶段经济转型升级的需求。在项目布局方面仍存在布局分散、功能融合性不高等问题:建设项目遍布所在乡镇全域,项目的过度分散造成特色小镇没有相对独立的核心区,各类产业项目与周边的乡村区域关系不明,容易导致资本投资的分散性,降低发展效率。一些特色小镇前期规划存在问题,如有将旅游景区、产业园区进行简单叠加或升级,或简单结合资源条件设计项目等"拼凑组合"的现象,导致特色小镇项目类型多而散,缺乏集聚能力,不能形成产业协作效能和功能发展合力,难以呈现出建设成效。

如何在规划设计过程中突出小镇的原生性尤为关键。在规划设计中应充分利用当地的自然景观、民俗文化、特色产业,充分发挥小镇与众不同的魅力,展示小镇的风韵。特色小镇要求的形态"小而美",是有利于企业

---

① 赵文超.乡村振兴背景下广西特色小镇建设问题及对策研究[J].广西经济,2019(3):26-27.

与资本对产业与空间的投资,保证小镇本身形成一定规模,对单一特色产业或各类企业来说更易于管理、控制与操作①。广西现有的众多特色小镇在规划范围上等同于美丽乡村群规划,直接沿用了美丽乡村群中的规划范围,面积大都超过"总体面积 3～5 平方千米、核心区 1 平方千米"的标准。以桂林市恭城县莲花镇为例,莲花镇重点建设范围为 4.89 平方千米,而规划范围竟达到了镇域全境,这样的规划设计无疑是摊大饼式建设,加大了特色小镇的打造难度。规划区域的扩大导致项目对资金、土地、专业人员的要求越来越高。这样大范围地铺开不利于企业与资本对产业与空间的投资。此外,有的特色小镇核心区范围不明确,缺乏相对独立的物理空间,与已有旅游景区、产业集聚区的边界无法区分。空间范围的过大或不明确易造成小镇项目在启动前期和各阶段的资本投入存在一定的负担。

(2)特色元素不突出

特色小镇最基本的特点是突出其独特的"特色"元素。当前广西部分特色小镇发展定位不清,核心区块不明确,外部界限不清,导致小镇难以成为相对独立、形象突出的区域。一方面,小镇规划变化频繁,拼凑痕迹明显。小镇申报之初多为概念性规划,由于部分地区谋划不足、投资目标过高,后期不得不多次外延与扩展,导致总面积偏大,不符合特色小镇"小、精、强、美"的特征要求。另一方面,核心区块不确定,特色形象不突出。由于项目地域上集聚度不高,因此导致核心区块不明显,并未在空间布局上形成特色。广西多数特色小镇具有丰富的山水资源、乡土建筑、美食文化等,但由于规划相对缺乏科学性而导致众多的特色内容没有体现出来。

(3)运营主体不明确

特色小镇在建设之后运营之初,应充分发挥市场的作用,主张以市场为主体进行运营,选择实力较为雄厚的企业作为领军企业,同时引进不同企业进行各项经济活动。但是在具体的运营过程中,由于特色小镇前期建设投资较大,资金回收需要较长时间,因此令一些企业望而却步。而由于

---

① 苏彦.广州特色小镇建设现状与发展策略研究——以从化区为例[C]//中国城市规划学会,东莞市人民政府.持续发展理性规划——2017中国城市规划年会论文集(19小城镇规划).北京:中国建筑工业出版社,2017.

广西区内的部分特色小镇的特色产业发展定位不清晰,有些产业类型较为特殊,使得特色小镇建设的周期较长,资金需求量较大,这在一定程度上限制了一些市场主体的加入。现今广西特色小镇的建设仍是以政府为主导,政府相关部门组织人员进行前期规划并引导特色小镇的建设,并未充分发挥市场主体的优势,将一些行业内的优秀企业引入到特色小镇的建设中。具体表现为:第一,招商企业没有集中的领域。由于项目运营周期长,资金回收慢等情况的限制,不得不扩大招商企业的领域,也间接导致了招商企业可能来自不同的领域。第二,项目细碎化现象严重。特色小镇的建设需要的资金较多,在引进市场主体的过程中不得不将相对大的项目进行分解,间接导致了项目的细碎化问题。第三,广西特色小镇的建设尚处于初级阶段,存在核心产业不突出等现象,这也造成了实质上的运营主体缺失。

（4）产业功能叠加不足

广西小城镇的数量相对较多,这些小城镇大多规模较小、人口和产业集聚能力较低、产业特色不明显、规模经济效用没有得到充分的发挥。大多数小城镇是依托工业园区和产业园区、传统优势产业、自然景区和物质文化遗产建立而成,在发展的过程中,由于目标不明确、基础薄弱等各种因素的限制,小城镇的发展产业结构单一、同质化问题严重。大多数小城镇仍然以农业生产为主,处于产业链的最底层。部分特色小镇未考虑到产业、旅游、文化和社区功能的整合,仍以工业园区、旅游度假村等思路规划特色小镇,集中表现为项目相对疏散和功能叠加不足。一是产业与旅游功能融合不够。只片面地发展特色小镇的旅游功能,忽视产业的开发,没有形成丰富多彩的旅游项目和旅游产品,对游客吸引力有限。二是产业与文化功能融合不够。如贺街镇多依托于传统的专业市场,没有深入挖掘传统文化产业自身的历史文化与内涵,并未形成完整的产业形态①。

（5）硬件设施明显滞后

广西的特色小镇产业基础十分薄弱,产业定位多以旅游业为主,新兴

---

① 朱莹莹.浙江省特色小镇建设的现状与对策研究——以嘉兴市为例[J].嘉兴学院学报,2016,28(2):49-56.

产业和高科技核心技术产业严重匮乏。在旅游业的发展中,基础设施建设与旅游业的发展大致呈正相关的关系,它能够为中国旅游业的发展提供源源不断的动力。目前,一些乡镇的基础设施建设还存在一定短板,农民集中居住区功能单一、功能配套不健全,城乡基本公共服务均等化水平不高。如恭城县莲花镇交通瓶颈突出,八步区贺街镇基础设施欠缺,贺州市昭平县黄姚古镇的核心区服务设施不完善,游船与景区不协调,时常发生交通堵塞等情况①。

(6)信息化程度低

2016年4月,习近平总书记在中央网信工作座谈会上强调,"要以信息化推进国家治理体系和治理能力现代化,统筹发展电子政务,构建一体化在线服务平台,分级分类推进新型智慧城市建设"②。近几十年来,随着大城市的快速发展,城市病也愈加严重,交通拥堵、房价高企、雾霾严重以及各种基础设施供给问题使我们对大城市的管理显得力不从心。而特色小镇在建设初期,就应充分抓住现代化的优势,将大数据、信息化等现代化手段和技术应用到城镇的建设中。大数据对特色小镇的整体规划和资源精准对接具有重大的作用,建立以大数据为中心的特色小镇,能够全方位收集和监控特色小镇建设中各类数据与信息,并通过大数据处理平台进行存储、分析。通过数据分析能够发现当前特色小镇建设中存在的问题,并进一步提出有针对性的解决方案,从而有助于科学确定小镇最优规划,发挥大数据在社会治理和公共服务中的重要推动作用。在社会治理中,数据集中与共享可以促进各级政府部门的规划,实现智能化与动态化调整。同时,大数据还能促进完善特色小镇的社会治理和公共服务,打破信息壁垒,有效提高城镇规划、建设、管理和服务的智慧化水平,并通过"互联网＋教育"、"互联网＋医疗"、"互联网＋文化"等惠民工程,提供精准化服务,让小镇居民更幸福。广西在特色小镇的建设中在信息建设方面处于非常落后的阶段,各特色小镇数据采集率低,可获取率低。

① 李伟.广西特色小镇培育建设问题研究[D].武汉:华中师范大学,2018.
② 王露.加强大数据应用,助力特色小镇建设[J].紫光阁,2018(3):59-60.

本 章 小 结

本章分析了广西特色小镇的建设背景,得出以下结论:在宏观经济背景下,面对目前经济转型升级的需求,特色小镇是促进经济转型的重要抓手;在政策环境背景下,自2011年起广西政府对特色城镇建设给予了一系列的政策促进其建设发展,特色小镇建设符合广西政府的政策需求;在社会环境背景下,广西经济持续稳定发展,社会环境稳定,为特色小镇的建设奠定了坚实的基础。近年来,广西特色小镇建设取得了很好的成绩,2016年10月,在住房城乡建设部公布的第一批127个中国特色小镇名单中,广西有4个小镇成功入选,占全国入选小镇的3.1%。2017年7月,在第二批276个中国特色小镇名单中,广西又有10个小镇成功入选,占全国入选小镇的3.6%。至此,广西共有14个小镇被列为中国特色小镇。通过对广西特色小镇的建设现状分析发现,广西入选的第一批、第二批中国特色小镇各具特色,充满活力。

小镇特色的鲜明性是打造特色小镇的根本,广西具有丰富的旅游资源、深厚的文化底蕴、特色的农业资源和独特的区位优势,这些都为特色小镇的建设创造了得天独厚的条件。广西有以壮族为主体的多种少数民族,他们聚居一起形成了鲜活的特色原生乡土文化,这些文化也发展成为广西特色小镇的内核。广西发展前景广阔,是西南、华南与东盟三大经济商圈的重要枢纽,同时作为"一带一路"有机衔接的重要门户,是西南中南地区开放发展的战略支点,这良好的区位优势是广西特色小镇发展的契机。但在广西特色小镇的建设中仍然存在空间规划设计缺乏新思路、特色元素不突出、运营主体不明确、产业功能叠加不足、硬件设施明显滞后、信息化程度低等主要问题,迫切需要在特色小镇建设中逐一得到解决。

5 广西特色小镇建设模式研究

5.1 广西特色小镇建设模式的选择原则

5.1.1 以广西"十三五"规划为指导方针

"十三五"时期是我国全面建成小康社会的决胜时期,也是广西贯彻"四个全面"战略布局、落实"三大定位"新使命、实现"两个建成"目标的关键期。要牢固树立和贯彻落实创新、协调、绿色、开放、共享发展理念,紧紧围绕"三大定位",深入实施创新驱动、开放带动、双核驱动、绿色发展四大战略,强力推进基础设施建设、产业转型升级、农村全面脱贫三大攻坚战,全力推动结构性改革、加快发展、赶超跨越,形成引领经济新常态的体制机制和发展方式[①]。特色小镇作为广西乃至全国重点推进的项目,对于广西探索"十三五"期间新型城镇化建设、社会治理、供给侧结构性改革和破解城乡二元经济结构等问题,具有先行先试、见微知著的深远意义。因此,广西特色小镇的建设原则要紧紧围绕"十三五"规划的战略方针,以"富民强桂"为基本出发点,不断坚持实践创新,加快小镇科学发展步伐。广西特色小镇建设要按照产业、生态、文化、旅游、基础设施等要素融合发展、协同推进的"五位一体"方式创建特色小镇,并开展"一业主导、多业联动"产业培育,推进特色产业创新驱动,完善特色小镇发展机制体制[②]。

(1)与新型城镇化建设相结合

特色小镇是在十八大和十八届三中、四中、五中全会的精神指引下,由

---

① 广西壮族自治区发展和改革委员会.广西壮族自治区人民政府关于印发广西壮族自治区国民经济和社会发展第十三个五年规划纲要的通知[EB/OL].[2017-04-07]. http://fgw. gxzf. gov. cn/cszz/njc/wjgg_57484/t4968323. shtml.

② 广西壮族自治区住房和城乡建设厅.广西到 2020 年将建成 100 个自治区级特色小镇[EB/OL].[2017-08-02]. http://zjt. gxzf. gov. cn/xyxx/czjs_40601/t1566487. shtml.

中央提出的新型城镇化健康发展之路[①]。其目的是为大城市减轻人口压力,为"城市病"退烧,打造宜居环境。根据《国家发展改革委关于加快美丽特色小(城)镇建设的指导意见》要求,广西在特色小镇培育过程中应该要突出产业发展能力,主要以建制镇(乡)、产业园区、现代农业核心示范区、特色旅游集聚区等为载体进行培育;着力建设一批特色产业鲜明、服务功能完善、体制机制灵活、生态环境优美、文化底蕴彰显、宜居宜业宜旅的国家级、自治区级、市级特色小镇,使特色小镇成为广西县域经济发展新的增长点,成为农民就地就近城镇化的重要载体[②]。根据广西壮族自治区统计局公布的数据,广西壮族自治区在 2018 年的人口变化有以下特点:

① 人口总量、密度提升。2018 年年末,广西常住人口为 4926 万人,比上年增加 41 万人,其中城镇人口 2474 万人,占常住人口的比重(常住人口城镇化率)为 50.22%,比上年年末提高 1.01 个百分点。户籍人口城镇化率为 31.72%,比上年年末提高 0.49 个百分点。常住人口增加 41 万。与人口总量变化相伴随的,2017 年广西人口密度为每平方千米 203 人,2018 年下降到每平方千米 190 人,且高于全国平均人口密度,是全国人口稠密地区之一。

② 户籍人口增长趋于稳定状态。据统计部门数据显示,2018 年广西户籍人口为 5659 万人,比上年年末增加 59 万人。户籍人口约占全国人口总量的 4.05%。

③ 地区间人口规模和增速差异较大。南宁市无论是常住人口或者是户籍人口规模均超过 700 万人,是广西人口最多的市;桂林市和玉林市人口也超过 500 万人;北部湾经济区的南宁、北海、防城港、钦州市社会经济发展较快,留住了本地人,也吸引外地人口流入,人口增长速度高于广西平均水平。柳州市是工业城市,外来务工人员多,常住人口多于户籍人口,2000 年以来一直保持这一人口特征。百色、贺州、河池、来宾、崇左市等地外出人口多,人口增长速度较慢[③]。

---

① 谭冉.特色小镇:新型城镇化的新趋势[J].经济,2017(Z1):72-74.

② 广西壮族自治区住房和城乡建设厅.广西到 2020 年将建成 100 个自治区级特色小镇 [EB/OL]. [2017-08-02]. http://www.zjt.gxzf.gov.cn/xyxx/czjs_40601/t1566487.shtml.

③ 广西壮族自治区统计局.广西常住人口平稳增长 城镇化稳步推进——2016 年广西人口发展变化简析 [EB/OL]. [2017-04-06]. http://tjj.gxzf.gov.cn/zwgk/zdgkml/sjfbjjda/jdfxa/t2344877.shtml.

广西第一批入选的四个特色小镇分别位于桂林、柳州、北海与贺州,基于前文数据,这四座城市的城镇人口数量增长速度与人口密度均位于广西前列,城市人口压力较大,因此,这四座城市孕育出的特色小镇,与生俱来肩负着分担城市人口压力、促进城镇化发展的使命。城镇化是现代化的必由之路,特色小镇建设理当作为推进新型城镇化、促进城乡发展一体化的重要突破口。

一方面,特色小镇的建设使得城镇内水利、通信、供排水、交通、生态等基础设施大幅改善,教育、科技、卫生、文化、体育、社会保障等公共服务水平明显提高,小镇综合承载力显著提升。由于特色小镇最终建成会有考核标准,本身又作为广西特色的集中体现,在规划中基础设施完善的工作必不可少,其在公共服务与基础设施建设方面会有很大改善。另一方面,特色小镇可以促使城镇化与工业化、信息化、农业现代化互动增强。广西工业化进入中期阶段,尤以柳州为首,主要依托城镇和产业园区布局,培育了一批新兴产业和产业集群,带动了城镇规模扩张和人口集聚,初步形成城镇化与工业化相互支撑、相互促进的良好态势。中渡镇与贺街镇作为以旅游与文化为特色的小镇,尤其需要提高信息化水平,以适应如今的旅游市场,莲花镇则可以促进城镇化与农业现代化的互通。

(2) 与推进新型社会治理相结合

我国的政治经济体制及控制型行政管理机制高度集中,但特色小镇却并非一个行政层级,可视为一个大企业的区块或同类企业的集合,可以由企业协会和联盟来做,政府只是在技术规范上通过协调和协商为其把关而已[1]。所以,特色小镇的社会治理模式,应是进一步巩固和强化建立在多元主体社会治理基础上的以“信任—服务—合作”为特征的社会合作管理机制,这也应是特色小镇的未来建设方向与目标[2]。

新型社会治理虽然注重让行政权力隐退,但是在大政策方针上,仍然要坚持以中国共产党的领导,积极探索党领导下的优化模式,形成一元主导、多方参与、各尽其责的协同治理格局。政府要注重培育企业、中介、社

---

① 李强.用改革创新精神推进特色小镇建设[J].今日浙江,2015(7):8-10.
② 李庆峰.特色小镇:一种新型社会治理模型及其发展[J].中国经贸导刊,2017(2):76-78.

团等组织,鼓励社会精英参政议政,通过多种渠道参与社会治理。创新财政扶持与划拨方式,减少推诿与腐败,聚集产业高端,打通融资渠道,夯实经济基础,发展旅游经济,保障社会活力等,这不仅是特色小镇发展的基础,也是其实现社会良治的基石。建章立制提高法治水平,依法治理特色小镇,强化特色小镇建设的法治化和制度化,着力点应放在推进特色小镇的治理体系和治理能力现代化上[1]。

(3) 与供给侧结构性改革相结合

基于第四章广西入选的 14 个第一批和第二批中国特色小镇现状分析基础上,我们认为,广西特色小镇的建设与供给侧结构性改革的结合主要体现在以下三个方面。

① 特色小镇是破解广西空间资源配置不当的重要抓手,符合生产力布局优化规律。广西虽然地域辽阔,但是地貌情况复杂,可利用土地有限,特色小镇需用较小的空间资源达到生产力的最优化布局。从生产力布局优化规律看,生产力配置要在功能的集聚与扩散之间,城市化与逆城市化之间,生产、生活、生态之间找到最佳平衡点。所以建设上要"精而美",在有限的空间里充分实现特色小镇不同的功能类型,即旅游发展(中渡镇、南康镇)、历史文化(中渡镇、贺街镇)和农业服务(莲花镇)。

② 特色小镇是破解广西有效供给不足的重要抓手,符合产业结构演化规律。广西的特色小镇是以农业为主导产业,三产比重较低,依靠原始的农业模式已经不足以支撑如今的市场升级和消费升级,产业转型升级滞后,导致有效供给不足和消费需求外溢。为此,广西特色小镇必须定位最有基础、最具特色和潜力的主导产业,力求"特而强",也就是聚焦广西长远发展的旅游、健康、环保、工业等产业,以及少数民族文化、东盟各国文化、百越文化、客家文化等优秀文化,通过产业结构的高端化推动广西的供给能力提升,使经典产业在特色小镇带动下重焕风采、再创优势。

③ 特色小镇是破解广西高端要素聚合度不够的重要抓手,符合创业生态进化规律。在"大众创业、万众创新"的时代,广西建设特色小镇,要吸取杭州梦想小镇的经验,形成富有创新吸引力的创业创新生态,制度供给力

① 伍俊斌.黑格尔市民社会理论探析[J].江淮论坛,2009(5):94-99.

求"活而新"。建设方向上，要统筹优势产业和文化特色打造产业生态，目标是建成 3A 级以上风景区，在创建期内多加激励，强化社区功能，集聚高端要素，促进产业链、创新链、人才链耦合，功能上"聚而合"，使小镇永驻青春，充满活力。

（4）与破解城乡二元经济结构相结合

推进特色小镇建设，表象上是在政府政策下打造现代化城镇，实质上却是城乡二元经济结构的一次补缺，更是社会经济发展上升到一定阶段的必然性良性转型，能够加快小康社会的目标实现。建设特色小镇，一是给农民收入提高带来机遇；二是给产业转移和农民工回乡创业带来机遇；三是给高铁、公路、桥梁、机场等重大基础设施建成和完善带来机遇；四是给城市居民生活方式变化带来机遇。广西特色小镇的布局要在城郊结合部，这样在配套功能上既有众创空间、研发中心，又有人才公寓、社区功能，生产、生活、生态融合，使在特色小镇工作与生活成为令人羡慕的生存状态[①]。在这样注重功能叠加、要素融合，"产、城、人、文"一体的新型空间，城乡二元结构带来的诸多问题得以破解。

5.1.2　以保护小镇现有资源为建设基础

从广西四个入选的第一批中国特色小镇的现状来看，大多与旅游或是古镇有着很大的关联，同时存在着丰富的农副产品资源。因此，在建设过程中必要的一步是立足本镇情况，将小镇的现有资源进行分类与保护，在保护的基础上进行合理开发。遵守的原则大致可以归纳为：文化历史资源着重收集与编撰工作，对破损严重的历史文物及时进行修缮；自然生态资源注重预估对环境造成的影响，保持合理开采利用，避免过度开发；农作资源要求对原产地进行保护，合理规划用地，保持原生态培育。

在广西入选第一批中国特色小镇的四个特色小镇中，中渡古镇的古民居群是广西目前为数不多、保存完好的古代民居群之一，中渡古民居群建于清代中期，青砖灰瓦、木质构架、古色古香，除古民居外，还有很多保存较

---

① 开封网.特色小镇为引领新常态探索新路径[EB/OL].[2016-03-02]. https://www.sohu. com/a/61355806_119841.

好的旧商号、旧客栈等。武庙、中渡抚民厅、中渡县参议会和粤东会馆等历史文化建筑坐落其中,完整地反映了古城的历史风貌。但打造特色小镇绝不能仅局限于"山美、水美、生态美",还要顾及其他优势资源,例如中渡镇的西红柿、沙田柚、砂糖橘、莲藕、芥菜和水产畜牧等特产,要积极申报国家地理标志保护产品,提高特色农副产品的加工转化率,实施"互联网+"特色资源加工,创新品牌开发模式,努力打造绿色生态产业体系①。

莲花镇有着多民族聚居的特点,镇内存在大量传统村落,莲花镇朗山、高桂、凤岩3个村入选了中国传统村落名录,红岩老村、东寨等5个村屯入选了广西传统村落名录,其中朗山古民居保存相对完好,属广西重点文物保护单位,村内房屋座座相连,由严整的内巷道相连通,依山而建的民居梯度排列、错落有致,寓意"步步登高"。传统民居为清一色的清水砖墙,砌筑工整细致,艺术构件花饰繁多,民俗民风独具特色。近年来,在保护文化古迹资源方面,莲花镇严格按照古民居维护"历史真实性、风貌完整性、生活延续性"要求,注重保留村落原有建筑风格,凸显民族文化特色,留住瑶乡"美丽乡愁";围绕"尊重建筑风貌、提炼瑶族元素、突出乡土特色"的建设思路,莲花镇用生态理念和绿色建筑办法,对重点街区及公路沿线房屋实施风貌改造,一批自然美景与风情古居相融、民族风貌彰显、生态特色鲜明的美丽村庄脱颖而出,"坡屋顶、小青瓦、白粉墙、吊脚楼、木格窗"等瑶族元素成为莲花镇独具特色的民居符号②。

贺街镇以宗祠文化闻名,因此,更应该在开发的基础上对宗祠进行保护与修缮。宗祠不仅是贺街镇文化历史的典型代表,在当前开展社会主义新农村建设进程中,祠堂还承担着中央政策宣传、族亲致富信息传递、老人活动之家、农家书屋等功能,记住乡愁,加快发展,宗祠以其独特的存在方式,起到演绎现代文明的作用。在贺街,2100多年历史文脉,20多姓宗祠,与临贺故城的古塔、古街、古墙、古井、古庙相映,成为中国众多小镇中一大独特的人文景观,保护和继承好宗祠文化,对主打华夏寻根文化之旅,做大创意旅游产业,具有重要的影响力和历史价值③。在农业方面,作为有名的

---

① 杨鹏.立足喀斯特山水古韵 中渡坐拥"高颜值"[J].广西城镇建设,2016(10):28-41.
② 刘俊杰."月柿之乡"莲花镇 产业领跑特色发展[J].广西城镇建设,2016(10):42-53.
③ 朱其现.贺街传承历史 建宗祠文脉小镇[J].广西城镇建设,2016(10):62-75.

"中国李子之乡"和"百年菜乡",要巩固好产业核心示范区的地位,带动乡村旅游、农业生产体验游、休闲观光旅游发展,还要加强传统非物质文化保护。贺街镇文化艺术丰富多样,融中原文化、岭南百越文化和湘楚文化于一体,独具岭南地方特色。既有瑞云山来历、小姐坟的传说等众多优美的民间故事,又有历史悠久、多元复合的各姓氏宗祠典故;既有湘、桂、粤三省区最盛大的民俗节庆、自治区级非物质文化遗产——浮山歌节,又有融岭南风情的粤剧、凸显本地特色的采茶戏和客家风情,这些都使贺街文化得以展示得更加立体与完美。

南康镇自秦朝至今拥有 2000 多年的历史,文物古迹众多,文物保护单位 16 处、文物点 93 处,许多文物古迹具有不可估量的历史价值。加快推动南康镇传统历史文化的传承和发扬,深入挖掘南康特有的传统历史文化元素,是南康镇打造滨海宜居休闲特色小镇、丰富特色小镇建设文化底蕴、进一步推动特色村镇同步发展的重要路径。必须加强对物质文化遗产的保护,重点做好骑楼街、将军楼、三帝庙、三婆庙、洗太庙、天波府、四大古井等文物名胜保护工作,合理有序地进行开发,将这些特色文物古迹打造成为南康古镇的特色文化名片。对于非物质文化遗产,应重点打造"三棋"、"卖鸡调"和"三婆信仰"等市级非物质文化遗产,形成具有竞争力的南康镇特色文化符号,有效提升南康镇的文化竞争力和旅游资源丰富程度①。南康镇作为滨海小镇,还要特别重视对海洋资源的保护。作为沿海一带的"黄金海岸",南康镇的鱼、虾、"滨海西瓜"享誉全国,但在延长农海产品加工链、建设沿海休闲区的过程中要注意对海洋生态的保护,确定红线,采取有效的保护措施和科学的开发方式进行特殊管理。

对于广西而言,今后还会陆续建设更多的特色小镇,而县域经济又是以依托资源为主,因此,在建设特色小镇过程中要率先保护好小镇历史文化资源、自然生态资源,依托资源优势,带动和形成特色鲜明的产业,"资源+"是特色小镇建设的重要方面。要合理保护和开发好当地的资源,"资源+"特色小镇之路会越走越宽。

---

① 张青玉.南康依托区位优势 打造滨海宜居休闲特色[J].广西城镇建设,2016(10):54-61.

5.1.3 以树立小镇形象识别为建设路径

IP(Intellectual Property rights),传统意义上是指"知识产权/知识财产",是一种无形的智力成果权、独特识别物①。对于特色小镇来讲就是小镇核心认知产品,这个 IP 可理解成核心吸引力、细分到极致的特色产业。IP 是特色小镇的"特",是特色小镇的产业核心,也是特色小镇的形象识别。

对于特色小镇,"特"是小镇的核心元素,而产业特色是其重中之重,广西特色小镇的建设必须与产业规划统筹考虑。所以,特色小镇的定位要紧扣广西产业未来发展趋势,锁定产业的主要发展方向,构筑产业创新高地,在定位上突出"特",找准特色、凸显特色、放大特色,切勿出现"千镇一面"、同质竞争现象。

特色小镇 IP 是自身"特"的显示与提炼,也是特色小镇特色产业的描述;纵观目前特色小镇发展,其 IP 属性种类较多,如影视 IP、动漫 IP、农业 IP、音乐 IP、金融 IP、汽车 IP 等不同 IP 属性。广西特色小镇要通过挖掘和发现 IP 属性,找到小镇发展特色灵魂产业的支撑,增强小镇形象识别。以广西第一批国家特色小镇柳州市中渡镇、桂林市莲花镇、贺州市贺街镇与北海市南康镇为例,在前一章介绍的基础上,其产业 IP 可归纳为以下几种,如表 5-1 所示。

表 5-1　广西特色小镇 IP 分类

特色小镇	特色定位	IP 属性
柳州市鹿寨县中渡镇	喀斯特山水古韵	特色景区 IP
桂林市恭城县莲花镇	月柿产业	创意农业 IP
贺州市八步区贺街镇	宗祠文化	历史文化 IP
北海市铁山港区南康镇	滨海宜居	滨海风情 IP

对于中渡镇,它具有丰富的古镇资源,但总体来看,这些古镇资源仍处于原生态的发展阶段,开发建设层次低、档次水平不高。在建设过程中要

① 尹鸿,王旭东,陈洪伟,等.IP 转换兴起的原因、现状及未来发展趋势[J].当代电影,2015(9):22-29.

按照新型城镇化,尤其是富有特色的新型城镇化建设模式推进中渡镇的建设,以打造国家级特色小镇为目标积极推进中渡镇新型城镇化探索,可借鉴江苏镇江西津渡古镇建设风格和开发模式,加强对古建民居外立面、护城河、街巷路面等的保护与修缮。要在中渡镇特色小镇建设的过程中,努力学习和借鉴乌镇模式,按照"互联网+特色小镇"建设模式,集聚高端要素,对先进要素形成显著的吸附力。在古镇建设过程中,把广西的民俗文化尤其是桂中地区的乡土文化用精致的方式释放出来,可借鉴浙江省尤其是杭州市开展民宿建设的经验做法,在中渡镇建设发展一批特色民宿,打造庭院式民居;提升中渡镇的社区功能,建立"小镇客厅",提供公共服务APP,推进数字化管理全覆盖,完善特色小镇建设中的医疗、教育和休闲设施,实现"公共服务不出镇"[①];立足特色小镇建设,找寻自身特色定位,选择适宜发展方向,增强中渡镇的特色形象识别。

对于莲花镇,要突出创意农业的特色。在创新传统营销模式的基础上,开发用 IC 卡管理的水果销售示范点,加大水果宣传推介和促销力度,拓宽水果销售渠道。迄今,莲花镇有物流网点 40 余个,运输线路遍及全国各地,年运输月柿 12 万吨[②]。同时,该镇新建了月柿水果交易市场,要引入淘宝镇、淘宝村模式,有效利用"互联网+",实现市场整合,形成规范化管理,为农产品交易主体提供一个良好的交易平台,极大提高专业化、市场化水平,提升莲花镇作为"中国月柿之乡"的知名度和美誉度。

对于贺街镇,因其具有独特优势与示范引导作用,要大力发展创意文化旅游。发展以华夏寻根文化为核心的创意文化旅游,其优势十分明显。一是主题突出。以宗祠文脉为文化核心,为旅游者定制一个鲜明的主题旅游产品,鲜明的主题定会产生鲜明的市场形象,特别是贺街现存宗祠都是桂、湘、粤三省区 24 姓后裔发祥之地,必会引起宗亲、旅游者的关注。二是文化多样。临贺,自公元前 111 年到 1952 年,一直是潇贺古道上重要的政治中心,两河交汇,直通西江,这里成为中原文化、楚文化、百越文化和西瓯文化融合之地。这里拥有国内考古发现保存最完好的汉代古城墙,贺江、浮山、桂花井、文笔塔、文庙、陈王祠、粤东会馆等文化景观与宗祠群融为一

① 李强.特色小镇是浙江创新发展的战略选择[J].今日浙江,2015(24):16-19.
② 刘俊杰."月柿之乡"莲花镇 产业领跑特色发展[J].广西城镇建设,2016(10):42-53.

体,呈现出的多元文化给创意旅游提供独特的文化体验。三是和谐发展。创意旅游产品与其他旅游产品最大的区别在于其具有和谐性,和谐性除体现为人与自然、人与环境、人工建筑和设施与自然环境、文化与自然的和谐外,还体现为旅游经营者和旅游者的和谐,旅游经营者和当地人民的和谐,这是宗祠文脉所特有的优势[①]。

对于南康镇,依托南康古镇的历史遗存和文化,对接北海旅游胜地,紧扣铁山港区白龙珍珠城—现代渔港经济区—青山头乡村旅游度假区—港口码头—现代工业—南康镇区珠链形,进行休闲体验型、综合性特色旅游带建设,以南康江改造为切入点,打造以古镇千年文化为底蕴,以老街骑楼为特色和南康江沿岸观光休闲为主的文化旅游产业,与旅游部门共同开发好南康风情老街和滨江旅游带。南康镇可以充分发掘特色农业资源,鼓励发展生态农业体验游和农家乐等旅游模式,有效利用南康丰富的海洋和内河资源,发展渔船捕捞体验游,提升旅游品质,发展特色旅游。同时,南康镇可以充分利用地势平坦、日照强烈、热量充足、江水丰沛等优越的自然条件,坚持科技兴农,走科技致富的道路,不断提高农产品基地的科技含量。加强农业新品种引进和农业科技研发,培育更优质、高产的水稻、甘蔗、木薯、西瓜、花生、玉米等农作物,重点培育推广享誉全国的南康"滨海西瓜"作为南康特色农业名片[②]。持续推进开发南康镇丰富的海洋、内河、水塘资源,尤其是物产丰富的"黄金海岸",发展渔业、海水养殖业和内河淡水养殖业,形成特色优质品牌。培育壮大一大批农业龙头企业,提高农业产业附加值,促进农业增效、农民增收。

5.2 我国特色小镇建设模式的分类

在住房城乡建设部发布的《关于做好 2016 年特色小镇推荐工作的通知》中,曾将推荐小镇类型分为商贸流通型、农业服务型、民族聚居型、旅游

---

① 朱其现.贺街传承历史 建宗祠文脉小镇[J].广西城镇建设,2016(10):62-75.
② 张青玉.南康依托区位优势 打造滨海宜居休闲特色[J].广西城镇建设,2016(10):54-61.

发展型、历史文化型和工业发展型六种①。本书在综合全国专家组对特色小镇的评审意见以及相关学者的研究基础上,总结出了我国第一批、第二批特色小镇类型结构,如表 5-2 所示。

表 5-2 中国特色小镇类型结构

第一批			第二批		
特色小镇类型	数量	占比(%)	特色小镇类型	数量	占比(%)
商贸流通型	3	2.36	商贸流通型	13	4.71
农业服务型	15	11.81	农业服务型	46	16.67
民族聚居型	3	2.36	民族聚居型	3	1.09
旅游发展型	64	50.39	旅游发展型	67	24.27
历史文化型	23	18.12	历史文化型	78	28.26
工业发展型	19	14.96	工业发展型	69	25.00
合计	127	100	合计	276	100

需要说明的是,汽车、机电等重工业与食品加工、服饰加工等轻工业统一划入了工业发展型,以健康长寿、养生休闲为特色的小镇划入了旅游发展型。从表 5-2 中可以看出,我国两批特色小镇均包含了商贸流通型、农业服务型、民族聚居型、旅游发展型、历史文化型和工业发展型六种类型,其中在第一批特色小镇中旅游发展型与历史文化型所占比例最多,商贸流通型和民族聚居型占比最少;第二批特色小镇中旅游发展型、历史文化型和工业发展型所占比例相当,民族聚居型相对较少。

5.2.1 商贸流通型

商贸流通型特色小镇以降低生产成本,提高制造业生产效率,提升其附加值率和产业链经济绩效为主。在商贸流通业内部,通过深化批发、零售、物流、仓储、销售服务之间以及与高端制造业部门之间的产业分工,优化制造业内部协调成本,从而提高商贸流通业与高端制造业的产业关联程

① 中华人民共和国住房和城乡建设部.关于做好 2016 年特色小镇推荐工作的通知[EB/OL].[2016-08-03].http://www.mohurd.gov.cn/wjfb/201608/t20160803_228412.html.

度,促进高端制造业增长方式转变。深化分工合作,充分发挥调动商贸流通业和整合社会资源的作用,推动高端制造业组织结构优化、管理水平提升,从而实现增长方式转变。加强商贸流通基础设施和商贸流通服务公共平台建设,促进资源、信息、知识、技术共享,从而有效整合社会资源,实现商贸流通业结构合理化、专业化、社会化、市场化;加大专项资金对商贸流通业的支持力度,支持现代物流业集聚区、规模化仓储等重点项目建设,实现商贸流通集聚效应,充分发挥规模经济和范围经济优势,提高商贸流通专业化水平。

发挥商贸流通业在了解消费者需求和偏好方面的优势,实现城市和居民和谐发展。应加强商贸流通基础设施建设,构建企业内外联通、区域功能配套、生产绿色环保、运行安全高效的现代基础设施体系。加强对商贸流通信息技术的投入,以专业平台建设为抓手,对商贸流通信息基础设施建设、技术引进等给予税收、贷款优惠,支持商贸流通信息技术创新和进步,使商贸流通信息技术普及化;加大商贸流通新技术和设施研发的资金支持力度,促进产学研结合,利用互联网和电商平台,共同探索商业模式创新。此外,充分发挥商贸流通业上端连接生产者、下端连接消费者的特点,最大程度上降低高端制造业经营成本,进而转变商贸流通业增长方式。

5.2.2 农业服务型

农业服务型特色小镇建设应从主导产业、区域性优势产业和地方性特色产业三个层次,开辟一条特色农业之路。农业现代化应该是农业文明的一种高度展示,其发展宗旨就是赋予农业一定的文化内涵,让消费者从中体验到农业带来的美妙感受。服务型农业是以农村资源作为载体,通过把科技和人文要素以及生活理念有效融入农业,整合城乡资源,共享城乡资源。以社会的需求发展农产品代产代养服务、租赁服务、管理服务等多元化的服务平台,体现出宜居、宜产、宜游的自然生态链。坚持发展特色农业、生态保护农业、文化型农业、服务型农业,构筑新型农业形态。搭建农业远程服务平台,为种植业合作社和规模化农业用户提供全面的现代农业技术服务和流通服务。提供健康种植技术体系的管理和培训服务。提升规模农业发展的生产技术、农资供应、产品销售、信息等全程服务质量,促进成员增产增效,为构建现代农业经营体系,提升现代农业水平做出新的贡献。可加强农业标准化建设,扩大生态农产品生产,充分应用高新技术,实现农业的智能管理,实时监测,减少农作物病害,提高农产品品质,逐步构建智慧农业。此外,开展农家乐等体验项目,利用当地的农产品进行加工,可以满足消费者回归自然、休闲娱乐和体验农耕文化的需求,促进农业提质增效,带动农民就业增收。

5.2.3 民族聚居型

民族聚居型特色小镇以民族风土人情为主要建设方向,通过助力文化风俗与当地自然环境有机结合促进小镇建设发展。

建设民族聚集型特色小镇应发掘和保护当地民族文化资源,发展特色文化产业,构建一种新型的、现代的、展现民族风采的特色小镇。应突出民族文化特色,打造具有当地民族风土人情的特色小镇。特色小镇的核心竞争力在于其特有的民族文化风土人情,应从核心点向外扩散发展,打造相关特色民族文化产业,通过特色小镇建设,带动经济整体发展。应始终保持文化、旅游相结合,山水、人文并重的发展模式,设计具有特色的旅游纪念品,遵循以点带面的开发思路,合理连接周边景区。充分利用各种民族文化资源,开发具有当地文化特色的娱乐活动,如文艺演出、民俗歌舞演艺等,实现区域旅游品牌价值的增值。改善生态人文环境和服务环境,提升全域旅游综合质量,制定完善的生态环境保护措施,在发展旅游的同时更要保护好县域生态环境,确保全域的建设发展能够实现人与自然协同共生①。

5.2.4 旅游发展型

旅游发展型特色小镇以特色景点为核心,围绕提高游客旅游体验,提升小镇知名度进行重点建设。提高小镇与周边地区、各旅游景区沟通交流的便利性,逐步缩短行车时间。对自身风土人情进行合理定位分析,积极举办一系列的结合当地实际情况的节庆活动,开发农产品采摘、农产品生

---

① 王兆峰,龙丽羽.民族地区旅游业发展驱动城镇化建设的动力机制研究——以湖南凤凰县为例[J].中央民族大学学报(哲学社会科学版),2016,43(5):11-17.

态餐厅等特色服务体验项目。通过科学的包装、设计,推出特色旅游商品,着力提升旅游品牌的影响力、竞争力、知名度、溢价能力。为提高游客的旅游体验,在旅游的主要场所完成 WIFI 安装,为游客提供快速便捷的无线上网体验服务,兴建五星级酒店为游客提供良好的住宿条件。加大交通建设力度,争取完善城镇交通功能,提升旅游接待能力,减少游客在路程上的消耗时间,增加游客在县域旅游的消费时间;加大招商引资力度,促进零售业与文化娱乐产业的发展,提高游客的旅游体验;加大旅游县域形象工程建设和景观建设,在各类文化场所、风景园林建设上凸显当地特色;坚持以"优质化、智能化、特色化"为目标,加强污水处理、垃圾回收、公共电网、通信等旅游配套设施建设,大力建设影院、商场、宾馆、体育场所等休闲娱乐设施,提高公共执法、旅游管理水平,保障游客人身安全,满足游客与居民的休闲、娱乐、出行、安全多方面需求。良好的产业合作机制将更好地服务于民族地区全域旅游,推动县域经济取得新突破。

5.2.5 历史文化型

历史文化型特色小镇建设通过外在物质环境的保护与街巷功能的再生和重构,发展传统的工艺品,恢复原有的历史文化遗产,积极开展传统的商业活动,将特色小镇的风貌特征、风俗风情、文化特征嫁接到新时期的城镇社会经济基础上,以"历史文化"为主题,将古典与现代进行有机融合,构建文化体验区和休闲旅游度假区,从而使其获得新的发展动力。历史文化型特色小镇例如龙泉青瓷小镇,以青瓷文化为品牌,以休闲养生为核心,延续工艺传承和传统的家庭式小作坊生产组织方式,打造出具有国际影响力的中国青瓷小镇。

在历史文化型特色小镇建设中,应充分挖掘当地风土人情和文化特色,注重古建筑的修缮与保护,强调保持小城镇特色文化和历史延续性。承接历史文化,保持历史风貌,做到"整旧如故,以存其真"。采用整体产权开发、复合多元经营、度假商务并重、资产全面增值的历史文化型特色小镇建设模式,具体的做法可归纳为"迁、拆、修、补、饰"五个字。"迁",搬迁历史街区内所存在的工厂、大型商场、部分现代民居等建筑;"拆",拆除与历史底蕴不协调的建筑;"修",用旧材料和传统工艺修缮破损的老街、旧屋、河岸、桥梁等;"补",恢复或补建部分旧建筑,填补空白,连缀整体;"饰",各类电线、管道全部埋地铺设,现代设施全部遮掩①。要注意采取逐步整治的方式,政府出资为主,居民出资为辅,要"政府主导,居民参与,逐步整治,渐进改善"。此外,将小镇的生态环境作为重要的考核指标,制定完善的生态保护措施,确保特色小镇在建设过程中,能够形成环环相扣、协同共生的网络,实现物质循环再生,人与自然协同共生,可持续发展。

5.2.6 工业发展型

工业发展型特色小镇建设依托现有工业区、产业集聚区等,在其已经形成的居住区,或附近的村镇进行产业化升级改造。这种模式最为快捷,短期内可以实现政绩和经济效益。在国外有不少典型案例,如以金属加工为主要产业的 Steyr(奥地利最古老的小镇之一)、以钢铁和化工为主要产业的 Linz(奥钢联总部)、BMW 德国生产基地 Dingolfing(丁格芬)、瑞士的韦威(Vevey,雀巢总部)、德国海德堡古城(海德堡公司总部)、厄尔兰根(西门子医疗器械总部)、英戈尔斯塔特(奥迪总部)、奥格斯堡(库卡机器人总部)等。这种方式不适用于已形成市场化房价(相对于地区价格)的工业园。升级型又有两种模式:一是核心企业升级型。即依托现有大企业,为其生产进行高品质的宜居的配套规划和建设。其关键点在于,需要政府通过市场化方式帮助该企业稳定持续发展,在其导入上下游配套企业、更新技术设备、开拓市场等方面提供支持,同时还需要平衡生产和生活,解决影响生活的环境污染、交通拥挤等问题。以目前的技术水平,解决企业生产中所产生的污染、能耗等问题难度不大,但需要寻找合适的方式来市场化解决。这种模式是快捷的特色小镇建设方式,在东部及沿海地区的很多地方都有这样的条件。二是产业链完善升级型。在没有大型企业的情况下,可以在现有产业相对集聚的园区或附近的村镇,通过引进投资来改造生活环境及配套设施,加强该产业集聚类型的上下游企业引进,加强扶持所需的人才培训、技术研发及引进等方面的投入,引进流通环节的企业资源,帮助企业扎根于当地,从而使企业参与营造宜居的小镇有持续的动力。这种

---

① 360 百科. 乌镇模式 [EB/OL]. [2012-10-16]. https://baike. so. com/doc/7142045-7365672. html.

模式对于很多地方都适合,特别是一些有历史产业发展的地方。通过加强技术投入和流通领域的支持,可以让深受"互联网+"冲击的产业焕发新生,更有机会得到持续发展。

5.3 广西特色小镇建设模式的选择

由于广西经济总量不能与特色小镇发展较快的浙江省等地区相比,对于特色小镇建设模式的选择应立足自身特点,循因施策,用新常态观念来思考当前广西的经济状况,必须调整经济增长模式和城镇发展方式,摒弃以往粗放型扩张发展的思路,走质量和效益并重、经济与生态文明协调发展的路径。广西作为少数民族聚居地区,民族文化绚烂多彩,其传统文化的保护不可忽视;桂林、北海等都为旅游城市,风景优美,空气良好,旅游资源丰富;县域经济大致可以分为工业主导型、服务业主导型、农业主导型、林业主导型和渔业主导型五个类型,整体上看广西的经济格局以资源型为主,县域经济的贡献率占整个 GDP 的 50%以上[①];广西依托天然的生态环境,拥有全国最多的长寿之乡,是休闲养生的不二之选。因此,本书在借鉴中国特色小镇类型结构分类方式的基础上,结合广西自身实际情况,将广西特色小镇建设模式选择类型分为民族文化保护型、旅游资源开发型、特色产业型、健康休闲主导型四大类型。

5.3.1 民族文化保护型

民族文化保护型建设模式,是在发掘和保护当地民族文化资源的基础上,发展特色文化产业,构建一种新型的、现代的、展现民族风采的特色小镇。广西作为我国五大自治区之一,全区有壮族、瑶族、苗族、侗族、仫佬族、毛南族、回族、京族等少数民族,少数民族总人数居全国第一位。进入21 世纪以后,随着社会经济的不断向前,社会转型步伐的加快,各民族群众在传统意识、行为模式、生活方式上的变化非常巨大,在丰富了人们的精神生活之余,也使得一些有特色的少数民族传统文化逐渐淡出了人们的视

---

① 朱涛.打造广西的特色小镇[J].广西城镇建设,2017(1):68-76.

野,因此,广西在保护少数民族传统文化上理所应当要担负起责任,特色小镇作为"非区非镇",行政划分上相当自由,产业或文化形态上要彰显特色,而少数民族具有聚居特点,多集中在某一区域,其文化鲜明而独特,所以,特色小镇与少数民族两者在广西区域的结合是合理的,有待挖掘的特色潜力十分巨大。

国家民委分别于2014年与2017年公布了首批与第二批"中国少数民族特色村寨"名单,其中广西地区两批次共占有97个[①],其中有不少村寨未来可以发展成广西民族文化保护型的特色小镇。表5-3为广西典型少数民族特色村寨。

在表5-3中,贺州市昭平县黄姚镇入选了第二批中国特色小镇名单。少数民族的传统文化,经过现代文化的熏陶,正在进入一个由传统文化向现代文化转型的历史时期。特色小镇的出现构建了一种新型的、现代的、具有民族特色的文化模式,是解决当前少数民族传统文化问题的途径之一。

表 5-3　广西典型少数民族特色村寨

少数民族特色村寨	民族文化	特色识别
贺州市昭平县黄姚镇黄姚街黄姚屯	壮族、瑶族	黄姚古镇
崇左市大新县堪圩乡名仕村弄朋屯	壮族	德天瀑布,名仕田园
崇左市江州区驮卢镇莲塘村花梨屯	壮族	桃花岛
百色市靖西县新靖镇旧州街	壮族	三月三壮族歌圩
桂林市龙胜各族自治县和平乡平安壮寨	壮族	龙脊梯田
桂林市兴安县华江瑶族乡千祥村军田头屯、瓦窑面屯	瑶族	猫儿山
柳州市融水苗族自治县香粉乡雨卜村卜令屯	苗族	苗族风情
柳州市三江侗族自治县丹洲镇丹洲村	侗族	全国唯一的水上古镇

民族文化保护型特色小镇建设应立足广西实际,利用已有的发展基

---

① 中华人民共和国国家民族事务委员会.关于命名首批中国少数民族特色村寨的通知[EB/OL].[2014-09-23]. https://baike.so.com/doc/25717672-26807039.html.

础,创新思路,通过民族生态博物馆建设、文化文旅开发和传统村落保护等多方面齐头并进,以构建特色小镇民族文化保护型的建设模式。

① 巩固和推进民族生态博物馆的建成[①]。致力于无形文化遗产整体性保护、原地保护与传承的生态博物馆,是努力实现文化与生态环境、社会、经济的协调和可持续发展的中国乡村建设的一种新模式。博物馆应立足于当地,再加上政府以及外界给予的财政和技术支持,承担起传承非物质文化遗产的责任。单纯的博物馆式的保护,仅把有形的实物搜集和保留,会使民族文化变成无根之木,一潭死水。所以,民族文化保护要是多方面与多层次的,要把特色小镇"聚而合、小而美"的特点发挥出来,以人为本,把少数民族人们的现实生活活动本身当作文化保护和传承的"实际载体",特色小镇不仅仅要留住景色,更要留住世世代代生活在这里的人,他们的生活方式就是民族保护型特色小镇的特色所在。近年来,广西在民族生态博物馆的建设方面已经取得了很大的成绩,建设特色小镇更需要一批高质量、重特色的民族生态博物馆。

② "善用"民族文化资源。特色小镇建设过程中应大力开发民族文化资源,要把文化保护与单纯的文化旅游区别开来,在大力开发民族文化资源、发展文化产业的同时,更要加强对少数民族文化资源的保护。不要把民族文化仅仅当作经济开发的资源,或 GDP 增长的砝码。发展文化产业不能光靠挖掘民族文化资源,以原生态的民俗文化为卖点,更不能以打造假古董、炒作假民俗为手段"贩卖"民族文化。这样很容易造成少数民族文化的破碎化、表浅化而破坏民族文化的原生态环境,更脱离特色小镇建设的实际。民族文化的展示和表演不是为了"出售"而是一种自豪。在某些民俗旅游村里,资源的所有权和经营的主导权掌握在私人企业及商家的手中,村民参与的权利非常有限甚至完全被排斥于利益之外,这是对民族文化和民族群众的极大伤害。不可否认,民族文化可以用于旅游业,可以作为发展旅游业的"资源",但旅游绝不是文化存在的理由和全部价值所在。而在这方面,地方政府和有关领导的思想意识很重要,要清醒地认识文化保护与文化产业的矛盾,正确处理好这层关系,要找经费投入到民族文化

---

① 郑琳,吴伟镔.新时期广西少数民族文化保护工作的思考[J].文艺生活·文海艺苑,2014(6):147-148.

生态保护中,而不要把民族文化资源出让给所谓的大商家、大企业当作赚钱的工具。要警惕特色小镇建设中可能出现的旅游至上、唯利是图的倾向,只有这样,才能更好地保护民族文化的生态环境。

③ 对传统文化景观进行保护与修缮。古村落是数千年农耕文化的结晶,具有悠久的历史和深厚的文化底蕴,是物质文化遗产和非物质文化遗产的综合体。它不仅包括民居建筑,也包括村落的规划、桥梁庙宇、名木古树等。一座村落就是一个小社会,也是历史的一部分。如三江程阳侗寨、融水元宝山苗寨和龙胜龙脊壮寨等,这些传统村落历经几百年甚至更漫长的岁月,成为人与自然和谐相处的典范,也是民族文化保护传承所依赖的根基。在各种自然因素和人为因素的影响下,具有传统村落特征的乡村文化景观正在大量地退化甚至消失,取而代之的是柏油路和混凝土建筑等千篇一律的人造景观。与其他类型的文化遗产不同,传统村落文化景观只有充分结合自然与人的共同作用之后,才能得到真正的保护和传承。因此,应该以完善的法制来提升人们的保护意识,出台相应的保护条例和法律监督机制,保护传统村落文化景观。

5.3.2 旅游资源开发型

旅游业作为高度复合型的产业,可以有效推动食、住、行、游、娱、购等行业的发展,表现出产业关联性强、综合性高的优势。选择"旅游资源开发"的建设模式,就是要依托当地特色景观,带动周边旅游,延伸旅游产业链,提升配套服务水平,形成景镇交融、辨识度高的旅游特色小镇。特色小镇建设能够促进广西特色旅游业发展,是顺应消费升级与产业结构转型的重要方式,能够为扩就业、增收入、缩差距的目标做出重要的贡献。

从表 5-2 可以看出,近乎一半的特色小镇在建设发展过程中以旅游发展型为主,并且这些旅游资源开发型特色小镇主要依托本地著名景区或新建景区推动自身发展。广西的四个第一批中国特色小镇虽然在类型上有所不同,但中渡镇拥有国家 4A 级景区香桥喀斯特生态国家地质公园,贺街镇拥有宗祠可供参观鉴赏,莲花镇和南康镇在建设中均有打造 4A 级景区规划目标。由此可见,加大旅游资源的开发力度,探索"旅游资源"类型特色小镇的建设模式,是推动旅游资源开发型特色小镇建设的有效方式。

广西幅员辽阔,自然环境优美,山水秀丽,造就了很多特色景观,住房城乡建设部、国家旅游局曾分三批评选出全国特色景观旅游名镇名村①②③,其中广西共有 19 个小镇入选,如表 5-4 所示。

表 5-4　全国特色景观旅游名镇名村广西名单

第一批	第二批	第三批
（1）贺州市昭平县黄姚镇 （2）桂林市兴安县兴安镇 （3）桂林市龙胜各族自治县和平乡龙脊村	（1）桂林市阳朔县兴坪镇 （2）桂林市恭城瑶族自治县莲花镇红岩村 （3）柳州市三江侗族自治县镇林溪乡程阳八寨 （4）柳州市鹿寨县中渡镇 （5）梧州市藤县象棋镇道家村	（1）河池市宜州市刘三姐乡 （2）崇左市大新县硕龙镇 （3）柳州市融水苗族自治县香粉乡雨卜村 （4）桂林市兴安县华江瑶族乡高寨村 （5）桂林市灌阳县新圩乡小龙村 （6）桂林市恭城瑶族自治县平安乡社山村 （7）梧州市岑溪市南渡镇吉太社区三江口自然村 （8）防城港市港口区企沙镇簕山村 （9）百色市乐业县同乐镇火卖村 （10）来宾市武宣县东乡镇下莲塘村 （11）来宾市金秀瑶族自治县长垌乡古占民俗旅游村

此外,南宁市横县校椅镇凭借"中华茉莉园"、六蓝水库等自然风景区入选了广西第二批中国特色小镇。但是,这 20 个小镇除具备天然特色景观之外,一些小镇的旅游资源仍处于原生态发展阶段,开发的程度不够或

① 中华人民共和国住房和城乡建设部.关于公布全国特色景观旅游名镇(村)示范名单(第一批)的通知 [EB/OL]. [2010-03-10]. http://www. mohurd. gov. cn/wjfb/201003/t20100315_200040. html.

② 中华人民共和国住房和城乡建设部.关于公布第二批全国特色景观旅游名镇(村)示范名单的通知[EB/OL]. [2011-07-15]. http://www. mohurd. gov. cn/wjfb/201107/t20110722_203828. html.

③ 中华人民共和国住房和城乡建设部,中华人民共和国国家旅游局.住房城乡建设部 国家旅游局关于公布第三批全国特色景观旅游名镇名村示范名单的通知[EB/OL]. [2015-07-13]. http://www. mohurd. gov. cn/wjfb/201507/t20150729_223102. html.

未得到国家级景区的认证。所以,要依据特色小镇旅游资源开发型的建设模式,从旅游景区、乡村旅游、旅游资源来整体规划小镇建设。主要措施可归纳为以下几点:

① 着力建造特色景区。广西具有丰富的人文、自然旅游资源,通过建设特色小镇,拉动旅游产业及配套服务业开发利用,有利于实现人口集聚,推动城镇化进程。这样的发展方式对生态环境的损害相对较小,是推动城镇化路径的较优抉择。例如,武鸣区辖区内有郭沫若盛赞的"群峰拔地起、仿佛桂林城"的伊岭岩、"冬暖夏凉"的恒温泉灵山、近代著名军事家陆荣廷的私家花园——明秀园以及"广西庐山"之称的大明山等。对于此类生态文化资源的合理开发利用,将成为武鸣区特色小镇建设的有力支撑①。

② 打造乡村旅游。促使乡村旅游和新型城镇化有机结合,有效整合民族村寨、古村镇资源,建设有民族特色、历史印记的旅游小镇,保护传统乡村风光,使游客能够体验最淳朴的地方特色与记忆;加大乡村旅游精准扶贫力度,稳步推进乡村旅游富民计划,推动城镇化建设进程,促进贫困地区脱贫致富。例如,武鸣区罗波镇为防止"千城一面、大拆大建",致力于因地制宜,对现有的基础设施进行升级、改造。同时,汲取当地骆越文化中的代表元素,将其与现有建筑风格有效融合,营造出独特的骆越风情,吸引越来越多的游客前来。近几年来,当地民众重视骆越文化的传承和发扬,使骆越文化成为该镇的文化标志,同时也促进了经济发展,加快了城镇化的进程。

③ 挖掘边境旅游带资源。广西与"东盟"对接,是我国西南边境的出海要道。因此,该地区边境旅游市场是区域、次区域经济合作的推动器与和睦互惠的人文新纽带,在中国与东南亚的经济来往中占有重要地位,能够促进边境区域人、物、财的聚集。该类区域地处边境,有国门、海关、界碑、边贸场所等旅游景观。如能够有效开发,必将有效促进当地的经济发展,进而推进广西特色小镇的建设①。

5.3.3 特色产业型

特色产业型建设模式是在一个相对独立的经济区域内,以市场为导

---

① 王俊超,廖琪林.广西特色县城和小城镇建设研究[J].经济论坛,2017(3):44-46.

向,发挥区位、资源等优势,通过产业、政策、科技、投入等要素综合配置,构筑一种有竞争力、独具特色经济形态的特色小镇。近年来,在市场的引导下,广西对经济结构进行了调整,国民经济工业化进程加快,特色经济逐步形成。在农业方面,充分发挥南亚热带农业资源优势,绿色农业、反季节种植、珍稀淡水产品、黑色食品等已见成效,如桂东地区的农民面向广州大市场一年连种四茬蔬菜;亩产收入万元以上的海洋资源开发也进展迅速,已成为"南珠"的重要产地;制糖业强化质量生产,年产量居全国之首;等等。在工业方面,强化已有的优势,使微型汽车、工程装载机和中吨货车用柴油机的产销量都位居全国前茅,在越南等东南亚国家也有较好的市场,矿产资源和水力资源的开发步伐加快,质量稳步提高①。

近几年来,广西为顺应特色经济发展,实行广西特色名镇名村建设,类型包括特色文化、特色工贸、特色生态(农业)和特色旅游四种,截至2016年年底,已有78个村镇获得了广西特色名镇名村的称号,其中获得广西特色名镇称号的有19个,如表5-5所示。

广西特色名镇名村的建设确实为特色小镇的发展起到了重要的推动和引领作用。其中,北海市铁山港区南康镇、贺州市八步区贺街镇入选了第一批中国特色小镇名单,而且,贺州市昭平县黄姚镇依托千年古镇的历史文化、贵港市港南区桥圩镇依托羽绒产业、崇左市江州区新河镇依托矿产资源和甘蔗种植、梧州市苍梧县六堡镇依托其著名的六堡茶产业也成功入选第二批中国特色小镇名单。

表 5-5　广西特色名镇

特色名镇类型	小镇名称
特色文化名镇	贺州市昭平县黄姚镇 防城港市东兴市江平镇 河池市东兰县武篆镇 北海市铁山港区南康镇 贺州市八步区贺街镇

---

① 罗殿龙.在西部大开发中广西应走特色经济发展之路[J].桂海论丛,2001(3):52-54.

续表 5-5

特色名镇类型	小镇名称
特色工贸名镇	南宁市宾阳县黎塘镇 柳州市鱼峰区雒容镇 梧州市岑溪市归义镇 贵港市港南区桥圩镇 玉林市福绵区福绵镇 崇左市扶绥县东门镇 崇左市江州区新和镇
特色生态(农业)名镇	钦州市钦南区犀牛脚镇 百色市田阳县百育镇 桂林市阳朔县白沙镇 梧州市苍梧县六堡镇
特色旅游名镇	桂林市阳朔县兴坪镇 崇左市大新县硕龙镇 北海市涠洲岛旅游区管理委员会涠洲镇

　　特色小镇是探索县域优势产业和特色经济发展的新路子,是推进工业化与城镇化深度融合、增强县域经济发展活力的重要支撑。广西有着依托桂北丰富的香杉资源、全力打造全国知名的香杉产业基地时所形成的深刻认知;又有着通过对融水千户苗寨易地扶贫搬迁和罗城仫佬家园生态移民工程项目实地检查所收获的成功经验。罗城红心猕猴桃、毛葡萄种植示范基地,融水双龙沟旅游休闲和宜州龙洲岛生态田园旅游项目等,凸显出了特色产业对于小镇的重要性和必要性。表 5-6 列举出了广西部分特色产业乡镇,其中,梧州市苍梧县六堡镇、桂林市兴安县溶江镇、北海市银海区侨港镇、钦州市灵山县陆屋镇、崇左市江州区新和镇、贵港市桂平市木乐镇和港南区桥圩镇、河池市宜州市刘三姐镇、南宁市横县校椅镇都依靠各自特色产业入选了第二批中国特色小镇的名单。对于广西特色小镇,培育特色

经济的重心应放在以下四个方面①。

表 5-6　广西特色产业乡镇

县域	特色产业	镇域	特色产业
钦州市坭兴陶 文化创意产业园	坭兴陶	钦州市钦南区犀牛脚镇	淡水、海水养殖
玉林市北流市	陶瓷名城	百色市田阳县百育镇	西瓜、甘蔗
北海市荔浦县	中国衣架之都	桂林市阳朔县白沙镇	桂北最大 苗木集散地
柳州市三江侗族自治县	中国油茶之乡	梧州市苍梧县六堡镇	六堡茶
河池市罗城 仫佬族自治县	毛葡萄酒原产地	桂林市兴安县溶江镇	米酒
钦州市钦南区	中国大蚝之乡	贵港市桂平市木乐镇	中国休闲 运动服之乡
河池市环江 毛南族自治乡	中国菜牛之乡	北海市银海区侨港镇	广西最大海产 品加工基地
百色市西林县	中国砂糖橘之乡	钦州市灵山县陆屋镇	机电、卫浴
南宁市上林县	大米	梧州市岑溪市归义镇	石材生产加工
来宾市武宣县	白云石之乡	柳州市柳东新区雒容镇	钾矿、锰矿、 石英砂石
贺州市昭平县	银杉茶	贵港市港南区桥圩镇	中国羽绒之乡
百色市田阳县	芒果之乡	崇左市江州区新和镇	蔗糖
南宁市横县校椅镇	茉莉花	河池市宜州市刘三姐镇	桑蚕养殖

① 注重资源发掘。广西地域宽广,南邻北部湾,自然资源非常丰富,这就给广西创造了独一无二的发展优势,是广西宝贵的财富。要依托这些资源,比如香杉产业、罗城红心猕猴桃、毛葡萄种植示范基地、富有各民族风情的旅游产业、海产资源,等等,不断发展实体经济。唤醒广西沉睡中的发

---

① 罗殿龙.在西部大开发中广西应走特色经济发展之路[J].桂海论丛,2001(3):52-54.

展潜力,地区百姓才能因为发展而得到实惠,逐步摘掉贫困的帽子,过上幸福生活,这也是精准扶贫的题中之意。

② 发挥区位优势。广西沿海沿江沿边,区位优势非常明显,连接着国内国外两个市场,是"一带一路"有机衔接的重要门户。这项优势给广西发展奠定基础。因此,广西要紧紧抓住这难得的机遇,发挥出区位优势来,吸引更多特色产业项目的落户,促进地区又好又快发展。

③ 加深政策支持。一个地区能不能吸引产业项目落地,其实,除了独特的资源吸引外,更主要的还是在政策支持上。广西各项政策能否为产业到来打开方便之门,很有可能是产业最终能否落户的关键所在,所以,广西要及时跟进与调整政策支持。

④ 扩大对外宣传。对于现代社会来说,酒香是怕巷子深的。除了要有过硬的硬件基础,还不能忽视宣传这个软实力。在扩大宣传上,一方面要把广西各种优势资源宣传出去,要把各项好政策进行广泛宣传,让人们了解广西,来桂投资;另一方面,也要把特色产业宣传出去,这不仅是广西的形象,更能为企业发展赢得更大空间,是一种双赢的发展理念。

在特色小镇建设方面,应紧紧围绕本地区产业发展特色经济,形成特色鲜明的产业形态,把新兴产业、传统产业、现代农业等做特、做精、做强,推动产业链向研发、营销延伸。通过产业发展,小镇吸纳周边农村剩余劳动力就业的能力明显增强,带动农村发展的效果明显提升,这一类型建设模式下的特色小镇将会为本镇带来以下显著的改变①。

① 农村经济结构得以调整,形成规模效应。巩固和扩大农业科技示范园,强化农村专业协会和示范区的作用,加快发展以无公害优质稻、荔枝、龙眼、香蕉、甘蔗、碰柑、蔬菜等为主的粮经产业种植结构调整。进行特色小镇建设,因地制宜地不断扩大碰柑村、扁柑村、荔枝村、杨梅村等特色经济村的种植范围,增强农村特色经济的规模效应。拓宽融资渠道,放宽信贷业务范围,落实所得税优惠政策,优化所得税抵扣和征返办法,支持龙头企业抵御市场和自然风险,完善农产品增值税管理,减免有关规费。

② 流通领域的硬软件基础建设、市场环境得到优化。广西地区基础设

---

① 蒋团云.广西新农村特色经济发展模式及对策研究——广西灵山县新农村发展调查[J].经济与社会发展,2007(5):69-71.

施相对落后,加强流通领域的硬软件基础设施建设,优化市场环境已成为广西使本地经济与外界经济密切联系的重要条件。

③ 龙头产业得以发展,知名品牌得以树立。发展龙头产业,树立知名品牌是广西农村特色经济产品挤进国内国际市场的重要保证。灵山县以发展龙头产业,树立知名品牌效应为出发点,不断使农村特色经济产品以高姿态融入广西实施中国—东盟"一轴两翼"区域经济合作和加快推进广西北部湾经济区发展中去。

5.3.4 健康休闲主导型

广西特色小镇建设模式选择的第四种类型是健康休闲主导型。健康休闲主导类型的建设模式是以"健康"为出发点和归宿点,依托长寿产业,以健康、养老、养生、休闲为载体,形成"人与自然和谐共生"的特色小镇。选择这一类型是因为广西具有特殊的长寿、养生、健康等自然条件,以巴马县为例,地处广西西北部的巴马,属南亚热带至中亚热带季风气候区,年均日照总时长 1531.3 小时,年平均温度 18.8~20.8℃。据专家检测,其空气中负氧离子含量每立方米高达 20000 个以上,比一般的内陆城市高出十几倍。尤其是巴马的水资源,这里的水富含对人体十分有益的矿物质,经过高地磁分解作用后变成容易被人体吸收利用的弱碱性小分子团水,可治疗大部分由于酸性体质而引起的疾病;巴马的土壤中富含锌、锰和抗衰老元素硒。正是这样得天独厚的自然环境条件成就了"世界长寿之乡"的美誉。不仅如此,广西还是我国"天然药库"、"生物资源基因库"和"中医药材之乡",发展大健康产业基础良好,因此,在广西大力发展以健康养生为主导类型的特色小镇,有利于开发特色医药和治疗技术,形成特色医疗器械、健康产品、养老产品等,从而形成具有影响力、带动力、竞争力的产业。

世界长寿之乡之一在广西巴马,河池市、贺州市成功评选为世界长寿市,根据中国老年学学会关于中国长寿之乡的公布结果,全国 80 个长寿之乡中广西有 25 个,广西以巨大优势成为中国长寿之乡最多的省区。具体名单如表 5-7 所示。

在这份名单中有广西入选第一批中国特色小镇的恭城瑶族自治县,入选第二批中国特色小镇的河池市宜州区和贺州市昭平县。广西拥有如此多的长寿之乡,这些长寿之乡在合理的建设模式与良好的运行环境下,未来很有可能发展成为特色小镇。

另外,《广西健康产业三年专项行动计划(2017—2019年)》提出了要建设养老产业集聚区等规划,在政策层面上,建设以"健康长寿"为主题的特色小镇也具有政策支撑。发展健康长寿小镇,有利于将广西争创全国健康养老服务试验区的理念转化为现实,提高广西在全国健康养老产业方面的知名度与竞争力。

表 5-7 "中国长寿之乡"广西名单

所属城市	小镇名称	所属城市	小镇名称
河池市	宜州市	桂林市	阳朔县
	巴马瑶族自治县		恭城瑶族自治县
	东兰县		永福县
	天峨县	梧州市	岑溪市
	大化瑶族自治县		蒙山县
	凤山县	来宾市	象州县
崇左市	扶绥县		金秀瑶族自治县
	龙州县	南宁市	上林县
	大新县		马山县
	天等县	百色市	凌云县
贺州市	富川瑶族自治县	玉林市	容县
	钟山县	防城港市	东兴市
	昭平县		

基于以上所述,广西特色小镇建设可采取健康休闲主导类型的建设模式,在建设过程中应注意以下三点①。

---

① 陈伟清,于博宇.着力打造全国知名广西特色健康长寿小镇[J].广西经济,2017(3):33-34.

(1)精心编制控制性详细规划

① 小镇产业不能"海纳百川",要"重健康"。中国老年学学会常务副会长赵宝华认为,中国长寿地区分为"温饱型"、"小康型"、"富裕型"三种类型。因此,应首先对广西内的长寿之乡进行分类,做到因地制宜、因镇施策,不可将无关产业引进镇内,更要淘汰那些带来噪声污染、空气污染、水污染、土壤污染或扰乱小镇生活节奏的企业,确保居民具有优良的生活空间,保障好中老年人的身体健康和怡然惬意的生活环境。

② 功能导向不能"走马观花",要"重体验"。近年来,越来越多的人已经从观光旅游转变到了休闲度假,来到特色小镇的游客不仅限于欣赏风光景色,更多的兴趣在于体验当地文化,亲身参与休闲娱乐活动,感受风土人情,颐养性情。如河池凤山县"国际长寿养生基地",游客们在这里不仅能参观农业生态公园、盘阳河流域源头的景色,还可在生态园内进行瓜果蔬菜采摘、体验康体健身中心的设施服务、品尝当地的特色长寿食品。

③ 建设形态不能"千篇一律",要"重特色"。健康长寿小镇的建设,就是要围绕长寿这一核心要素进行挖掘,总结当地独到的长寿经验,依托长寿的"金招牌",结合当地的自然生态资源和民族文化资源,培育多元化的健康长寿产业,大力推动养老养生服务业发展,从"养老、养生、观光、度假、生态、乡村"等方面打造小镇建设的不同形态。

(2)加快完善主体设施和配套设施建设

在主体设施方面,优先发展以养老、养生为主题的服务业设施,打造一批具有当地长寿特色的养老、养生休闲度假中心。配套设施方面,应从衣食住行四个方面进行全方位的配套与完善,以提供方便、舒适、宜人的居住条件。小镇内需建设养老养生服务中心和信息服务平台,依托互联网进行智慧管理,提升服务的信息化水平。还可学习恭城特色养生基地的做法,规划出相应的体育运动休闲场地,使游客们能在此进行诸如爬山、散步等一系列适合养老养生的文体活动。要改造升级镇内医院的医疗设施,做到集医疗、养生、养老为一体,使人们在小镇内足不出户便可享受专业的医疗保健服务。

(3)全力推进生态文明建设

要坚持把节约优先、保护优先、自然恢复为主作为基本方针,把绿色发展、循环发展、低碳发展作为基本途径,把深化改革和创新驱动作为基本动力。加强环保基础设施建设,解决生活污水和生活废弃物的处理问题;实行镇内"限量"管理制度,根据小镇接待能力,限制每日进入小镇和相关养老养生基地的访客数量,提升游客舒适度;要把培育生态文化作为重要支撑,当地政府要大力开展生态环境保护的宣传和教育活动;对于长寿之乡的核心区域,采取封山育林、义务植树造林等措施,专项整治镇内围垦、侵占河道、采砂、采矿现象;利用良好的生态资源构筑区域的慢行绿道网络,提升景观风貌及旅游形象。

综合前面的分析研究,广西特色小镇建设模式采用民族文化保护型、旅游资源开发型、特色产业型和健康休闲主导型等四种类型,符合广西自身实际情况和特色小镇未来发展方向。据此,将广西第一批、第二批中国特色小镇分别所属的类型列于表5-8中。

表 5-8　广西第一批、第二批中国特色小镇所属类型

建设模式类型	广西第一批特色小镇	广西第二批特色小镇
民族文化保护型	贺州市八步区贺街镇	贺州市昭平县黄姚镇
旅游资源开发型	柳州市鹿寨县中渡镇	南宁市横县校椅镇 北海市银海区侨港镇
特色产业型	桂林市瑶族自治县莲花镇	贵港市港南区桥圩镇 崇左市江州区新和镇 梧州市苍梧县六堡镇 桂林市兴安县溶江镇 贵港市桂平市木乐镇 钦州市灵山县陆屋镇 河池市宜州市刘三姐镇
健康休闲主导型	北海市铁山港区南康镇	—

本 章 小 结

本章首先提出了广西特色小镇建设模式选择必须遵循的三个基本原

则。第一,要以广西"十三五"规划为指导方针。"十三五"时期是我国全面建成小康社会的决胜时期,也是广西贯彻"四个全面"战略布局、落实"三大定位"新使命、实现"两个建成"目标的关键期。广西特色小镇建设作为区内一项重要工程,要以广西"十三五"规划为方针,与新型城镇化建设相结合、与改善社会治理方式相结合、与供给侧结构性改革相结合、与破解城乡二元经济结构相结合。第二,要以保护小镇现有资源为建设基础。无论是文化资源还是自然资源,都是特色小镇特色的根本,本章详细介绍了广西四个特色小镇的资源类型和保护措施。第三,要以树立小镇形象识别为建设路径。本章引入了IP的概念,IP是特色小镇的"特",既是特色小镇的产业核心,也是小镇的形象识别。文中对广西特色小镇进行了IP分类,解释了分类依据与理由,阐述了各小镇加强IP属性特征的切入点。

在归纳总结我国第一批、第二批特色小镇的功能类型结构基础上,分析了商贸流通型、农业服务型、民族聚居型、旅游发展型、历史文化型和工业发展型等六种类型特色小镇的发展进程、建设现状以及未来的发展趋势。商贸流通型特色小镇以降低生产成本,提高制造业生产效率,提升其附加值率和产业链经济绩效为主。农业服务型特色小镇建设应从主导产业、区域性优势产业和地方性特色产业三个层次,开辟一条特色农业之路。民族聚居型特色小镇以民族风土人情为主要建设方向,通过助力文化风俗与当地自然环境有机结合促进小镇建设发展。旅游发展型特色小镇以特色景点为核心,围绕提高游客旅游体验,提升小镇知名度进行重点建设。历史文化型特色小镇建设通过外在物质环境的保护与街巷功能的再生和重构,发展传统手工艺,恢复原有历史传承。工业发展型特色小镇建设依托现有工业区、产业集聚区等,在其已经形成的居住区,或附近的村镇进行产业化升级改造。

广西特色小镇建设的模式,可以分为民族文化保护型、旅游资源开发型、特色产业型和健康休闲主导型等四种类型。民族文化保护型模式是在发掘和保护当地民族文化资源的基础上,发展特色文化产业,构建一种新型的、现代的、展现民族风采的特色小镇。基于广西少数民族聚居全国最多、民族特色鲜明等一系列实际背景,提出了巩固和推进民族生态博物馆的建成、"善用"民族文化资源与对传统文化景观进行保护与修缮的建设建议。旅游资源开发型模式是依托当地特色景观,带动周边旅游,延伸旅游产业链,提升配套服务水平,形成景镇交融、辨识度高的旅游特色小镇。在归纳梳理了广西入选的中国特色景观旅游名镇名村基础上,提出着力建造特色景区、打造乡村旅游、挖掘边境旅游带资源等措施,有效推进该类小镇的建设。特色产业型模式是以市场为导向,发挥区位、资源等优势,通过产业、政策、科技、投入等要素综合配置,构筑一种有竞争力、独具特色经济形态的特色小镇。在归纳广西特色产业乡镇的基础上,提出注重资源发掘、发挥区位优势、加深政策支持、扩大对外宣传四个方面的建设建议,通过调整小镇农村经济结构,建设形成规模效应、满足流通需求的硬软件基础设施,优化市场环境,树立龙头产业和知名品牌。健康休闲主导型模式是以"健康"为出发点和归宿点,依托长寿产业,以健康、养老、养生、休闲为载体,形成"人与自然和谐共生"的特色小镇。因为广西具有特殊的长寿、养生、健康等自然条件,具备发展大健康产业的良好基础,提出要精心编制控制性详细规划,加快完善主体设施和配套设施建设,全力推进生态文明的建设。

6　广西特色小镇建设评价体系研究

6.1　特色小镇建设的评价原则与框架构建

6.1.1　评价指标体系的评价原则

为了更加科学、全面、客观地评价特色小镇的综合能力及其发展水平,以便特色小镇的建设者与政府有关部门实时了解特色小镇建设情况,并且为国家推动特色小镇的建设提供重要的参考依据,在构建评价指标体系时既需要遵循评价指标体系设计的普遍适用性原则,又要充分考虑特色小镇评价的特殊要求。为此,广西特色小镇建设的评价指标设计应遵循以下基本原则。

(1)科学性原则

科学性是设计评价指标体系的基石,指标应具有典型代表性、系统全面性、相对独立性,以此为基准选取能够体现特色小镇内涵与主要内容的指标,客观准确地体现特色小镇的发展规律和特点。

① 典型代表性。特色小镇的建设不仅仅是单一要素的建设,而是产业、功能、形态、制度等多个要素的融合发展与不断创新,因此,在从各个维度选取评价指标时应以评价特色小镇建设情况为目的,在深刻理解特色小镇的基本内涵和明确特色小镇建设目的的基础上选取具有代表性及现实意义,能够科学评价和综合评估特色小镇整体发展水平的指标。

② 系统全面性。评价一个特色小镇的建设情况需要从整个大环境出发,不能仅仅考虑其绩效及功能。所选取的指标应该涵盖社会经济发展、人才发展环境、生态环境、生态可持续发展等多个维度,不可片面强调经济

效益和规模。

③ 相对独立性。选取的指标之间不应该有关联性,而应该是相互独立且不能相互解释的,以确保最终评价结果的全面性和科学性。

(2)可操作性原则

从可操作性以及尽可能客观公正的角度考虑特色小镇评价指标体系的设计,采用定性分析和定量分析相结合的方法。定量指标主要来源于现有特色小镇的统计年鉴和城市统计公报上的统计指标,以保证获取数据的客观准确。所选取的指标应能够获得具体、明确的数据,且指标之间的统计口径要一致,并可加以量化和对比,以便于不同城市之间的横向比较。

(3)导向性原则

特色小镇建设是一个动态的、循序渐进的过程。因此,指标体系不仅要体现特色小镇发展愿景,体现未来引导的方向,而且所选取的指标都应该具有动态性,在不同的特色小镇建设阶段对指标权重进行实时赋值更新,以期能根据新的发展形势和背景进行适应性调整。

(4)共性和个性相结合原则

评价体系不仅要包含共性指标,使不同的特色小镇之间具有可比性,易于比较;还要包括个性(特色)指标,用于反映不同小镇的"特色"建设进展和成效。

6.1.2 特色小镇建设的评价框架构建

依据指标体系的设计原则,参照国内外指标体系研究,在深刻剖析特色小镇内涵的基础上,充分考虑指标的代表性、数据的可量化性及评价的可操作性,将特色小镇评价指标体系分为总体层、系统层、目标层、指标层四个等级,如图 6.1 所示。

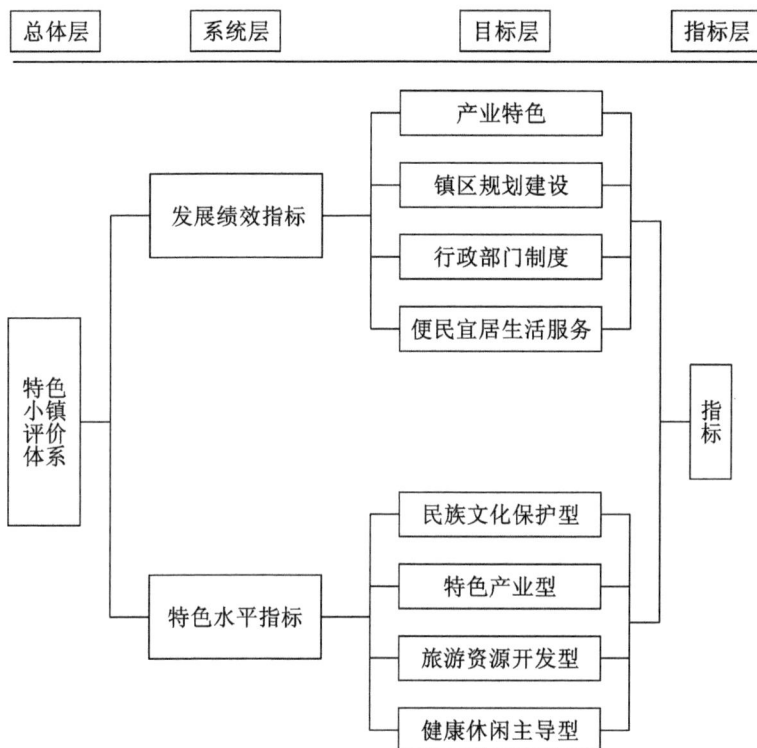

图 6.1　特色小镇建设的评价框架

6.2　广西特色小镇建设的评价指标体系

　　当前广西特色小镇建设大多处于筹备阶段或建设阶段,这决定了广西特色小镇评价指标体系不能像已经成熟发展的地区那样进行有侧重点的评判,而是考虑阶段性进行较为全面的评价,在经济产业发展与基础设施、配套设施建设方面更应加大考核力度。此外,特色小镇的建设并非一朝一夕,而是一个连续的过程,指标在选取上也要充分体现出可持续性发展的特点,立足于当前实际情况的同时又为今后特色小镇的发展留有余地。

　　基于对特色小镇概念、内涵及基本特征的理解,正确把握特色小镇的理论架构,参考过往众多学者及研究机构对特色小镇指标体系的设计,并结合广西现有的中国第一批、第二批特色小镇的实际情况,建立了由发展绩效指标和特色水平指标两部分组成的广西特色小镇评价指标。

6.2.1 发展绩效评价指标

国家发展改革委 2016 年发布的《关于加快美丽特色小（城）镇建设的指导意见》（以下简称《指导意见》，发改规划〔2016〕2125 号）中明确强调特色小镇的建设要突出特色，打造产业发展新平台；创业创新，培育经济发展新动能；完善功能，强化基础设施新支撑；提升质量，增加公共服务新供给；绿色引领，建设美丽宜居新城市；主题多元，打造共建共享新模式；城乡联动，拓展要素配置新通道。因此，本书在深刻理解《指导意见》要求的基础上将其归纳为产业特色、镇区规划建设、行政部门制度、便民宜居生活服务这四个部分，作为考察特色小镇发展绩效的要点。发展绩效评价指标具有动态性，其具体指标选取以及权重会随着建设阶段的不同而有所区别，详见表 6-1。

表 6-1 特色小镇建设发展绩效评价指标

类别	一级指标	二级指标	满分	评分依据	得分
产业特色（30分）	产业定位（6分）	清晰明确的产业定位	3	已形成特色鲜明的产业	3
				已有特色产业，尚未形成完整产业链	1
				无	0
		主导产业定位符合国家政策导向要求	3	符合国家战略性新兴产业	3
				符合国家产业政策导向	1
				不符合	0
	产业优势（11分）	主导产业知名度	2	拥有国家相关荣誉称号	2
				拥有省级相关荣誉称号	1
				无相关荣誉称号	0
		特色农业占小镇工业总产值	4	＞10%	4
				5%～10%	2
				＜5%	0

类别	一级指标	二级指标	满分	评分依据	得分
产业特色（30分）	产业优势（11分）	形成特色产业龙头企业	2	已形成成熟的特色产业龙头企业	2
				筹备中或初具规模	1
				无	0
		建成种植或生产示范基地且50%以上实现专业化、园区化、标准化	3	建成种植或生产示范基地且50%以上实现专业化、园区化、标准化	3
				建成种植或生产示范基地，未达到50%以上实现专业化、园区化、标准化	1
				无	0
	产业贡献率（7分）	近三年主导产业企业实际上缴税金增长情况	4	＞10%	4
				5%～10%	2
				＜5%	0
		吸纳本镇区户籍劳动力比例	3	＞50%	3
				30%～50%	1
				＜30%	0
	产业环境（6分）	累计有效投资	3	三年内累计固定投资＞20亿元	3
				三年内累计固定投资＞15亿元	1
				三年内累计固定投资＜15亿元	0
		产业投资环境	2	特色产业投资占比＞70%	2
				特色产业投资占比＜70%	0
		产业吸引高端人才环境	1	大专以上就业人数比率＞10%	1
				大专以上就业人数比率8%～10%	0.5
				大专以上就业人数比率＜8%	0

续表 6-1

类别	一级指标	二级指标	满分	评分依据	得分
镇区规划建设（20分）	整体形态（7分）	镇区规划	3	规划面积约3平方千米,建设面积1平方千米,在该范围±10%	3
				规划面积约3平方千米,建设面积1平方千米,在该范围±10%～±30%	1
				规划面积约3平方千米,建设面积1平方千米,在该范围>±30%	0
		镇区路网	2	密度>12千米/平方千米,道路间距100～150米	2
				路网密度或道路间距只满足一项要求	1
				路网存在较大问题	0
		镇区布局合理,顺应等高线布局	2	优秀	2
				一般	1
				较差	0
	街巷建筑（4分）	街巷空间	2	街巷建筑错落有致,外立面统一协调,体现地域特色	2
				街巷建筑错落有致,外立面较为协调	1
				街巷建筑错落有致,外立面无序,无地域特色	0
		沿街商铺	2	沿街商铺布局合理,广告牌统一,无乱摆乱挂现象	2
				沿街商铺乱摆乱挂现象严重	0
	景观绿化（6分）	人均公共绿地	2	>10平方米	2
				8～10平方米	1
				<8平方米	0

类别	一级指标	二级指标	满分	评分依据	得分
镇区规划建设（20分）	景观绿化（6分）	镇区绿化覆盖率	2	＞35％	2
				30％～35％	1
				＜30％	0
		休闲绿地、公园、广场数量	2	出门距离 300～500 米	2
				出门距离 500～800 米	1
				出门距离＞800 米	0
	用地情况（3分）	工业园区用地每亩投资产出效益	2	工业园区用地每亩投资产出效益＞100 万/亩	2
				工业园区用地每亩投资产出效益 30 万～100 万/亩	1
				工业园区用地每亩投资产出效益＜30 万/亩	0
		新区人均用地面积	1	85～105 平方米/人	1
				＞105 平方米/人	0
行政部门制度（10分）	规划模式（2分）	已有完善的规划建设方案，且具备创新的发展模式和发展理念	2	是	2
				已有完善的规划建设方案，但方案存在同质化	1
				否	0
	主管部门（1分）	设有专门的特色小镇建设小组	1	是	1
				否	0
	社会管理（1分）	社会管理各部门协调，综合执法能力强	1	是	1
				否	0

续表 6-1

类别	一级指标	二级指标	满分	评分依据	得分
行政部门制度（10分）	体制机制创新（4分）	在财政收支、人才培育等方面是否出台了相关政策并且政策具有突破性创新	3	每出台一项相关政策	0.5
				政策具有创新性	0.5
		是否采用政府引导、企业作为主体的发展模式	1	是	1
				否	0
	融资模式（2分）	是否具有灵活的融资方式	2	每采用一种融资模式（PPP、基金管理、股权众筹、信托计划、债权计划、融资租赁等）	0.5
便民宜居生活服务（20分）	交通设施（4分）	镇区对外交通路面等级二级以上	1	是	1
				否	0
		镇区道路路面情况	1	破损路面面积＜10％	1
				破损路面面积＞10％	0
		道路附属设施及绿化配置完善，符合国家相关规定	1	是	1
				否	0
		公共停车场建设指标及停车数量，满足国家相关规范与居民需求	1	是	1
				否	0
	综合防灾（4分）	在城镇防灾方面，规划完善，建设有序，有专项人员配置，管理完善	1	是	1
				否	0

类别	一级指标	二级指标	满分	评分依据	得分
便民宜居生活服务（20分）	综合防灾（4分）	有抵御自身主要灾害的综合防灾设施、疏散场所、通道	3	无缺项	3
				每缺1项	—1
	教育医疗设施（3分）	镇区内中心医院、卫生院达到国家标准	1	是	1
				否	0
		镇区拥有一所中学，且建设规模符合国家相关标准	1	是	1
				否	0
		拥有1所二级以上医院	1	是	1
				否	0
	养老设施（1分）	镇区内拥有养老院或相关机构，且规模符合国家相关要求	1	是	1
				否	0
	商业设施（2分）	镇区拥有一座综合超市	1	是	1
				否	0
		镇区拥有一处独立商业街	1	是	1
				否	0
	给排水设施（4分）	供水设施	2	供水管网集镇全覆盖，镇区全覆盖	2
				供水管网集镇全覆盖，镇区覆盖率＞80％	1
				供水管网集镇未全覆盖或镇区覆盖率＜80％	0
		污水处理设施	2	污水处理镇区全覆盖	2
				污水处理覆盖率＞80％	1
				污水处理覆盖率＜80％	0

续表 6-1

类别	一级指标	二级指标	满分	评分依据	得分
便民宜居生活服务（20分）	垃圾处理设施（2分）	垃圾处理率	2	集镇垃圾处理率达到100%,镇区>90%	2
				集镇垃圾处理率达到100%,镇区垃圾处理率>60%	1
				集镇垃圾处理率未达到100%或镇区垃圾处理率<60%	0

（1）产业特色

浙江省是全国特色小镇建设的成功典范,时任浙江省省长李强在谈及特色小镇时明确指出,产业特色是重中之重。《国家特色小镇认定标准》（以下简称《标准》）认为,特色小镇的建设核心是形成具有独特性的产业基础,明确小镇的特色产业是特色小镇建设的关键问题,因此,在百分制的评分体系中,该部分赋予 30 分的权重。从经济领域来说,特色小镇产业的核心是打造特色产业的生态,这是产业转型升级的必然要求[①]。因此,将"产业定位"、"产业优势"、"产业贡献率"、"产业环境"作为一级指标全面分析特色小镇的产业特色建设情况。

在住房城乡建设部、国家发展改革委、财政部关于开展特色小镇培育工作的通知中明确要求,必须精准定位特色小镇的产业,甄选出具有鲜明的小镇自身特色的产业。产业要向做特、做精、做强发展,充分利用"互联网＋"等新兴技术,促进新兴产业的成长以及传统产业的改造升级,推动产业链向研发、营销等方向延伸。特色小镇的现有产业及其发展方向是否与国家的产业政策方向相吻合,现有产业是否是传统产业的优化升级或新培育的战略新兴产业十分重要。因此,在产业定位指标下取"清晰明确的产业定位"以及"主导产业定位是否符合国家政策导向要求"作为二级指标。

---

① 陈建忠.特色小镇建设重在打造特色产业生态[J].高端视点,2016(13):9-10.

着力放大"特色",培育主打产业是在建设特色小镇过程中不可忽略的关键一步,这就要求开发人员培育主打产业,要以单个产业为中心拓宽产业链上下游,形成完整的产业生态系统,打造在行业内具有竞争力和绝对优势的"单打冠军"①。在广西壮族自治区人民政府办公厅印发的《广西县域经济发展"十三五"规划》(以下简称《县域规划》)中也提及要加快发展广西特色优势农业,培育现代特色农业(核心)示范区。广西资源禀赋优势巨大,各乡镇皆有特色农产品,因此将"建成种植或生产示范基地"作为考核产业优势的二级指标,根据《县域规划》的要求再选取"主导产业知名度"、"特色产业占小镇工业总产值"、"形成特色产业龙头企业"等作为二级指标。

　　培育特色产业,大力发展特色产业究其根本都是为了提高当地政府的财政水平和改善当地居民的生活,特色产业对经济的贡献主要表现为能够通过缴纳税金的方式提高政府财政收入、实现经济的健康良好发展;对社会的贡献表现为提供更多的就业机会,以帮助小镇居民和临近小镇居民改善生活条件。因此,在产业贡献率指标下设"近三年主导产业企业实际上缴税金增长情况"和"吸纳本镇区户籍劳动力比例"为二级指标。

　　特色小镇的建设要求三年内完成固定资产投资20亿元以上(商品住宅项目和商业综合体除外),金融、科技创新、旅游、文化创意、历史经典产业类特色小镇的总投资额可放宽到不低于15亿元,特色产业投资占比不低于70%。周旭霞指出,特色小镇是资本、资源、人力等经济要素配置的空间②。特色小镇的投资额和民间资本的活跃程度可以看出一个小镇的实力所在,因此,取"累计有效投资"表示小镇资本资源配置情况。现在特色小镇的竞争已不仅仅是当地财政实力及地区经济发展水平的竞争,还是知识和创新技术的竞争,在科技飞速发展的21世纪,技术知识已经成为无形的财富,高层次人才对于小镇特色产业的发展尤其重要,谁拥有更多人才并且能者善用,谁就能在经济发展的大潮中占据优势,因此,用"产业吸引高端人才环境"来考察小镇人力资本的价值。

① 郭栋.关于浙江特色小镇建设的思考与建议[J].浙江省情决策参考,2016(3):16-20.
② 周旭霞.特色小镇的建构路径[J].浙江经济,2015(6):25-26.

（2）镇区规划建设

随着城镇化进程的不断推进，我国的城镇化建设现已取得了十分显著的成就，但在发展中也暴露了许多不足。近年来，从国家到地方新型城镇化的稳步进行，人们对于新型城镇化提出了更高的要求，突出了"人"的需求，对镇区的规划建设要求也向"创新、协调、绿色、开放、共享"的方向发展[①]。参照《标准》及中渡镇特色小镇评价标准，为镇区规划建设赋值20分。本书拟采用"整体形态"、"街巷建筑"、"景观绿化"、"用地情况"这四个一级指标全面评价特色小镇的镇区规划建设情况。

特色小镇的内涵严格划定了小镇的边界范围，占地面积控制在1~3平方千米的范围内，在形态上"小而美"而非"大而广"，在建设过程中还要注意保护天然的山水格局，城镇建设与自然风光相统一，尤其是路网的格局应顺应地形，延续机理。因此，在整体形态指标下选取了"镇区规划"、"镇区路网"、"镇区布局"三个二级指标。

特色小镇就是要全面体现"特色"，特色不应仅仅反映在产业上，还应从小镇的总体空间上予以体现，小镇应具有较为统一和鲜明的风貌特征，打造过程中遵循"挖掘文化内涵，打造美丽特色小镇"的文化原则，在建筑、开放空间、街道、园林绿化景观和整体环境等细微处与小镇特色交相呼应，形成小镇独有的风景线。和谐宜居的美丽环境是对小镇风貌与建设特色的要求，首先就是对城镇风貌的要求。住房城乡建设部2016年发布的《美丽宜居示范指导性要求》做出了小城镇建设的细则要求：街巷空间错落有致，风貌要体现地域性小城镇特点。因此利用"街巷空间"、"沿街商铺"这两个指标评价小镇的街巷建筑。

生态优先始终是特色小镇建设过程中不变的原则之一，在实现根据地形地貌和生态环境特点做好整体规划、形象设计的基础上，设计人员是否将景观绿化融入街道、社区、产业区，打造与当地自然风貌相协调的特色生态景观也成为评价小镇镇区规划建设的一项核心内容，因此，本书依据《全

---

① 路建楠.上海推进特色小镇发展的政策思路及典型案例研究[J].科学发展,2017(1):38-45.

国绿化模范城市要求》中的详细内容,将"人均公共绿地"、"镇区绿化覆盖率"、"休闲绿地、公园、广场数量"作为二级指标考核镇区景观绿化是否达标。

在"特色小镇热"这一浪潮下,全国各省份都在积极开展特色小镇的规划建设活动,盲目的建设和不假思索的生搬硬套使得特色小镇的建设大多存在着一些问题,部分地区在定位规划阶段谋划不足,投资目标过高导致后期不得不多次外延与扩展导致总面积越来越大,核心区块不确定①,最后建设结果偏离预期。特色小镇追求的是小面积多功能的叠加,强调的是单位面积的效益最大化,而不是多个功能区域的零碎拼凑,因此,用"工业园区用地每亩投资产出效益"和"新区人均用地面积"这两个指标评价小镇的用地情况。

(3)行政部门制度

在特色小镇作为经济发展新常态的大背景下,我国为进一步推动全国经济转型升级和城乡统筹发展大局,培育经济新驱动力的重要发展战略,政府部门在该战略中所扮演的角色与以往有所区别。参照《标准》及中渡镇特色小镇评价标准,行政部门制度该分项满分为10分。本书利用"规划模式"、"主管部门"、"社会管理"、"体制机制创新"、"融资模式"对小镇的行政管理制度进行综合评分。政府对小镇的部分要素必须严加控制,如土地要素和环境容量要素②。政府部门对小镇的建设是否具有完善的建设方案,是否将创新的发展模式和发展理念融入小镇的规划建设中是首先考核的一项指标。纵观全国各个省份皆出台了鼓励特色小镇发展的众多政策,如浙江省出台的《关于金融支持浙江省特色小镇建设的指导意见》(杭银发〔2015〕207号)、《关于高质量加快推进特色小镇建设的通知》(浙政办发〔2016〕30号),福建省政府发布的《福建省人民政府关于开展特色小镇规划建设的指导意见》,这些都有利于各省份培育创建一批产业特色鲜明、体制机制灵活、人文气息浓厚、创业创新活力迸发、生态环境优美、多种功能融

---

① 朱莹莹.浙江省特色小镇建设的现状与对策研究——以嘉兴市为例[J].嘉兴学院学报,2016,28(2):49-56.

② 金兴华.浙江实施特色小镇战略意义、影响与路径选择[J].当代经济,2016(25):56-57.

合的特色小镇。现阶段广西针对特色小镇的激励政策出台较少,而将政府引导功能发挥好,很大程度上可削弱在建设过程中遇到的阻力,因此,在体制机制创新指标下,通过考核"政策创新性突破"以及"发展模式"两个方面来评价体制机制创新这一一级指标。

众所周知,特色小镇的开发建设面临着投入高、周期长等特点,将一个小镇培育成一个成熟的具备现代化基础设施、特色产业高度集群、宜人宜居的特色小镇并非一朝一夕可以达成,在过去的几十年间,国内大部分乡镇政府一直以土地收益作为建设资金的重要来源,现如今国家强制性要求逐步减少政府对土地财政依赖程度,政府投资在这巨大的建设资金需求量面前也只是杯水车薪。一方面政府资金有限,庞大的需求量使政府部门心有余而力不足,一味追求由政府投资建设特色小镇容易使建设"烂尾";另一方面,如果采用政府融资的方式会加大政府的债务压力,为特色小镇良好有序的可持续发展埋下隐患[①]。因此,在评价体系内,必须将小镇的融资模式考虑其中,鼓励政府引导众多建设参与方寻求多种融资方式为特色小镇的建设做出贡献。

(4)便民宜居生活服务

便捷完善的基础设施是小城镇集聚产业的基础条件,也是改善居民生活的需要。随着居民生活水平的提高,人们对公共服务需求更加多元化[②]。此大类是特色小镇的硬性要求,国家对该项评分权重赋值 20 分。《指导意见》中明确强调了基础设施的支撑作用,要求按照适度超前、综合配套、集约利用的原则,加强小城镇道路、供水、供电、通信、污水垃圾处理、物流等基础设施建设。依据以往经验,本书拟以"交通设施"、"综合防灾"、"教育医疗设施"、"养老设施"、"商业设施"、"给排水设施"、"垃圾处理设施"七个方面为一级指标评价小镇便民宜居生活服务。

根据《广西县域经济发展"十三五"规划》的要求,加大县域交通基础设施建设力度,完善通道功能与布局,把二级公路建设作为县域交通体系建

---

① 廖茂林.聚焦特色小镇融资[J].农村金融,2017(3):124-126.
② 吴虎.关于加强型社会公共服务基础设施建设的意义[J].企业研究,2013(6):189-190.

设的重要抓手,实现县与县之间通二级公路是硬性指标。只有良好的对外交通设施和镇区内良好的路面情况才能吸引更多的游客到此游玩。因此,在交通设施下设镇区对"外交通路面等级"、"镇区道路路面情况"、"道路附属设施及绿化配置"、"公共停车场数量及总容量"四个二级指标。与此同时,《广西县域经济发展"十三五"规划》中还强调,要加快建设现代教育体系,积极推进医疗卫生,完善社会保障等。因此,根据规划中的相关要求,利用镇区的综合防灾的人员配置、防灾设施、疏散场所等反映小镇的综合防灾水平。考核镇区范围内医院、卫生院、中学、养老院等的数量,考核镇区的教育、医疗、养老水平。

6.2.2 特色水平评价指标

(1) 民族文化保护型

民族文化保护型的特色小镇是传统物质与精神文明的结晶,同时也是各地传统文化、民俗风情和建筑艺术的真实写照,不仅包括城镇的布局结构、建筑群及文化古迹等物质形态,还包括历史、文化、民风民俗等意识形态的内容[①]。民族文化保护型的特色小镇是一种独特的旅游资源,各地地理位置或气候的差异造就了各具特色的民族文化保护型小镇。广西 4 个全国第一批特色小镇中,就有以宗祠文化为主的贺街镇,以及传承武将精神、弘扬武备文化的中渡镇。打造民族文化型特色小镇,一是要求小镇历史脉络清晰可循;二是要求小镇文化内涵重点突出、特色鲜明;三是要求小镇的规划建设延续历史文脉,尊重历史与传统[②]。在发展绩效指标的部分已经将小镇的规划建设、布局是否与当地生态、文化相符考虑入内,所以在特色水平指标部分不再对该部分内容进行重复评价。民族文化保护型的特色小镇建设特色水平评价框架体系如图 6.2 所示。参照历史文化村镇评价指标体系,通过层次分析法(AHP 法)来确定民族文化保护型评价体

---

① 魏萍萍.北方历史文化型城镇旅游系统研究——以山东淄博齐都镇为例[D].济南:山东师范大学,2014.

② 张立波,张奎."文创兴镇"视野下非遗小镇发展路径探究[J].北京联合大学学报(人文社会科学版),2017,15(1):82-87.

系各指标权重,对应的权重赋值如表 6-2 所示。

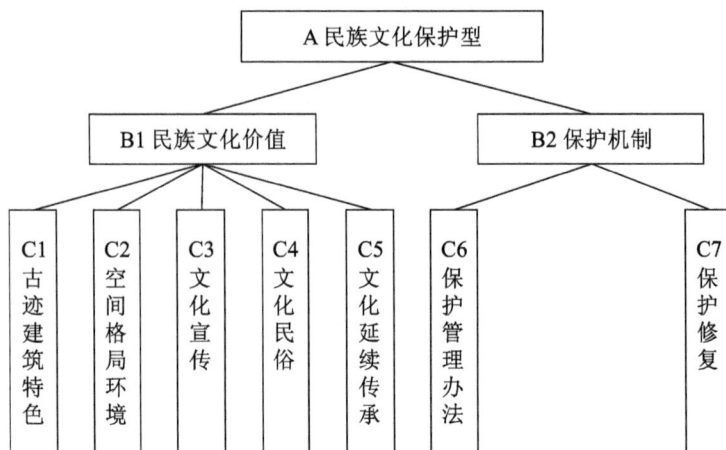

图 6.2　特色小镇建设特色水平评价框架——民族文化保护型

表 6-2　特色小镇建设特色水平评价指标权重——民族文化保护型

评价目标层	准则层	准则权重	指标层	指标权重	综合权重
民族文化保护型	B1 民族文化价值	0.7069	C1 古迹建筑特色	0.4640	0.3280
			C2 空间格局环境	0.1928	0.1363
			C3 文化宣传	0.1688	0.1193
			C4 文化民俗	0.1117	0.0790
			C5 文化延续传承	0.0627	0.0443
	B2 保护机制	0.2931	C6 保护管理办法	0.6984	0.2046
			C7 保护修复	0.3016	0.0885

　　建设部和国家文物局 2003 年 10 月 8 日发布的中国历史文化名镇(名村)的评选办法在现状中明确提及现状必须具有一定规模,镇的总现存历史传统建筑的建筑面积须在 5000 平方米以上。对民族文化型特色小镇的评价仅以这一单项定量指标考核是十分片面的,重点应放在评价其历史建筑及文化的稀缺性和真实价值,还原民族文化型特色小镇的核心,保护民

族传统风貌的原真性①,利用"民族文化久远度"、"文物价值"两个指标以反映小镇古迹建筑特色。利用"单体文物建筑规模"、"现存民族传统建筑面积"两个指标评价小镇空间格局环境分布情况,单体古建筑的价值及意义远不及古建筑群,传统古建筑群规模、聚落、与自然环境的和谐程度能更好地反映民族文化型特色小镇传统风貌特色展示情况。特色小镇的特色文化魅力需要通过积极的宣传和展示以吸引更多的人才和企业加入到特色小镇的建设中,吸引更多的游客前来感受当地的风俗与文化。用"文化展览馆个数"以评价小镇文化宣传能力,而"传统节日、手工艺等传统风俗类型数量"用以考察当地文化民俗特色情况,反映当地传统民俗文化的类型数量多样性和流传影响能力。艺术是文化的载体,而大师则是艺术的载体②。任何一种文化的发展与繁荣都离不开人的口手相传,每一个手工技艺人都是当地不可或缺的重要财富,因此,在评价民族文化价值时将"国家级、省级大师人数"作为其中一项二级指标,以考察文化延续传承情况。

在保护机制方面,"保护管理办法规定"是对民族文化保护型特色小镇进行各项建设和开展活动的宗旨性文件,以此保证在开发建设的过程中不会对原有的文化和建筑产生破坏。另增设"现存民族文化建筑登记存档并挂牌保护"和"游客警示牌"两项二级指标考察小镇对于民族文化保护的重视程度。"保护维修资金"也是一个定量考察小镇保护机制力度的指标。民族文化型特色小镇的保护修复措施较多,包括对古建筑主体、古街巷及其周边环境和配套设施的修复,这是目前各镇保护措施中较为薄弱的关键环节,在评价时将该指标纳入评价体系中以便定量评价和今后的日常监测管理。

综合以上研究,本书拟从"民族文化价值"、"保护机制"两方面对民族文化型特色小镇的特色部分进行评分,并将具体评分进行量化和细化,详见表6-3。

---

① 赵勇,张捷,卢松,等.历史文化村镇评价指标体系的再研究——以第二批中国历史文化名镇(名村)为例[J].建筑学报,2009(3):64-69.

② 王梦飞.区域文化与特色小镇建设的协同发展研究[J].山西建筑,2017,43(1):5-7.

表 6-3　特色小镇建设特色水平评价指标——民族文化保护型

一级指标	二级指标	满分	评分依据	得分
民族文化型（20分）	民族文化价值（15分）	民族文化久远度	3	元代以前	3
				明、清	1
				"中华民国"初期	0.5
		文物价值	3	国家级	3
				省级	1
				县市级	0.5
		单体文物建筑规模（建筑面积＞500m²）	2	5处及以上	2
				3～4处	1
				1～2处	0.5
		现存民族传统建筑面积	2	7500m²以上	2
				5000～7500m²	1
				5000m²以下	0.5
		文化展览馆个数	2	2个及以上	1
				1个	0.5
				无	0
		传统节日、手工艺等传统风俗类型数量	2	每拥有一项	1
		国家级、省级大师人数	1	每拥有一个	0.25
	保护机制（5分）	保护管理办法规定	1	已出台	1
				无	0
		现存民族文化建筑登记建档并挂牌保护	2	80％以上	2
				50％～80％	1
				＜50％	0
		游客警示牌	1	有	1
				无	0

民族文化型（20分）	一级指标	二级指标	满分	评分依据	得分
	保护机制（5分）	保护维修资金	2	占全年镇区建设资金＞30％	2
				占全年镇区建设资金 10％～30％	1
				占全年镇区建设资金＜10％	0

（2）特色产业型

特色小镇作为新型城镇化发展的新载体[1]，特色产业型小镇作为特色小镇的生力军，肩负着重大的责任，如何在提高供给质量方面有所成效，如何以特定产业为依托加快产业转型升级，将高新技术融入现有产业中，这些都是特色产业型小镇所面临的问题。参照县域特色产业综合评价指标体系，该体系通过层次分析法（AHP 法）来确定特色产业型村镇评价体系各指标权重，对应的权重赋值如表 6-4 所示。

表 6-4　特色小镇建设特色水平评价指标权重——特色产业型

评价目标层	准则层	准则权重	指标层	指标权重	综合权重
特色产业型	B1 产业比较优势	0.579	C1 比较劳动生产率	0.169	0.098
			C2 相对投资效果	0.183	0.106
			C3 区位熵	0.204	0.118
			C4 产品在全省的市场占有率	0.249	0.144
			C5 民间资本占比	0.079	0.046
			C6 新产品研发经费支出占比	0.116	0.067
	B2 政府支持力	0.421	C7 产业发展规划	0.150	0.063
			C8 政府激励政策	0.150	0.063
			C9 创业企业增长率	0.397	0.167
			C10 企业孵化存活率	0.303	0.128

---

① 高宏伟,张艺术.城镇化理论溯源与我国城镇化的本质[J].当代经济研究,2015(5):61-66.

产业作为特色产业型小镇这个有机经济生态圈的核心,只有特色产业带动小镇产业发展才是健康良好的发展态势[①],该体系主要是通过产业比较优势和政府支持力两方面来展示出特色产业的经营情况。特色产业型的特色小镇建设水平评价指标如表6-5所示。评价特色产业是否具有优势就是分析该产业在地区产业结构中的相对地位和在更大区域的同一产业内的相对地位。这种相对地位是通过比较而认识的,即特色通过比较而表现出来。地区特色产业应是以地区比较优势为基础,进行专业化生产,具有竞争优势的产业[②]。

表6-5 特色小镇建设特色水平评价指标——特色产业型

一级指标		二级指标	满分	评分依据	得分
特色产业型（20分）	产业比较优势（12分）	比较劳动生产率	2	>100%	2
				80%～100%	1
				<80%	0
		相对投资效果系数	2	>100%	2
				80%～100%	1
				<80%	0
		区位熵	2	>100%	2
				80%～100%	1
				<80%	0
		产品在全省的市场占有率	2	>60%	2
				50%～60%	1
				<50%	0
		民间资本占比	2	>70%	2
				60%～70%	1
				<60%	0

---

① 于新东.以产业链思维运作特色小镇[J].浙江经济,2015(11):17.
② 周丽永.地区特色产业的评价与选择方法研究[D].成都:西南交通大学,2001.

一级指标		二级指标	满分	评分依据	得分
特色产业型（20分）	产业比较优势（12分）	新产品研发经费支出占比	2	＞30％	2
				20％～30％	1
				＜20％	0
	政府支持力（8分）	产业发展规划	1	有	1
				无	0
		政府激励政策	1	有	1
				无	0
		创业企业增长率	3	＞20％	3
				8％～20％	1
				＜8％	0
		企业孵化存活率	3	＞80％	3
				50％～80％	1
				＜50％	0

　　比较优势指标是指在特定区域某产业的效率是否高于区域其他产业或全国同类型同级别产业的效率水平,并了解到该特色产业的发展能否带动和促进整个镇区以及整个地区的特色经济的发展。因此,采用"比较劳动生产率"、"相对投资效果"、"区位熵"、"产品在全省的市场占有率"、"民间资本占比"、"新产品研发经费支出占比"六个指标来评价特色产业的产业比较优势。比较劳动生产率＝某产业的国民收入相对比重/某产业的劳动相对比重,对这一指标进行动态测算,如果该指标结果大于 1 且呈现平稳或上升趋势,表明该小镇的特色产业具有良好的成长性及发展空间。相对投资效果系数是为了量化特色产业的效率,是指区域内某产业的投资收益与全区全部产业平均投资收益的比例,若该指标大于 1,则表明该产业具有良好的区位优势[①]。区位熵又称产业的集中度,是指小镇特色产业或产品生产在全区该产业或该产品生产中所占的比重与该地区经济总水平占

---

① 顾六宝.主导产业的评价选择模型[J].统计与决策,2002(3):31-36.

全区经济总水平的比重之比①,用以反映产业的集聚能力。

特色小镇的建设虽然要发挥市场的主导作用,但是始终无法忽略政府的导向作用,政府部门在规划、政策、管理、服务等方面的支持作用对小镇的发展是必不可少的;小镇的健康发展需要产业的集聚和带动,特色小镇作为创业企业的孵化器,其创业能力也是小镇的核心竞争力的重要内容。因此,设置"产业发展规划"、"政府激励政策"、"创业企业增长率"、"企业孵化存活率"这四个指标,用于反映政府对特色产业型的小镇在建设过程中的支持力。

(3)旅游资源开发型

旅游资源开发型的特色小镇在现阶段第一批、第二批中国特色小镇中占比最大。由于旅游乘数效应的拉动作用,旅游资源开发型特色小镇的开发对区域经济的带动作用十分明显,住房城乡建设部在2010年开展了一项有关"旅游与小城镇相互促进协调发展情况"的调查,发现旅游能够很大程度上带动周边地区的经济发展和改善当地居民生活,促进了各民族的融合和边疆地区的永续发展②。旅游资源开发型特色小镇顾名思义就是以旅游产业为主导的小镇,以其独特的自然景观、宜居的生活环境而备受游客的青睐。针对旅游资源开发型特色小镇,本书拟从镇区环境、镇区经济比重、公共服务三个方面对其进行综合评分,评分表如表6-6所示。

表6-6 特色小镇建设特色水平评价指标——旅游资源开发型

一级指标	二级指标	满分	评分依据	得分
旅游资源开发型(20分) 镇区环境(6分)	环境空气质量	2	符合国家环境空气质量标准一级标准	2
			符合国家环境空气质量标准二级标准	1
			不符合以上条件	0
	水环境指数	2	满足国家地表水环境质量标准一类	2
			满足国家地表水环境质量标准二类	1
			不符合以上条件	0

① 周锦,顾江.基于区位熵理论的区域文化产业发展分析[J].统计与决策,2013(9):102-105.
② 赵静.特色小镇之旅游小镇的开发现状、问题及模式分析[J].中国物价,2017(5):83-85.

一级指标	二级指标	满分	评分依据	得分
镇区环境（6分）	景区噪声	2	＜55dB	2
			55～60 dB	1
			＞60 dB	0
镇区经济比重（2分）	旅游业占国民经济总量的比重	2	＞5％	2
			＜5％	0
旅游资源开发型（20分）	公共服务（12分）			
	游客接待服务中心	1	有	1
			无	0
	公共厕所分布	3	厕所服务半径＜500m	2
			厕所服务半径 500～800m	1
			厕所服务半径＞800m	0
	3A 级以上景区个数	3	每有一个得1分,满分3分	3
	集镇公共WIFI覆盖率	2	＞80％	2
			60％～80％	1
			＜60％	0
	镇区内公共信息图形符号设置	1	有	1
			无	0
	应急方案及场所	2	有	2
			无	0

　　首先,旅游资源开发型特色小镇必须将旅游业作为其支柱产业并充分发挥旅游业的带动作用,因此,设计"旅游业占国民经济总量的比重"这一指标来反映小镇的产业结构情况,考察其是否达到了旅游资源开发型特色小镇的最低要求。

其次,旅游资源开发型特色小镇对镇区环境的要求比普通特色小镇的标准更高,只有"低能耗、低排放、低污染"及"高质量、高体验、高效率"的低碳旅游服务才符合当前绿色、可持续发展的理念,参照国家《生态旅游景区标准》以及"低碳经济评价指标体系"[①]、"国家生态旅游示范区评价指标体系"[②]等众多学者的研究成果,利用"环境空气质量"、"水环境指数"、"景区噪声"这三个指标反映集镇区域内的环境总体情况,设定了更高、更绿色、更环保的评分标准。

良好的公共服务能够很大程度上提升游客的满意度和喜悦度,依据国家《旅游厕所质量等级的划分与评定》(GB/T 18973—2016)、《绿色低碳重点小城镇建设评价指标体系(试行)》、《广西壮族自治区旅游管理条例》、"旅游景区评价体系"[③],在公共服务下设"游客接待服务中心"、"公共厕所分布"、"3A级以上景区个数"、"集镇公共WIFI覆盖率"、"镇区内公共信息图形符号设置"、"应急方案及场所"这六个指标。

(4)健康休闲主导型

2016年,中共中央、国务院印发《"健康中国2030"规划纲要》(以下简称《健康纲要》),纲要指出要提高我国人民的健康水平,以体制机制改革创新为动力,普及健康生活、优化健康服务、完善健康保障、建设健康环境、发展健康产业。同年,国家旅游局颁布了中华人民共和国旅游行业标准《国家康养旅游示范基地》(LB/T 051—2016),该标准中明确了康养旅游在环境、旅游经济水平、无障碍设施、产业联动与融合、旅游服务管理五大方面的基本要求。健康休闲主导型特色小镇,作为我国特色小镇的重要类型之一,其生态功能进一步延伸,作为生产空间集约高效、生活空间宜居适度、生态空间山清水秀的创新空间组织形态,其最终目的是实现经济效益、社会效益和环境效益的协调统一。针对健康休闲主导型的特色小镇,本书拟

① 黄文胜.论低碳旅游与低碳旅游景区的创建[J].生态经济,2009(11):100-102.
② 程道品,何平,张合平.国家生态旅游示范区评价指标体系的构建[J].中南林学院学报,2004,24(2):28-32.
③ 刘辛田.构建我国旅游景区评价体系探讨——基于资源节约型、环境友好型社会的思考[J].价格理论与实践,2010(7):86-87.

从"生态质量"、"生活环境"、"医疗环境"这几方面对健康休闲主导型的特
色小镇特性部分进行评价。

表 6-7 特色小镇建设特色水平评价指标——健康休闲主导型

一级指标	二级指标	满分	评分依据	得分
健康休闲主导型（20分）	PM2.5	2	年均 PM2.5 值小于或等于 50	2
			不符合以上条件	0
	负氧离子标准浓度	2	负氧离子标准浓度不低于 1500 个/cm³	2
			不符合以上条件	0
	地表水环境质量	2	满足国家地表水环境质量标准一类	2
			不符合以上条件	0
	景区噪声	2	＜60dB	2
			＞60dB	0
	土壤环境	2	达到 GB 15618—2018 规定的二级标准	2
			不符合以上条件	0
生活环境（3分）	公共休闲服务	1	设立文化类/体育类公共娱乐场所	1
			不符合以上条件	0
	休息配套设施	1	公共区域设立休息配套设施	1
			不符合以上条件	0
	残障便民设施	1	镇区内皆设有残障便民设施	1
			镇区内部分建筑及道路设有残障便民设施	0.5
			不符合以上条件	0

续表 6-7

一级指标	二级指标	满分	评分依据	得分
健康休闲主导型（20分） 医疗环境（7分）	基层医疗载荷（千人/家）	2	基层医疗载荷＞0.2	2
			0.15≤基层医疗载荷≤0.2	1
			基层医疗载荷＜0.15	0
	公共医疗服务满意度	2	居民满意度≥80%	1
			60%≤居民满意度＜80%	0.5
			居民满意度＜60%	0
	三甲医院/知名医院数量	1	每有一家得0.5分,满分1分	1
	医疗政策支持	2	在实施异地医保报销政策的前提下,每出台一个支持旅游养老产业的政策得1分,满分2分	2

　　生态优先、绿色发展之路始终是一切之首,健康休闲主导型特色小镇对宜居生活环境提出了更高的要求,参照国家旅游局 2016 年发布的《国家康养旅游示范基地》标准,通过"PM2.5"、"负氧离子标准浓度"、"地表水环境质量"、"景区噪声"、"土壤环境"这五个指标反映健康休闲主导型的特色小镇的生态质量,作为其是否宜居的评价基础。

　　良好的生态环境能吸引一批游客观光,良好的生活环境会促使有条件的游客在此停留。健康休闲主导型特色小镇不能光以自身资源禀赋作为优势发展,更应充分考虑不同客群的需求。依据《国务院关于促进旅游业改革发展的若干意见》(国发〔2014〕31号)、《关于促进健康旅游发展的指导意见》(国卫规划发〔2017〕30号),在"生活环境"指标下设"公共休闲服务"、"休息配套设施"、"残障便民设施"三个二级指标。

　　培育健康休闲主导型特色小镇,应依托当地旅游和养生资源,将休闲度假和养生保健、修身养性有机结合起来。健康休闲主导型特色小镇的特色在于"健康",应鼓励各类医疗机构在当地设立分支机构,引进先进的医院管理理念、管理模式和服务模式,优化医疗设施建设,提升医疗机构服务水平。"医疗环境"是考察健康休闲主导型特色小镇的关键,通过"基层医疗荷载"、"公共医疗服务满意度"、"三甲医院/知名医院数量"、"医疗政策支持"四方面考察小镇"医疗环境"。

6.3 特色小镇建设评价体系实证研究
——以中渡镇为例

本书选取广西柳州市鹿寨县中渡镇作为样本,该镇 2016 年 10 月入选首批中国特色小镇。实证研究数据以样本小镇 2016 年的各项指标为基础,得分明细如表 6-8 所示。

表 6-8 中渡镇得分明细

类别	一级指标	二级指标	中渡镇得分
产业特色(30分)	产业定位	清晰明确的产业定位	3
		主导产业定位符合国家政策导向要求	1
	产业优势	主导产业知名度	2
		特色农业占小镇工业总产值	4
		形成特色产业龙头企业	2
		建成种植或生产示范基地且 50% 以上实现专业化、园区化、标准化	1
	产业贡献率	近三年主导产业企业实际上缴税金增长情况	4
		吸纳本镇区户籍劳动力比例	1
	产业环境	累计有效投资	0
		产业投资环境	0
		产业吸引高端人才环境	1
		合计	19

续表 6-8

类别	一级指标	二级指标	中渡镇得分
镇区规划建设（20分）	整体形态	镇区规划	3
		镇区路网	2
		镇区布局合理,顺应等高线布局	2
	街巷建筑	街巷空间	2
		沿街商铺	0
	景观绿化	人均公共绿地	2
		镇区绿化覆盖率	1
		休闲绿地、公园、广场数量	1
	用地情况	工业园区用地每亩投资产出效益	0
		新区人均用地面积	1
		合计	14
行政部门制度（10分）	规划模式	已有完善的规划建设方案,且具备创新的发展模式和发展理念	2
	主管部门	设有专门的特色小镇建设小组	0
	社会管理	社会管理各部门协调,综合执法能力强	2
	体制机制创新	在财政收支、人才培育等方面是否出台了相关政策并且政策具有突破性创新	3
		是否采用政府引导、企业作为主体的发展模式	1
	融资模式	是否具有灵活的融资方式	0
		合计	8

类别	一级指标	二级指标	中渡镇得分
便民宜居生活服务（20分）	交通设施	镇区对外交通路面等级二级以上	1
		镇区道路路面情况	0
		道路附属设施及绿化配置完善,符合国家相关规定	0
		公共停车场建设指标及停车数量,满足国家相关规范与居民需求	1
	综合防灾	在城镇防灾方面,规划完善,建设有序,有专项人员配置,管理完善	1
		有高于自身主要灾害的综合防灾设施、疏散场所、通道	1
	教育医疗设施	镇区内中心医院、卫生院达到国家标准	1
		镇区拥有一所中学,且建设规模符合国家相关标准	1
		拥有1所二级以上医院	1
	养老设施	镇区内拥有养老院或相关机构,且规模符合国家相关要求	1
	商业设施	镇区拥有一座综合超市	1
		镇区拥有一处独立商业街	1
	给排水设施	供水设施	2
		污水处理设施	2
	垃圾处理设施	垃圾处理率	2
合计			16

续表 6-8

类别	一级指标	二级指标	中渡镇得分
旅游资源开发型（20分）	镇区环境	环境空气质量	2
		水环境指数	2
		景区噪声	1
	镇区经济比重	旅游业占国民经济总量的比重	2
	公共服务	游客接待服务中心	0
		公共厕所分布	0
		3A 级以上景区个数	2
		集镇公共 WIFI 覆盖率	0
		镇区内公共信息图形符号设置	1
		应急方案及场所	2
		合计	12
中渡镇总得分			69

　　中渡镇主导产业定位明确,努力打造成为柳州东部旅游重镇、风情柳州和山水桂林的重要旅游景点,初步形成以现代农业和休闲观光、特色民俗文化和自然生态旅游为主导的产业形态。中渡镇重点打造的旅游业及现代农业符合国家发展和改革委员会 2014 年发布的《西部地区鼓励类产业目录》以及 2017 年国家发展和改革委员会及商务部共同发布的《中西部地区外商投资优势产业目录》。中渡山奇水美,民风淳朴,特色旅游业品牌影响力较为突出,曾荣获全国特色景观旅游名镇等多个称号。不仅如此,其现代农业产业品牌也享有盛名,鹿寨蜜橙、大乐岭茶叶等品牌成为广西著名商标,且已经形成了以广西汇展旅游开发有限公司为代表的特色产业龙头企业;近三年主导产业企业实际上缴税金增长情况良好,且大于 10%,这些企业吸引了大部分的本镇区户籍劳动力,但未能达到 50%。由于中渡镇特色小镇仍处于筹备阶段,所以在累计有效投资和产业投资环境方面稍有欠缺,但已有较为良好的人才储备,小镇大专以上就业人数比例达到 12%,这对小镇未来的发展十分有利。中渡镇在产业特色上总体评分 19分,得分值居中的主要原因仍是中渡镇的特色小镇建设刚刚起步,虽已有

良好的产业定位及发展基础,但有诸多具体的产业要求未能达到,如在产业优势方面,虽已培育了以大兆石祥、塘藕、大桥为核心的自治区级都市休闲观光农业示范区,但示范区尚未实现专业化、园区化和标准化,示范区管理水平不高。

在镇区规划建设方面,中渡镇北邻洛江,西靠西眉山,依山傍水、环境优美。道路密度适中,主干道宽度为25米,其他支路为12~18米,道路两侧建筑高度与宽度比例适宜,古镇核心区已完成外立面改造工作,充分体现中渡当地特色,但沿街商铺乱摆乱挂乱画现象十分突出,古镇区内街巷道路窄且车辆乱停放问题严重,这都十分影响古镇区整体风貌。集镇区域范围内绿化良好,集镇公共绿地为95000平方米,人均绿地达到了10.2平方米,小镇镇区绿化覆盖率也达到了32%,基本符合标准,休闲绿地、公园、广场数量适中,实现步行距离500~800米即可到达,满足人们对绿色生态的基本要求。在新区的建设方面,以统一规划,划清用地界线,集中成片发展为目标,人均用地控制在105平方米以内,但尚未建成统一的工业园区,因此无法计算其产出效益,该项为0分。中渡镇在镇区规划建设方面得分14分,归结于其已有良好的发展规划,且已完成大部分的街巷改造工作,使得镇区风貌独具特色而又十分统一,且中渡镇资源禀赋丰富,有良好的自然环境基础,使得其在景观绿化方面表现突出,但在整治沿街铺面方面仍需加大管理力度,严打乱摆乱挂行为,且应加快建设工业园区,延伸现有产业的产业链,积极投入资金研究农产品深加工,综合运用互联网技术实现新区小区域高利润发展。

中渡镇已与知名设计院合作为小镇的发展制订了详细的发展规划,但尚未形成由专人专项负责的特色小镇建设小组,而仍是由镇长、副镇长代为决策。中渡镇应尽早设立专门的特色小镇建设小组,由专业人才开展小镇的引导开发建设工作,吸引更多的外来投资商投资中渡,使中渡有更好更快的发展。值得肯定的是,中渡镇及鹿寨县政府都在特色农业、旅游业、群众创业等方面积极出台了一系列相关的政策,以此来鼓励广大人民群众投身于中渡的特色建设中,如《鹿寨县加快旅游业发展的若干措施(试行)》(鹿政办发〔2015〕39号)、《鹿寨县扶持梅花鹿养殖业发展暂行办法(鹿政办发〔2011〕13号)》、《鹿寨县加快推进2014年政策性农业保险工作方案》(鹿政办发〔2014〕62 号)、《关于 2015 年促进农业增效农民增收的 20 条政策措施》(鹿政办发〔2015〕4 号)、《鹿寨县现代农业"十三五"发展规划的通知》(鹿政办发〔2017〕8 号)、《鹿寨县简化优化公共服务流程方便群众办事创业工作方案》(鹿政办发〔2016〕95 号)等。中渡镇在行政部门制度上得分为 8 分(满分 10 分),从评分来看中渡镇在行政部门制度上取得了较为不错的成绩,但仍应继续努力,尤其应着重研究招商引资方式,选取最为高效且可行性强的融资方式为特色小镇的建设筹集资金。

中渡镇在便民宜居生活服务方面得分 16 分(满分 20 分),它在各项基础设施建设及民生服务方面表现十分优秀。中渡镇对外交通十分便利,离柳州白莲机场、桂林两江机场均不到 100 千米,离邻近高速入口仅有 30 千米路程,323 国道贯穿全镇,在建的苏鹿二级公路黄冕至中渡支线、中渡石燕至鹿寨高铁北站二级公路皆已基本完工,良好的对外交通有利于中渡镇旅游业的发展。集镇范围内道路实现百分百硬化,镇区道路铺装率达到了95%,美中不足的是村屯路面破损情况较为严重,现镇政府力争到 2020 年通屯道路硬化率达 90%,屯内道路硬化率达 70%。中渡镇道路附属设施及绿化配套工作完成质量参差不齐,集镇范围内道路附属绿化美观,但在远离集镇的交通要塞道路绿化工作完成得差强人意,中渡镇应重点针对小镇道路入口及其他交通要塞进行绿化维护工作,以美丽的镇容欢迎来自五湖四海的游客。

中渡镇系旅游资源开发型发展模式,自然风光优美,依山傍水、环境和谐,资源禀赋丰富,在旅游资源方面得分 12 分(满分 20 分)。镇区空气及水质皆符合国家一类标准,镇区无噪声污染。中渡镇特色旅游业品牌影响力突出,荣获全国特色景观旅游名镇、第六批"中国历史文化名镇"、"中国最具特色文化旅游节庆"等称号,是国家 3A 级旅游景区。境内的 4A 级景区香桥岩溶国家地质公园景区荣获"中国最美地质公园"称号。中渡镇有良好的发展条件,但在公共服务设施方面发展较为缓慢,镇区内尚未建立游客接待中心,公共厕所服务半径也不符合国家标准,集镇公共 WIFI 覆盖项目也正在积极建设中。中渡镇应重视公共服务设施的建设,良好的公共服务设施能够为广大游客带来便利,给游客更好的旅游体验,以此获得更好的口碑来吸引更多的外地游客到此游玩。

中渡镇总得分为 69 分,分项得分如图 6.3 所示,它在行政部门制度及便民宜居生活服务两方面得分较高,但在产业特色、镇区规划建设、个性建设上得分较低。中渡镇政府应将特色小镇具体项目建设提上议程,现有的基础设施建设已经能满足广大居民和游客的基本需求,应注重文化、旅游等方面的精神文明建设,尽快建设游客接待服务中心及农业示范区,让广大游客有渠道、有方式能够感受到中渡千年的武备文化,也让中渡的传统文化及现代农业有机会向游客展示。中渡镇还应积极将互联网等先进技术引入特色小镇的建设中,尤其是结合鹿寨智慧城市基础设施工程项目建设,发展智慧旅游,早日实现主要镇区和旅游景点的 WIFI 全覆盖。

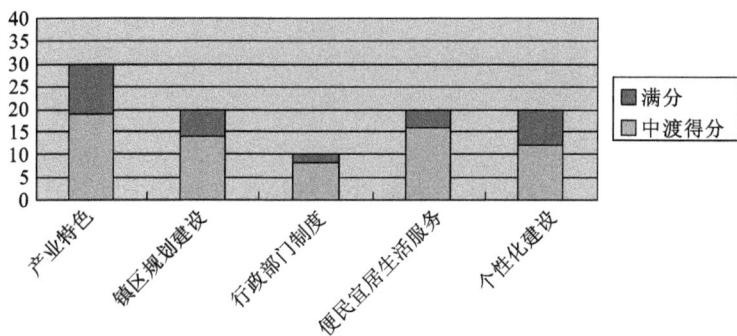

图 6.3　中渡镇得分

本 章 小 结

本章第一部分阐述了建立广西特色小镇评价体系的基本原则,即科学性原则、可操作性原则、导向性原则以及共性和个性相结合的原则,其中科学性原则作为设计评价体系的基石,指导一切从具体实际、客观事实出发设计评价体系。依据基本原则构建了特色小镇建设的评价框架,明确该评价体系分为四个层次,总体层、系统层、目标层、指标层,其中,系统层包括发展绩效指标和特色水平指标两个部分,基于共性和个性两个不同视角对特色小镇的发展水平进行评估,以求全面反映特色小镇各子维度和综合发展水平。

第二部分研究广西特色小镇建设的评价指标体系,其中,发展绩效指标即特色小镇的共性部分,主要是反映特色小镇在产业特色、镇区规划建设、行政部门制度和宜居服务生活服务四个子维度上的发展成绩,这四个方面紧扣特色小镇的内涵,既突出了特色小镇作为新型城镇化的新发展模式,特别是多功能叠加发展平台的特点,又表现出了其作为产城融合区新空间的特点。特色水平指标即特色小镇的个性部分,考虑到不同类型的特色小镇在其主导产业上存在的差异,不同类型的特色小镇具有不同的发展模式,其评价体系也应该有所侧重,因此,根据其特色产业的划分确定其专项的评价指标,在该部分指标中更强调其特色的鲜明性、成长性和结构性的特点。因此,本书选取民族文化保护型、旅游资源开发型、特色产业型、健康休闲主导型四种类型的小镇设立了其专项评价指标。

第三部分以中渡镇为例对特色小镇建设评价进行了实证研究,通过分析与评价,中渡镇总得分为 69 分(满分 100 分),它在行政部门规章制度及宜居便民生活服务两方面得分较高,但在产业特色、镇区规划建设、个性化建设上得分较低,其原因不仅是中渡特色小镇建设仍处于初级阶段,各类社会资金尚未进驻到中渡镇,更重要的原因是它在特色产业上的展示能力尚未深度挖掘,目前中渡镇尚无一个具有代表性的展示平台对外展示除旅游资源外的特色产业魅力,这也是在中渡特色小镇建设中亟待解决的一个问题。

7 广西特色小镇建设的提升策略

自十六大以来,新型城镇的建设历经了多个发展阶段,小规模城镇的发展也逐渐得到重视,取得了非常显著的成效。

从宏观层面来看,特色小镇的建设与目前新型城镇化过程中所提出的"产业转型升级"、"创新创业"和"农民市民化"等战略是相辅相成、相互促进的。通过建设特色小镇去推进以上战略的实施,这些战略又为特色小镇的建设"保驾护航"。通过这样一种模式,可以最大程度地促进社会经济转型,解决城镇化发展过程中的诸多难题,具有重大的社会现实意义[①]。

本书依据特色小镇的建设发展特点和广西特色小镇的建设实际情况,对广西特色小镇的建设提出以下策略建议。

7.1 完善政策保障体系

7.1.1 推进特色小镇建设的经济产业政策

2018年广西综合经济实力显著增强,全年全区生产总值(GDP)20352.51亿元,比上年增长6.8%。其中,第一产业增加值增长5.6%,第二产业增加值增长4.3%,第三产业增加值增长9.4%。第一、二、三产业增加值占地区生产总值的比重分别为14.8%、39.7%和45.5%,对经济增长的贡献率分别为13.1%、25.4%和61.5%[②]。

为此,广西壮族自治区应当在世界市场和国内经济不断复苏的契机下,把握时机、与时俱进,制定和完善产业政策、财政政策、税收政策、金融

---

① 张斌.云栖小镇创新主体行为分析及发展环境优化对策[D].杭州:中共浙江省委党校,2018.

② 广西壮族自治区统计局,国家统计局广西调查总队.2018年广西壮族自治区国民经济和社会发展统计公报[N].广西日报,2019-04-10.

政策、土地政策。

（1）提高特色小镇产业比重的产业政策

产业发展是特色小镇建设的内在动力，同时也是推动特色小镇建设的重要助力。因此，需要将产业政策放在主导地位上，依托产业经济发展为特色小镇建设提供物质支持。主要措施包括：

第一，优化三大产业结构。广西目前存在第一产业比重偏高，第三产业发展不足的问题，这也是广西产业转型和特色小镇产业发展的阻碍因素，因此，要通过制定产业政策，实现平稳发展第一产业、稳步回升第二产业、积极扩展第三产业的目标，大力发展以流通部门和服务部门为主的第三产业，为特色小镇发展提供产业依托。充分利用广西喀斯特山水文化、多民族特色、延边文化等特色资源优势，加大基础设施投入，发展特色小镇建设。

第二，调整三大产业布局。由于经济发展的历史原因，广西产业布局不均衡，农业、工业发展具有区域性，发达地区与欠发达地区差异较为明显。因此，需要通过产业政策进行引导，如对发达地区优势产业的扩张和外迁、欠发达地区潜力产业的开发和崛起，改善目前广西经济增长主要依赖大城市的局面。通过特色小镇相关产业的发展，激发小城镇活力，刺激新城镇建设，促进特色小镇发展，实现广西地区间产业布局优化和区域均衡发展，为特色小镇建设发展提供土壤①。

第三，建立观光旅游农业。广西政府要发挥政策的引导作用，运用产业政策促进观光旅游农业的发展，将农业资源与旅游资源相结合，构建产业政策体系，实现产业联动，以广西特色的农业资源和山水自然风光为重点，开展自摘、自制、自驾等参与性较强且与旅游小城镇地区联系紧密的旅游活动，通过政策手段设立观光旅游农业发展项目，实现农民增收，加快特色小镇产业化进程。比如以沿海乡村为重点的渔村体验活动，以纯天然蔬果采摘等农家乐为主题的乡村体验活动，等等。

（2）加大资金扶持力度的财政政策

特色小镇建设仅靠所属地区本身的财力和资金是远远不够的，更需要

---

① 王靖宇.黑龙江省推进旅游城镇化建设的政策研究[D].哈尔滨：哈尔滨商业大学，2015.

政府制定和实施相应财政政策和金融政策,通过加大政策扶持力度,充分发挥政府资金的杠杆作用和社会资本投融资的集聚效应,主要措施包括:

第一,优化专项发展资金管理。为促进特色小镇的建设,2016年10月10日,住房城乡建设部、国家发展改革委、财政部联合发布的《关于开展特色小镇培育工作的通知》(建村〔2016〕147号)中在组织领导和支持政策中提出两条资金支持渠道:一是国家发展改革委等有关部门支持符合条件的特色小镇建设项目申请专项建设基金;二是中央财政对工作开展较好的特色小镇给予适当奖励。在此基础上,广西壮族自治区政府积极发挥财政政策的作用,进一步提出将整合涉及示范镇建设的相关资金和项目,积极为示范镇争取中央专项和转移支付资金支持。自治区本级资金补助标准为每个示范镇1000万元。此外,自治区政府应完善财政政策的作用,通过优化特色小镇建设专项资金管理、扩大涉及产业范围、拓展资金来源渠道和资金使用范围等政策措施,加强专项资金监管和使用,杜绝经费违规和滥用等现象。

第二,完善转移支付制度建设。广西应结合实际情况,制定相应财政转移支付管理办法,提高财政转移支付制度的立法层级与质量,与特色小镇带动的经济作用相结合,增强财政转移支付在协调和调动各地区资源中的积极作用;加大对经济匮乏地区财力补助力度,在财政能力内进一步提高一般性转移支付补助系数,建立以一般转移为主、专项转移为辅的转移支付制度。

(3)发挥显著激励作用的税收政策

在特色小镇建设过程中,应减轻小镇现有相关产业企业在增值税和企业所得税方面的负担,体现税收政策的激励作用。因其税收收入一般归地方政府所有,所以建立激励作用显著的税收政策的主导权主要在于地方政府,具体措施包括:

第一,减免相关税费。地方政府对特色小镇新兴的支柱产业相关税收项目采取直接减免政策,比如以特色旅游开发为主的旅游生态小镇,在旅游资源开发、经营和消费等环节通过减免地方税等方式,发挥税收优惠政策在其中的促进作用。同时对一些重复收费、乱收费项目进行清理,刺激大规模旅游企业将经营范围扩至特色小镇,通过税收政策提高农村居民收入和增加就业机会,促进旅游特色小镇发展。

第二,建设法治税务。特色小镇的建设发展将刺激个体经营的增长,这为地方政府的税收工作增加了难度,因此,需要建立健全相关法律法规,加强司法机关监管,建设法治税务,推进依法行政,提高依法行政水平和能力,将税务人员和纳税征税行为纳入法制监督和管理中;规范纳税行为,在减免税费的同时严厉打击某些经营法人偷漏税等违法行为,通过宣传教育、奖惩分明、法制规范等手段提高纳税人的责任感和纳税意识;明确税务执法责任,增强税务人员的工作责任心,落实过错责任追究制度,实现税务部门与司法部门对接,提高税务人员的依法行政能力和税务机关依法行政水平。

第三,构建服务平台。特色小镇的建设包含市场因素和经济因素,将信息技术与纳税服务平台相结合,有利于促进地区旅游经济发展和城镇化建设。因此,政府可以通过制定和实施相关税收政策,招收并培训具有较高服务水平的税务服务人员,提高人工服务质量;综合利用电话、短信、网络等办税纳税方式,提高办税效率,加强税收政策的执行能力。

(4)营造良好投资环境的金融政策

2018年广西壮族自治区全年固定资产投资(不含农户)比上年增长10.8%,其中,第一产业投资增长18.6%;第二产业投资增长13.0%,其中工业投资增长12.2%;第三产业投资增长9.9%①。营造良好的投资环境能极大地加速特色小镇建设进程,具体措施包括:

第一,灵活运用金融政策。自治区政府应通过政策手段引导各金融机构积极开发符合特色小镇相关产业发展需求的金融产品,扩展金融机构在特色小镇的覆盖面、拓展业务范围、建立多种信贷模式,为特色小镇建设项目、小微企业、个体工商户和创业者等提供信贷支持;改善广西金融发展环境,建立涵盖企业和个人的信用信息数据库,加强金融监管、构建诚信体系。

第二,拓展多种融资渠道。广西特色小镇建设中暴露出明显的资金不

① 广西壮族自治区统计局,国家统计局广西调查总队.2018年广西壮族自治区国民经济和社会发展统计公报[N].广西日报,2019-04-10.

足问题,为此应充分发挥政府职能,建立多元融资模式。一是鼓励设立特色小镇基础设施建设专项基金,引导各类市场主体以参股和收购等方式,参与基础设施建设和运营,并加快建立基础设施特许经营权管理模式,引入信托、保险、资产管理计划等资金参与。二是引入海外低成本资金。充分利用包括外国政府转贷款在内的国外低成本资金,为特色小镇建设中的基础设施和公共服务设施建设、农业产业化过程中的设备改造以及环境保持等提供资金支持。三是探索 BOT、PPP 等项目的创新融资模式。针对特色小镇建设项目的特点,适时引入融资租赁、项目融资模式,引入多渠道的资金注入特色小镇的建设。

第三,加大对特色小镇的基础设施建设支持力度。一是加大交通运输网络资金支持力度。重点投入高速铁路、高速公路等交通运输基础设施,发挥综合交通运输网络对特色小镇发展的支撑和引导作用。二是支持农业现代化建设。广西的特色小镇大多拥有特色的农业资源,如中渡镇以"特色旅游+农业"的定位进行建设发展,这些小镇在进行农业现代化建设时支持"公司+农户"、"龙头企业+基地"、"专业合作组织+农户"等多种形式的农业产业化生产和项目建设,以农业龙头企业和核心企业为重点。三是提升旅游产业基础金融服务。鼓励银行业金融机构在有条件的产业区、旅游景点增设网点和自助银行服务机具,建立和完善消费者权益保护机制,营造良好的金融消费环境,同时加大电子银行的覆盖和支持[①]。

第四,规范管理政府行为。广西大多数特色小镇地区是欠发达地区,地方财力有限、资金短缺,特色小镇建设过程中政府需要把好帆、掌稳舵,以经济社会的稳定和有序运行为首要考虑,不能盲目发展经济和扩张城镇。为此,以旅游观光或者度假休闲为主要特色的小镇,地方政府应制定和完善关于收费方面的法律法规,对外来投资实施资金优惠政策,确保有限的投资资金运用到特色小镇建设中去,并建立相应的举报通道,保障投资者权利。

(5)确保土地高效利用的土地政策

特色小镇在产业发展和基础设施建设方面,如市政道路、自来水厂、污

---

① 郑作标,吕炜,袁秀霞.海南新型城镇化过程中金融支持对策研究[J].时代金融,2016(17):52,57.

水处理厂等,都需要大量的用地指标。应完善特色小镇土地使用政策,以解决特色小镇发展过程中亟待解决的土地要素问题,制定合理的土地利用政策可以确保有限的土地资源得到高效的利用,具体措施包括:

第一,坚持发展实业。特色小镇在基础设施建设过程中需要土地资源,但需防止以建设特色小镇的名义违法违规圈地进行房地产开发建设,如养老地产、旅游地产项目建设,应在土地审批阶段进行严格审批,控制土地使用面积的上限。在考核每个特色小镇固定资产投资时应不包括商品住宅和商业综合体项目的投资,以坚持利用土地发展实业的原则。

第二,坚持产城融合。以特色小镇所在小城镇为基础,承载特色产业的发展;以产业带动的经济收入为保障,进一步建设基础设施,完善公共服务,吸引更多就业转移人口。在特色小镇建设过程中尽量依托建制镇已建成区域拓展,避免离开建制镇新开辟特色小镇规划和建设区,从而避免占用更多耕地。

第三,坚持集约节约用地。特色小镇在建设过程中应着力提高现有土地使用效率。一些小镇现有开发区、工业园区土地使用效率低,特色小镇的用地可在原有利用率较低的土地基础上进行开发利用,与提高既有园区土地使用效率相结合,提高土地的集约化。

第四,坚持城乡一体、村镇联动。可实施鼓励集体建设用地以入股或租赁等形式参与特色小镇项目的政策,分享特色小镇发展收益,保护农民的合法权益。鼓励地方开展资源变资产、资金变股金、农民变股东等改革,使当地居民利用集体土地资源真正地参与到特色小镇建设中,并从中受益。可将特色小镇建设用地纳入城镇建设用地扩展边界内,经核实确实需要新增建设用地的,由各小镇所在地土地主管部门先行办理农用地转用及供地手续,由自治区政府按照实际使用指标的一定比例给予配套奖励,对于3年内未达到目标任务的,加倍倒扣自治区政府奖励的用地指标。按照奖励和约束并举的原则建立用地长效机制。

7.1.2 推进特色小镇建设的文化政策

广西地处我国华南地区西部,拥有独特的人文历史自然资源,但多数特色小镇的开发主要依赖自然资源,对独特的人文资源开发不足。为此,

应制定推进特色小镇的文化政策,将文化特色融汇于特色小镇创建、产业发展、风貌整治、精神文明建设的全过程。具体措施包括:

第一,挖掘特色小镇文化内涵。目前,广西特色小镇的建设文化内涵挖掘不足,部分小镇之间特色项目相似度较高,旅游特色小镇难以增加特色小镇的"回头率"。所以广西特色小镇在建设时应将民族文化、地域文化的多样性、独特性与特色产业相结合,将小镇布局、设施建设、景观打造与特色文化、旅游观光、休闲娱乐活动相融合,充分展示当地居民的文化特色和内涵,提升小镇生态品位、文化品位和艺术品位,提升特色小镇的吸引力。

第二,保护现有人文旅游资源。广西共有 13 个少数民族,一方面,少数民族居民的聚居方便了政府管理,有利于少数民族文化的开发和保护,为民族乡镇借助少数特色民族文化发展产业提供了契机;另一方面,大杂居小聚居的特点又会造成民族文化的流失。所以,广西壮族自治区政府应出台相应政策,在开发少数民族文化资源同时,保护少数民族文化习俗、民族文字等,确保人文资源在商业模式的影响下不会失传和消失。

第三,开发崭新文化旅游资源。广西作为边陲省份,南濒北部湾、面向东南亚,西南与越南毗邻,独特的区位优势为开发异国风情文化资源提供了契机。此外,随着经济社会的快速发展,人们得以更多地追求精神文明生活,许多呈现"低基础、高要求"特征的旅游文化和市场需求随之出现,比如商务会谈需求引导的会展文化和电子游戏发展引导的电竞文化,这为广西特色小镇拓展新型发展途径、开发崭新文化旅游资源提供了契机。在政府政策引导下,举办和承办国内外大型文化交流与文化会谈,能有效推动举办地产业经济发展,提升知名度。

7.1.3　推进特色小镇建设的人才政策

(1) 加强人才培养与引进的政策

为加大广西引进区外高水平大学优秀毕业生力度,2016 年广西壮族自治区党委政府专门制定出台新政《关于进一步加大高水平大学博士毕业生引进力度的若干政策措施》。新政明确多项事业单位、高校和科研院所引进急需紧缺高水平人才的优惠倾斜政策。由此可见,广西的优秀人才需求量较大,先进特色小镇的建设势必需要更多各方面的人才,为此,应从以下几个方面着手加强人才培养与引进:

第一,完善人才培养政策。广西每年高校招生数和毕业生数均逐年增长,但存在人才流失、人才分布不均和与市场脱节的问题。为此,政府应加大财政资金投入并继续出台人才扶持奖励政策,鼓励和引导人才投身到特色小镇建设中,同时,调整现有人才培养制度,对相关专业和领域增加符合市场需求的培训内容,提高人才与特色小镇市场需求的对接程度。

第二,出台人才引进政策。特色小镇的建设发展需要大量优秀人才,如熟悉产业经济的商业人才和城镇发展规划的建设人才,仅仅依靠本土培养无法满足快速发展的需求,因此需要出台相应的人才引进政策为广西特色小镇建设服务,一方面通过优惠奖励政策和"不迁户、不调档案"的柔性政策争取国内外人才,另一方面通过交流学习、聘请相关专家开办讲座、合作结盟等方式进行智力引进,形成多层次人才引进政策体系。

第三,创造良好社会环境。为实现人才与市场的有效对接,广西壮族自治区政府应主动出击,通过政策手段创造良好的外部环境。充分发挥政府的舆论导向作用,营造"尊重人才、重视人才"的社会氛围,改变某些对于高端人才从事特色小镇建设等工作是"人才浪费"的狭隘观念,鼓励高精尖人才放下身段,投入到特色小镇建设中去。建立开放的人才市场体制,打破行业间及地域间人才交流壁垒,促进不同地区不同行业人才的活跃交流。

(2)妥善务实的就业政策

特色小镇的建设发展,会导致人才需求的增加,同时会带来更多的就业岗位,会使许多农业人口转化为服务行业从业人员,有效利用该优势可增加就业机会、提高特色小镇居民收入水平,否则,将会阻碍特色小镇产业的发展和相关建设。为此,应建立健全相应人口及就业政策,具体措施包括:

第一,推进就业政策建设。特色小镇建设既带来了充足的就业岗位,也促使许多农业人口从务农转为服务行业,而政府需要出台相应就业政策将两方面需求有效对接。一方面,搜集和公布就业信息,使当地民众了解特色小镇的就业需求,充分释放就业岗位;另一方面,对转变就业的农业人口进行相关培训,提高其专业素养和服务质量,从而增强特色小镇建设服务的生命力,促进当地产业的可持续发展。

第二,促进大学生创业扶持。2018年广西普通高校毕业生近22.2万人,成为一个巨大的就业群体,而新兴特色小镇的建设为学生创业就业群体提供了发展空间,广西政府应制定相关就业优惠政策,并结合该群体社会经验少、知识水平高的特点,制定专门的促进创业政策,对高校毕业生进行创业指导,使其更了解特色小镇发展和游客需求的特点,提高其创业成功率,促进高校毕业生融入特色小镇建设发展进程中。

7.1.4　深化特色小镇对外交流的合作政策

特色小镇建设的重点是产业的发展,总结国内外经验可以发现,闭门造车、只顾眼前的发展方式是不可行的,特别对一些地处边陲地区的小镇而言,加强对外交流合作是广西特色小镇建设的必由之路,具体措施包括:

第一,坚持差异化发展。特色小镇建设需要依托特色产业发展,以旅游产业为例,广西多数地区的旅游资源具有同质性,各地旅游景点也呈现相似性,因此,在发展过程中需要根据各地区情况制定差异化发展政策,增强地方特色,通过政策引导构建旅游产业多地开花、异彩纷呈的局面。

第二,建设联动式发展。广西境内地广人稀,各地特色资源各有不同,部分地区的特色资源存在对外吸引力不足的问题,且多数小镇的基础设施建设不完善,无法吸引消费者,严重制约了特色小镇的建设发展。广西壮族自治区政府可引导建设各地区联动式发展模式,以旅游产业为例,通过构建精品旅游线路、旅游圈、乡村生活体验游以及风景观光游等大型旅游项目,将客流量大的地区与其他知名度不高的小镇串联,不仅可以丰富旅游内容,同时能提升各地区的吸引力,促进产业和经济的发展。

第三,国内外友好城市。通过政府层面的沟通,建立区内特色小镇与国内外知名特色小镇的沟通桥梁,确立友好沟通关系,并制定相应合作政策,开展友好城市日活动,各取所长、互通有无。不同的风土人情不仅可以丰富特色小镇的人文内涵、促进特色产业发展,也能为经济实力相对薄弱的小镇提供经济增长极,为该地区特色小镇建设注入动力。

7.2 构建科学合理培育路径

7.2.1 加快科学规划,彰显特色文化

广西的特色小镇建设目前仍处于前期创建阶段,特色小镇的规划作为特色小镇前期创建阶段的重要工作与核心环节,小镇内涵的"特、新、精"与空间产业要求的双升级也决定了特色小镇的前期规划工作需要在规划重点、规划内容和技术方法等方面进行创新。在进行前期规划时,应注重突显"特色"文化元素,将重点项目尽量集聚在小镇核心区。传承独特的民俗活动、特色餐饮、民间技艺、民间戏曲等传统文化类型,要注重保护文物保护单位、历史街区、传统建筑挂牌等物质文化遗存[①],如南宁市扬美古镇、靖西旧州绣球小镇等。同时,不同区位与模式的小镇,在基础设施的软硬建设上要与产业特色相匹配,确保小镇风格的独特性[②]。

(1)创新规划产业功能与空间模式

产业功能研究是特色小镇规划的前提与核心。《广西壮族自治区人民政府办公厅关于培育广西特色小镇的实施意见》(桂发〔2017〕94号)中要求每个特色小镇要重点发展一个主导产业及两到三个联动产业。产业定位应转化为可以实现空间落地的功能与项目。而产业定位的选择是小镇建设的起点和前提条件,由于该部分内容专业性较强,需要产业研究部门的前期介入和技术支撑,通过结合每个特色小镇的现有特色资源等情况编制产业专项规划、专题报告等方式明确小镇的产业定位与产业方向,并将产业研究内容作为小镇空间规划的依据。在明确产业定位和方向的基础上,在规划布局层面,产业功能研究的重点在于将产业内容和行业需求转化为

---

① 吴伟权.关于创建广西特色小镇的几点思考[J].广西城镇建设,2016(10):12-27.
② 朱莹莹.浙江省特色小镇建设的现状与对策研究——以嘉兴市为例[J].嘉兴学院学报,2016,28(2):49-56.

空间模式的语言,即处理好由产业功能转化为业态和项目需求、由业态和项目需求转化为用地安排之间的关系,并以行业对空间的要求作为小镇布局结构的依据,安排落实好分期建设及年度建设项目。创新与融合是特色小镇建设的重要特点。在特色小镇规划设计中,需重点关注产业创新要素集聚的需求与方式、产业服务功能的培育,因产业链提升及产业间融合而派生出的新经济、新业态,以及由此而引发的空间资源配置需求。具体到空间布局上,需关注产业用地配比的变化、创新型空间的场所特征和布局模式、产业服务功能平台的培育,以及以"产、城、人、文"融合为导向的空间布局优化。对于以互联网、信息经济等创新型产业为主要定位的特色小镇,在产业功能研究中还需关注创新生态系统的构建及相应的功能、规模需求和空间组织特点。

(2)构建特色文旅空间

文旅空间构建和小镇特色塑造是特色小镇规划的"灵魂"。特色小镇既是产业功能平台,又要符合"形态小而精、文化独具韵味、生态充满魅力"的建设要求。发挥产业、文化与旅游功能的叠加效应,推进融合发展,强化特色发展,是特色小镇规划的重要原则。自然、文化、景观有机结合的整体空间形态和景观风貌特色塑造是特色小镇规划的一项重点内容。在文化内涵挖掘和文旅空间构建方面,特色小镇规划应重点处理好小镇和地域文化的情景再构、物质文化资源的保护利用、非物质文化资源的整理转化,以及现代产业文化的挖掘与应用等问题,并将其转化为现代创新文化的素材。在小镇空间形态和景观风貌特色塑造方面,特色小镇规划应重点把握融入自然的整体格局、人性化的空间尺度、建筑景观风貌引导、地域特征标识符号设计、景观环境设计和低碳环保系统设计等内容①。

(3)树立"以文活镇"的人本理念

特色小镇创建的重要任务之一是要突出其文化内涵。文化是特色小镇的灵魂,特色小镇的建设管理者首先要树立"以文活镇"的理念,充分认识到文化对特色小镇建设的核心作用,文化不仅是最形象、最生动、最直观地表现小镇特色的外在形式,也是小镇性格和精神的独特体现。其次要将

---

① 赵佩佩,丁元.浙江省特色小镇创建及其规划设计特点剖析[J].规划师,2016(12):57-62.

"慢"融入特色小镇中,充分体现生活的舒适性与休闲性,如小镇中的绿地、廊道、建筑、公园、广场、商业等,都应与"慢"相匹配。一是以人性感受为出发点,可以通过听觉、视觉、嗅觉、味觉以及触觉五种感官角度来突出特色小镇的"慢"感受,营造一个精致而醇美的小镇。二是构建"慢"交通体系,小镇的主要景观轴线和沿河绿化带设置步行道路,在小镇的主要生活圈和商业圈、历史街区等设置步行或骑行道路。三是要引导休闲养生产业构建,满足特色小镇当地居民生活休闲舒适与外来游客放松休闲的需求,且相关的餐饮、交通、购物、娱乐等产业也要逐步跟进发展起来[1]。

(4) 挖掘地域传统文化资源,保护个性文化发展

广西是我国少数民族人口最多的自治区,居住着壮族、汉族、瑶族、苗族、侗族、仫佬族、毛南族、回族、彝族、京族、水族和仡佬族等 12 个民族。保留有壮族的三月三歌节、瑶族的达努节和盘王节、苗族的踩花山、仫佬族的走坡节、侗族的花炮节等充满浓郁民族风情的节日活动,每个民族都有各具特色的传统节日的体育项目和主体文化,如:花炮节是流行于广西三江、龙胜、融水等地侗族、壮族、苗族、仫佬族等少数民族的传统节日,花炮节原为还愿求嗣的民间宗教仪式,现已发展为群众性文体活动,并成为全国少数民族体育运动会比赛项目。苗年是广西融水苗族自治县和东南亚部分地区苗族的传统节日,祭牛栏神,以祈求风调雨顺、五谷丰登及耕牛的平安和兴旺,举行大型芦笙赛、摔跤、斗马、斗牛、斗鸟等活动[2]。可将这些民间传统节日活动与美食相结合,既能向外展示广西特色小镇的文化底蕴和节日习俗,还可以推动餐饮业的发展,突出小镇"休闲养生慢生活"的功能特色。除此之外,广西特色小镇的建设还需要发展旅游、饮食、温泉养生等产业链,将文化与特色产业链相结合,充分挖掘发展传统文化,保护个性发展。

7.2.2 健全设施体系,强化功能叠加

构建完善的设施体系是完善城镇功能的重要环节。对于特色小镇而

---

① 乔海燕.基于地域文化特征的嘉兴旅游特色小镇建设[J].城市学刊,2016,37(3):13-16.

② 莫伟彬,蒋宇凌,李跃林,等.论广西少数民族传统节日中民俗、民间体育文化的价值[J].体育科技,2013,34(3):6-7.

言,形成完善的综合服务体系,更是提升特色小镇游客承载能力的重要抓手,从而进一步促进特色小镇产业、旅游、社区、文化等功能的融合发展。特色小镇应在健全基础设施体系的基础上,强化多功能的融合发展。

(1) 构建以公共服务为核心的设施体系

特色小镇的生态和生活是小镇的特有吸引力,此外才是旅游吸引力。因此特色小镇应以公共服务为核心,构建设施服务体系,具体可分为公共服务和旅游服务。公共服务主要包括维持特色小镇运转的行政管理、教育、医疗、文化、体育等社会服务,以及公共交通、公共通信等公共产品和公用设施建设;而旅游服务则包括旅游住宿、餐饮、商业以及娱乐康体等可以视为旅游产品的服务。公共服务设施和市政基础设施的建设规模和空间布局应充分考虑当地居民和游客的共同需求,尽可能实现共建共享。而旅游服务设施作为旅游产品,其项目策划尤为重要,应基于当地资源优势、市场区位特点、当前旅游发展趋势、产品竞争的错位经营要求进行选择;以项目带动、主题内涵、配套完善、环境营造、综合功能等方式对特色小镇的特色主题进行配置。通过对旅游者游憩行为的分析,更加深入地了解旅游者的活动需求,以旅游产品策划的方式规划城镇的旅游服务设施,将有利于规划出更加科学、合理、经济的设施体系,促进特色小镇的长远发展。

(2) 区分公益性设施和营利性设施

目前广西的特色小镇的建设多处于起步阶段,且多集中于欠发达地区,政府财力薄弱,城镇建设资金短缺,公共服务配套相对滞后,相对于旅游城镇对设施建设的高要求,财政投入捉襟见肘。旅游服务设施对于游客而言具有非常大的弹性需求,因而具有较强的市场性,其建设应以市场需求和类型多样化为导向,通过市场化运作,拓宽建设融资渠道。因此,政府应将有限的财力投入保障基础民生需求的公益性和非营利性设施,重点建设公共服务设施和市政基础设施等公益性设施,对具有营利性的旅游服务设施则应以引导和控制为主。特色小镇的设施规划在设施类型、规模乃至空间布局上均应具有一定弹性,以充分体现地方特色,满足多元化的旅游需求①。

---

① 蔡穗虹.适应旅游城镇发展的设施体系规划探索——以西藏鲁朗国际旅游小镇规划为例[C]//中国城市规划学会.城市时代,协同规划——2013中国城市规划年会论文集(04—风景旅游规划).北京:中国建筑工业出版社,2013.

（3）融合多功能进行发展

特色小镇应该是融合产业、旅游、社区、文化为一体的区域，而不是这几者的单一呈现。在完善基础设施的基础上，强化功能叠加十分必要。一是叠加好旅游功能，特色小镇的开发建设中旅游并不是其核心目的，但需要拥有一定的旅游功能作为支撑，这样小镇才会更有生命力。广西的山水风光、地形地貌、民俗风味、古村古居、人文历史等都是旅游题材。如宜州市的刘三姐镇，依托历史人物刘三姐的知名度和下枧河的美丽风光、马山塘片区的乡村旅游，其旅游业发展得如火如荼。因此，特色小镇在发展旅游功能时应重点做好产业旅游资源和体验旅游资源开发，讲好特色产业的发展历程与历史故事，最好能够创设相关产业产品的风情体验区。二是叠加好文化功能，既要保持地域特有文化的原生性、鲜活性，又要培养一种鼓励创新、兼具包容性的文化，提供适宜小镇创新发展的土壤。三是叠加好社区功能，坚持"先生态、后生活、再生产"的顺序，通过对生活居住区、休闲娱乐区、商业配套中心等精心规划建设，营造绿色环保的生态环境、优美舒适的生活环境、贴心周到的服务环境，增强企业与居民的文化认同感或心灵归属感，提高小镇居民的身份认同度[①]。同时，还应提供便捷完善的公共服务设施，已建成区的小学建设规模、标准、配置数量应满足实际的需求，中心医院、卫生院的建设规模和标准应该达到国家的规范要求，镇区商业设施、农贸市场、体育健身、休闲娱乐设施满足多元化的需求。

7.2.3 创新集聚转化，提升产业层次

产业定位要从小镇的实际出发，符合国家产业政策要求，有独特性、有占有率、有知名度，注重新技术的采用和传统产业的改造升级，并应围绕产业链形成产业集聚。现阶段广西不少小镇都已形成产业雏形，如兴安县的溶江镇（白酒小镇、葡萄小镇）、福绵区的牛仔裤小镇、巴马县甲篆的旅游养生小镇等，都在围绕一个主导产业发展。

特色小镇要坚持"以产立镇、以产带镇、以产兴镇"，从小镇资源到小镇

---

① 陈敏翼,刘永子.广东特色小镇发展现状及对策建议[J].广东科技,2017,26(3):75-79.

产业,小镇产业到小镇经济,小镇经济到小镇发展,最终实现产镇一体、协调发展。但特色小镇追求的不是面面俱到的全产业体系,而是聚焦某个优势产业。因此,确保某一产业在小镇中的独特及主导地位,围绕其来打造完整的产业生态圈,是激活小镇经济,促进小镇特色形成的重中之重。

（1）定位特色产业

特色小镇的特色产业发展首先要做好产业的选择工作,避免出现特色小镇"有条件要上,没有条件创造条件也要上"的乱象。因此在产业选择方面,各级政府应以客观的眼光尊重本地发展现状和市场需求;以敏锐的眼光和科学的思维把握产业发展前景;以超前的眼光突破传统深化改革,加强创新驱动,促进特色产业领先发展。特色产业的选择应遵循适应原则、特色原则、关联原则、创新原则、生态原则、需求原则这六大原则,根据这六大原则,从产业本身发展层面及外部市场导向层面,可利用特色产业选择的七大指标体系——产业发展基础、产业关联度、技术创新性、产业特色性、产业环境影响、市场需求、外部支撑,整体采用专家评分法与客观数据赋分法,最终通过加权计算,选取得分最高的产业为特色产业。

（2）培育特色产业

"集中突破"是特色产业发展的关键。小镇的特色产业选定之后,就要遵循特色小镇的培育要求,将主导产业做精做强。先采取"集中"策略,重点突破,将战略的注意力集中于产业链思维上,挖掘深加工潜力,延伸产业链条,把特色产业逐步做精做强,发展产业的核心优势。"规模优势"是特色产业稳定发展的保障。规模效益是在产业发展基础上,全面提高"低成本生产优势"和"低成本运作优势",在产业研究、产业应用、产业服务、产业营销方面形成集群发展,在市场竞争中形成规模优势,保持竞争优势,获得持续稳定的发展。

（3）运营特色产业

特色产业发展过程中除了要发挥企业的主体作用外,还要有效发挥政府的引导作用,政府要在"纵向"、"横向"产业集聚的发展战略下,注重从土地空间利用、生态环境保护、服务能力提升等方面建立全方位、立体化的服务运营平台架构,从企业需求出发,匹配高效便捷的产业服务,健全产业生态系统的发展格局,提升区域整体竞争力。特色产业的运营服务是以招商运营(企业)为核心,融合了投融资平台运营(资金)、资源平台运营(技术)、人才服务运营(人才)、互联网服务运营(信息)等的一个多元化运营体系,在运营特色产业时应抓好运营体系中的每一部分进行高效发展①。

7.2.4 加快信息建设,构建智慧体系

面向未来的全新的城镇形态是基于生态低碳、文化创意和物联网、大数据、云计算等高新技术的"智慧城镇"。特色小镇的建设也需将这些新技术融入进去,运用现代化的信息技术加强服务建设,构建特色小镇智慧体系。

(1) 加强特色小镇智慧政府的建设

特色小镇智慧化建设是一项系统性工程,除拥有政策契机和智慧技术支撑外,多维智慧主体要素的推动是将小镇建设由契机、构想、愿景转化为现实可能的关键所在。特色小镇作为一个利益共容的微创空间,政府、社会企业家、小镇市民都是推进智慧小镇共建共享的主体动力。政府是特色小镇推进的主导者,特色小镇的智慧化建设需要领导者具有前瞻性的视野②。

智慧政府的建设重要的是要建立数据共享机制,将各级各类政务服务平台进行连接与融合,建立覆盖城乡的政务服务体系,积极推动数据共享工程。一是特色小镇政府管理部门应尽快制定公共信息资源的共享管理办法,盘活现有的数据资源,从制度层面推进数据共享;二是建立政务云平台。建设基于云计算技术的政府数据中心、政府信息平台和政府网站群,推进政府部门机房大集中,推进业务应用系统之间的互联互通,形成以政府门户网站为主网站、政府部门网站为子网站的政府网站群,逐步消除部门利益的壁垒,消除"信息孤岛",使政府各部门之间的信息及时共享,实时了解特色小镇的具体情况,进行更高效的管理③。

---

① 林峰.特色小镇的"生命力"之产业的选择、培育与导入[J].中国房地产,2017(8):20-23.
② 于业芹.智慧小镇建设:动因、要素与定位[J].荆楚学刊,2018,19(3):31-35.
③ 王文会,陈显中.大数据促进智慧政府建设研究[J].产业与科技论坛,2016(24):5-6.

（2）拓展数字化城镇管理系统

特色小镇数字化管理系统需要发展智慧市政、智慧管网、智慧交通、智慧消防、智能电网、智能水务、智能建筑、智慧工地等，拓展数字化城镇管理系统应用功能。可通过实施 ASP（Application Service Provider 的简称，意为"应用服务供应商"）服务外包来获得各种信息应用服务。ASP 模式可以集中为特色小镇政府信息化建设所需的所有网络基础设施及软件、硬件运作平台，负责所有前期的实施、后期的维护等一系列工作，使得政府无须购买软硬件、建设机房、招聘 IT 人员，只需前期支付一次性项目实施费和定期的 ASP 服务费，即可通过互联网享用信息系统。同时 ASP 服务商会通过一定的技术措施保证数据的安全性和保密性，在效果上与自建信息系统基本没有什么区别，因此投资成本小、风险系数小，尤其适合特色小镇的信息化建设[①]。

（3）建立科技生态系统

提高科技浓度，营造有机科技生态系统。建议完善科技信息服务平台与科技资源开放合作平台，以便于产业链上各主体的协作沟通。一方面加强与现有科技公共信息平台的融合发展，以整合包括科技信息、科技成果、科技政策和市场需求等在内的各种信息，打造"高浓度"创新创业氛围；另一方面可加强特色小镇内部科技服务沟通，以促进特色小镇的科技信息传递和交流、科技研发及成果转化，构建运行顺畅、可以健康循环的科技生态系统[②]。

7.3 加大宣传推广力度

7.3.1 由政府主导进行宣传

目前广西特色小镇形象推广的主体权责不明确，难以有效地推广。究

---

① 张梅燕.智慧城镇建设的瓶颈与对策[J].开放导报,2013(4):30-33.

② 顾欣,吴嘉贤,张雪洁.特色小镇科技支撑体系的运行机制及建设路径研究[J].江苏社会科学,2017(6):267-272.

其原因,主要是没有明确特色小镇形象推广的主体结构,政府应该成为小镇特色形象推广的组织者和协调者。合作推广企业和特色产业相关企业作为特色小镇形象推广的主力军和具体实施者,政府应该采取措施鼓励并要求相关企业积极参与特色小镇形象推广。相关专家是特色小镇形象推广宣传的智囊团,是设计特色小镇形象和推广策略的参谋,在设计特色形象推广时需要充分听取他们的意见和建议。特色小镇所在地相关的企事业单位同样是宣传推广的实施者,他们的服务水平会间接影响参观者对特色小镇形象的感知。小镇当地公众则是特色小镇形象宣传推广的参与者和监督者。在形象宣传推广时,可以采取竞争机制,让参与力度大的企业获得更多的对外宣传展示的机会;参与力度小的企业,在对外进行形象推广时,减少其组团参与的机会。其中,导游的作用尤其需要重视,导游在特色小镇形象传播中具有重要的作用,导游的自身形象是旅游景区形象的代表,也是旅游者审美活动的引导者,且在消除文化隔阂,消除文化误读方面发挥着重要作用。此外,只有让当地群众从特色小镇形象推广中获得利益,才能使他们主动参与到特色小镇形象宣传推广中来。政府应该在推广特色小镇形象中改善当地环境,提高卫生水平,积极地从正面引导宣传,真正让群众从中获得相应的利益①。

7.3.2 引导特色小镇主题形象

关于推广什么样的特色小镇形象,一方面要深入考虑广西的地理特征和文脉,找到广西特色文化的魂和地理特征的根,另一方面需要结合游客对特色小镇的追求和期望,来设计一个既能体现地脉和文脉,又能满足现代都市人的情感和功能需求的特色小镇形象。

为树立鲜明的特色小镇形象,展现小镇特色和魅力文化底蕴,助推产业提升和小镇培育,提升特色小镇知名度和美誉度,特色小镇应确立明确的标志及形象宣传语以引导主体形象。

中渡镇以特色旅游和生态农业观光为定位,旨在建设成为"田中有村、村中有城、城中有景"的旅游文化景区,构建农、园、产一体化立体式生态文化旅游格局。中渡镇的标志作品要突显喀斯特生态国家地质公园、中渡古城文化、农业观光旅游等主题。莲花镇以"月柿小镇"为建设定位,融入特色瑶族文化,构建以"赏果园风光,品瑶乡风情"为主题的生态农业、观光旅游基地,莲花镇的标志作品要突显月柿产业特色、瑶族文化魅力等主题。南康镇以滨海宜居休闲为定位,融入北海市铁山港区规划的"一主两副两中心"的城镇框架体系,旨在打造成为自然环境美丽温馨、生活环境宜居休闲的小镇,南康镇的标志作品要突显滨海休闲特色、千年商贸文化等主题。贺街镇是一座依托"宗祠文脉"文化底蕴建设的小镇,用创意经济理论大力打造创新文化产品,发展创意文化产业,贺街镇的标志作品应该突显华夏寻根文化之旅、特色创意文化产业、健康养生之都三张名片。在进行宣传作品图案设计时应精美简洁、色调和谐,突显特色小镇的功能定位,注重民族特色、人文内涵及艺术表现力。特色小镇在设计形象宣传语时,应使宣传语简洁明快、富有创意、易读易记、便于推广,具有较强的冲击力、感召力和亲和力,以特色小镇的特有主题形象做好宣传推广。

7.3.3　细分受众群体

随着新的媒介环境的出现,人们获取信息的渠道日益多样,不同特征的人群获取各类信息的渠道也不一样,因此,在推广特色小镇形象时,应该首先根据人口特征把目标市场的目标公众进行细分,根据不同的细分市场的信息获取途径采取不同的传播方式。所有的特色小镇形象推广渠道和方式,都应该从受众人群的角度来思考该如何进行推广,采取他们可以接受并能快速获取信息的传播模式。

就广西特色小镇的国内市场而言,可以划分为特色小镇所在区市内本地游客、特色小镇所在区市以外省内的游客、广西周边省市的游客三大主要旅游区市场。就特色小镇所在区市的本地游客而言,他们更多地关注在特色小镇内找到休闲游憩的地方,以此放松心情,因此在推广时,需要更多地注重宣传特色小镇释放压力、休闲游憩的功能形象。而特色小镇所在区市以外省内的旅游者,他们的参观往往带有探亲、商务和小镇特色风貌观光的动机,在宣传推广时应该突出特色小镇特色风貌和不同产业经济的魅力。另外,针对广西周边省市的游客,包括云南、贵州、湖南、广东等地来此旅游者,在推广特色小镇形象时,应突出广西独特的自然风光和民族文化特点,展示不同地区产业、风土人情等优势。

7.3.4 充分利用传播媒介

在宣传推广特色小镇形象时,一方面,应该继续重视传统的宣传推广媒介的作用,加大在电视、报纸、杂志上的宣传力度,尤其是在电视广告上的宣传力度,另外,也要重视旅行社和旅游宣传册对推广宣传特色小镇形象的作用;另一方面,还应该重视网络、旅游纪念品和节事活动对旅游形象宣传的作用,尤其是要高度重视网络对特色小镇形象推广的作用。

(1)采用"互联网+"技术

可利用"互联网+"技术建设广西旅游网站,引入全域旅游的概念,将特色小镇与广西其他旅游资源进行整合。一方面,需要聘请专业的网页制作人员制作精美的网页,在网页语言方面至少应增加英语以满足国外游客的需求。另一方面,广西旅游网站应和百度、谷歌和雅虎等一些著名的搜索引擎企业合作,提高自己的网站访问量,还可以通过链接一些著名的旅游论坛和博客网站,来提高点击率。另外,随着手机用户以及网络技术的飞速发展,人们使用手机查询信息更为方便和普遍,因此需设计手机 APP以整合广西旅游信息,并将特色小镇相关资讯作为专题进行介绍,以增加用户的信息获取渠道。

(2)利用影视文艺作品宣传

针对广西特色小镇的形象定位,精心拍摄特色小镇宣传片,展示特色小镇的文化底蕴、自然风貌、特色产业等,也可与一些企业合作以广告的形式进行联合宣传,可在影片中植入特色小镇旅游景点的广告以提高特色小镇的知名度。

在剧作方面,可打造反映特色小镇民族风貌和人文风情的舞台剧并进行演出,要把舞台剧打造成为特色小镇旅游标志性产品,成为来特色小镇观光游客的难忘记忆。

在歌曲方面,可将不同民族的传统歌曲元素进行创新,结合时尚流行元素,进行艺术化的加工,不仅要反映特色小镇的地域文化,还要反映时代风貌,以满足不同地域和不同年龄段人们的欣赏需求,用经典又富于特色的歌曲对特色小镇进行广泛的宣传。

（3）做好节事宣传

节事宣传,对于提升一个地方的知名度和美誉度具有较好的效果,如北京举办奥运会,上海举办世博会,海南博鳌举办亚洲经济论坛等,都极大地提升了城市的形象。广西作为西部地区少数民族聚集众多的地区,具有民族特色的节庆较多,如每年一届的中国-东盟博览会、中国-东盟商务与投资峰会对广西文化的发展和传播具有很大的推动作用,可利用这样的契机,向东盟各国展示广西特色小镇的旅游资源与文化特色,这可对东南亚游客形成巨大的吸引力;而南宁举办的国际民歌艺术节,又是一个闻名四方的文化品牌,它以民歌文化为中心,具有强烈的国际性、民族性、文化性、艺术性。应在民歌艺术节魅力的基础上,推出品位高、民族个性鲜明、丰富多彩的文艺演出和文化活动,以展现特色小镇绚丽多彩的文化特色,开拓更广阔的市场。在这些重大的节事活动中进行广西文化传播,可在很大程度上提高宣传效果。通过政府主导,整合各种资源,引导企业积极参加并从中获益,鼓励市民积极参与,真正把这些节日办成当地民众和游客们的节日。

本 章 小 结

本章主要从完善政策保障体系、构建科学合理培育体系、加大宣传力度三个方面提出相关的策略以加快广西特色小镇建设。政府是特色小镇建设发展的主导力量,应该完善特色小镇的政策保障体系,可从提高特色小镇产业比重、加大资金扶持力度、发挥显著激励作用、营造良好投资环境、制定相应的土地利用政策五个方面推进经济产业政策;特色小镇的建设需处处渗入文化内涵,因此,需要相应的文化政策以促进文化的挖掘传承;人才是促进小镇建设发展的重要保障,如今社会上人才流动比例较高,可出台相应的优惠政策加强人才的引进;此外,特色小镇的建设发展不能闭门造车,可从坚持差异化发展、促进联动发展等方面加强与其他地区的交流合作,吸取其他地区先进的经验,以促进广西特色小镇的建设发展。

在具体建设方面:①应注重特色小镇的前期规划,并突出特色小镇的特色文化。②要补齐基础设施和公共服务的短板,防止脱离农村、农业和农民,此外,完善的设施服务体系是提升小镇游客承载能力并使特色小镇实现功能叠加的必备条件,特色小镇应融合产业、旅游、社区、文化多种功能于一体。③要坚持产业市场主导,形成一镇一产业的局面,防止产业盲目跟风,针对每个小镇实行产业定位,高效地进行发展。④在大数据信息化时代,特色小镇也应该实行信息化建设,既要加强智慧政府的建设,实现信息共享,又要建立数字化城镇管理系统,将智慧管理融入到特色小镇的建设中,还要建立科技生态系统,便于产业链上各主体的协作沟通。

特色小镇若要真正实现促进经济发展的目的,就必然需要被更多的人所熟知,这就需要加大宣传推广的力度。首先,应明确由政府主导进行宣传,并制定相应的鼓励措施促使相关企业进行宣传;其次,每个特色小镇都有其不同的定位,应确定主题形象,突出其特色进行宣传;再次,需细分受众,针对不同需求的人群采用不同的方式进行宣传;最后,应充分利用信息时代的传播媒介,通过采用"互联网+"技术、利用影视作品、与特色节日活动相结合的方式进行全面的宣传推广。

8 结论与展望

8.1 研究结论

本书的研究隶属应用研究的范畴,通过广泛查阅国内外特色小镇的研究成果和建设实践经验,全面分析特色小镇的相关概念及其发展特性,以城市区域核心理论和现代城市规划理论为理论基础,分析我国特色小镇建设现状,并通过对广西第一批、第二批共 14 个中国特色小镇建设情况的实地调研,获得具有时效性的基础资料,全面分析了广西特色小镇的建设现状、主要优势和存在的问题,合理选择了广西特色小镇的建设模式,建立了科学合理的广西特色小镇建设评价体系,针对性提出了广西特色小镇建设的提升策略。

(1)深刻理解特色小镇的内涵

特色小镇主要聚焦于特色产业和新兴产业,将不同的生产要素进行集聚,创新生产要素发展,从而带动地区产业经济发展。特色小镇的建设是按照创新、协调、绿色、开放、共享发展理念,结合小镇的自身优势,精确定位产业,实施科学的规划[①],将"产、城、人、文"进行有机结合。特色小镇的开发架构是以产业和旅游双轮进行驱动,特色产业开发是核心,不仅涉及产业本身的生产制作,还会延伸到服务性质的第三产业、与其相关的应用以及教育和研究事业[②]。

(2)全面分析广西特色小镇建设的优势与问题

广西拥有丰富的山水文化、民族民间文化、历史文化、沿海文化以及边境文化等众多类型,深厚的文化底蕴使得广西的特色小镇人文气息浓郁。

---

① 于博宇.广西康养特色小镇建设的 PPP 融资模式研究[D].南宁:广西大学,2019.
② 本刊编辑.特色小镇的"生命力"之开发架构及投融资模式[J].中国房地产,2017(8):24-26.

目前,广西共有 14 个国家级特色小镇,各个小镇都具有自己的特色文化以及特色风情,对开展特色小镇的建设十分有利,使得每一个特色小镇都具有自身鲜明的建设特点和建设目标。广西非常重视特色小镇的建设工作,在政策和金融方面都出台了相关的政策为特色小镇提供了源源不断的动力。广西特色小镇的建设优势明显。首先,产业主题明确。广西地处西南,旅游资源禀赋优势明显,广西现有的 14 个国家级特色小镇中,有中渡镇、南康镇、贺街镇、校椅镇、侨港镇、黄姚镇 6 个镇为旅游资源禀赋为主导的特色小镇。其余的 8 个国家级特色小镇均为产业集聚型的特色产业小镇。其次,广西原生乡土文化鲜活。广西拥有多个少数民族,以壮族为主体的少数民族聚居一起形成了丰富的民族民间文化。各个少数民族特有的语言、服饰、风俗、艺术等构成了多彩绚烂的民族民间文化。最后,广西具有北部湾经济区发展建设和面向东盟开放合作的区位优势,发展前景广阔,是西南、华南与东盟三大经济商圈的重要枢纽,同时广西作为"一带一路"有机衔接的重要门户①,是西南中南地区开放发展的战略支点,良好的区位优势是广西特色小镇发展的契机。但在广西特色小镇的建设中仍然存在空间规划设计缺乏新思路、特色元素不突出、运营主体不明确、产业功能叠加不足、硬件设施明显滞后、信息化程度低等主要问题,迫切需要在特色小镇建设中逐一得到落实与解决。

(3) 合理选择广西特色小镇的建设模式

对于广西特色小镇建设模式选择的研究,在借鉴中国特色小镇分类方式的基础上,结合广西自身实际情况,将广西特色小镇建设模式分为民族文化保护型、旅游资源开发型、特色产业型和健康休闲主导型四大类型。

民族文化保护型模式是指在发掘和保护当地民族文化资源的基础上,发展特色文化产业,构建一种新型的、现代的、展现民族风采的特色小镇。基于广西少数民族类型多,少数民族总人数位居全国第一等实际背景,广西理应肩负起保护少数民族传统文化,大力发展民族文化保护型特色小镇的重任,本书提出巩固和推进民族生态博物馆的建成、"善用"民族文化资

① 石鞲韬,吴婧婧,董桂清,等.广西加快建设特色小镇的发展思路探讨[J].绿色科技,2017(12):204-206.

源与对传统文化景观进行保护与修缮的建设建议。

旅游资源开发型模式是指依托当地特色景观,带动周边旅游,延伸旅游产业链,提升配套服务水平,形成景镇交融、辨识度高的旅游特色小镇。通过对广西入选的中国特色景观旅游名镇名村基本情况的分析研究,提出从旅游景区、乡村旅游、旅游资源三个方面进行规划布局和发展建设,要在着力建造特色景区的同时大力打造乡村旅游,促使乡村旅游和新型城镇化有机结合,另外,还要深度挖掘边境旅游带资源,加强与东盟国家的经济贸易、文化旅游等多方面的合作。

特色产业型模式是以市场为导向,发挥区位、资源禀赋等优势,通过产业、政策、科技、投入等要素综合配置,构筑一种有竞争力、独具特色经济形态的特色小镇。在分析研究广西特色产业乡镇的基础上,提出要注重资源发掘、发挥区位优势、加深政策支持、扩大对外宣传等建设建议,通过调整小镇农村经济结构,建设形成规模效应、满足流通需求的硬软件基础设施,优化市场环境,树立龙头产业和知名品牌。

健康休闲主导型模式是指以"健康"为出发点和归宿点,依托长寿产业,以健康、养老、养生、休闲为载体,形成"人与自然和谐共生"的特色小镇。由于广西具有特殊的长寿、养生、健康等自然条件,具备发展大健康产业的良好基础,因此要精心编制控制性详细规划,加快完善主体设施和配套设施建设,全力推进生态文明的建设,确保小镇有良好的生活空间,打造长寿养生文化,将观光旅游转变为休闲旅游,结合当地自然生态资源和民族文化资源培育多元化的健康长寿产业。

(4) 科学建立广西特色小镇建设的评价体系

本书遵循科学性原则、可操作性原则、导向性原则、共性和个性相结合原则,参照国内外指标体系研究,在深刻剖析特色小镇内涵的基础上建立了一套适用于广西特色小镇建设的评价体系。该评价体系由发展绩效指标和特色水平指标两部分组成,发展绩效指标用于考察特色小镇的共性发展情况,反映小镇产业、规划、制度、宜居服务四个维度的发展效率和成果,这部分指标紧扣国家发展特色小镇的相关政策和广西特色小镇的发展导向,既体现特色小镇作为服务业集聚发展平台的特点,又体现其作为景区和产城融合新空间的特点。特色水平指标主要体现不同特色小镇因主导产业选择不同,其发展路径也不同的特点,根据不同的特色产业设立具有针对性的特色评价指标。

(5)针对性提出广西特色小镇建设的提升策略

通过对广西14个特色小镇的实地调研和多方收集资料,在深入分析广西特色小镇建设现状的基础上,结合国家及广西关于特色小镇建设的相关政策,提出了一系列具有可操作性、针对性的广西特色小镇建设提升策略。

第一,从经济产业、文化、人才、对外交流合作等四个方面提出了完善政策保障体系的相关建议。产业发展作为特色小镇建设的内在动力,同时也是推动特色小镇建设的重要助力,因此,要将产业政策放在主导地位上。广西现阶段第一产业发展较好,但第三产业发展较为落后,要通过制定产业政策优化三大产业结构和调整三大产业布局,以此实现广西地区间产业布局优化和区域均衡发展,并且要运用产业政策促进观光旅游业的发展,开展实践性强的观光旅游。广西壮族自治区政府应从优化专项发展资金管理、完善转移支付制度建设、建立健全生态补偿机制等方面入手,充分发挥政府资金的杠杆作用和社会资本投资的集聚效应。税收政策能有效激励企业对特色小镇进行投资,减小政府招商引资的难度,政府作为税收政策的主导方,可采取减少新兴支柱产业相关税费、建设法治税务、将信息技术与纳税服务平台相结合增加办税纳税方式等措施。灵活运用金融政策、拓展多种融资渠道、加大对特色小镇的基础设施建设支持力度、规范管理政府行为可以营造良好的投资环境,加速特色小镇的建设进程。土地政策方面,坚持发展实业,对房地产商圈地开发加以限制;坚持产城融合,依托已建成区域拓展,避免另辟新地;坚持集约节约用地,在原有利用率较低的土地上进行开发利用;坚持城乡一体、村镇联动。

第二,通过挖掘小镇文化内涵、保护现有人文旅游资源、开发崭新的文旅资源等促进特色小镇的开发建设,加快完善人才培养和引进的科技政策,调整现有人才培养制度,鼓励人才投身特色小镇建设中,为吸引高端人才建立更为开放的人才市场体系,促进不同地区不同行业间人才的交流合作。

第三,制定相应的交流合作政策、就业政策、社会保障政策等以满足产业发展和城镇化需要。推进就业政策建设,使民众了解就业需求,对转变就业的农业人口进行培训上岗;制定相关创业促进政策,促进大学生创业扶持,提高创业成功率,促进高校毕业生融入特色小镇建设发展进程。

第四,通过坚持差异化发展、建设联动式发展、政府层面的相互沟通以确保能更好地深化特色小镇对外的交流与合作。通过政府层面沟通建立与国内外知名特色小镇的沟通桥梁,互通有无,为小镇建设注入动力。

广西特色小镇建设正处于前期创建阶段,只有将创新元素融入到特色小镇的前期规划工作中才能使得小镇建设有所突破。产业定位工作作为小镇建设的起点和前提条件,要求专业部门人员结合实际情况对小镇进行规划,实现以"产、城、人、文"融合为导向的空间布局优化。而文旅空间构建和小镇特色塑造是特色小镇规划的"灵魂",要处理好小镇与地域文化之间的关系,并将其作为现代创新文化的素材。科学合理的建设要求政府科学确定重点镇和特色小镇,在质量和数量上进行把关,避免一哄而上。在具体建设环节要注重公共服务设施、旅游服务设施、市政基础设施的建设,这是特色小镇提高自身游客承载能力的重要抓手,通过这三个服务设施系统的建设综合提高特色小镇的发展速度与质量。特色是特色小镇的核心内容,在塑造小镇特色时要注重已有的基础条件和历史传统文化,基于已有特色大力发展;特色小镇的发展模式是新型城镇化的新思路,究其根本都是为了提高当地居民的生活质量,因此在开发过程中要注重"以人为本"。确保特色产业在小镇产业中的独特和主要地位,围绕其来打造完整的产业生态圈是激活小镇经济、促进小镇特色形成的重中之重。首先,要着力于产业的选择,不仅要考虑发展前景、市场需求等,更关键的是以自身条件为基础;其次,要利用"集中策略"将主导产业链拓宽延长,把特色产业做精做强。最后,要利用互联网服务运营等高新技术平台将多种运营方式融合形成一个多元化的运营体系,使每一个部分都高效发展。

8.2　学术价值与应用价值

8.2.1　学术价值

(1)特色小镇相关概念的具体界定使得特色小镇的内涵更为清晰明

确,将其与传统的特色小城镇建设区分开来。小城镇是乡村与城市的过渡载体,众多学者对小城镇的概念都提出了自己的见解,不同学科从狭义和广义的角度对其概念进行了截然不同的界定。从狭义的角度出发界定小城镇的概念,认为小城镇是指除设市以外的建制镇(包括县城)。广义上的小城镇不仅包含了狭义的概念,还包括集镇的概念。而特色小镇中的"小镇"不同于以往的任一概念。它不是行政区划单元的一个镇,不是产业园区、风景区的一个区,而是综合自身资源禀赋、产业优势,通过精准定位、科学规划后不断发展形成的一个"产、城、人、文"四种功能覆盖叠加的新型城镇化发展平台。本书不仅将二者概念区分开来,也通过文献综述法综合以往众多学者对特色小镇内涵的研究,提出了较为科学的定义,有别于传统意义上界定的行政区域单位"镇",也不是一个独立的行政单元。它是一个在城市内部或周边的,地理位置优越且在空间上较为独立的,以特色产业和产业文化为发展关键点、以创业创新为发展要素,兼备生产、生活、生态多种功能,多种经济元素聚合的块状经济转型升级的新业态。这是对特色小镇理论研究的不断深入和丰富。

(2)在中国知网上搜索"特色小镇建设模式"出现的研究文献越来越多,但仔细研究不难发现,现有的论文多为针对经济发达地区发展特色小镇进行的研究,如浙江、上海、天津、广州等地,针对如广西、贵州这种资源优势明显但经济较为落后地区发展特色小镇的研究文献屈指可数。本书立足广西实情,用新常态观念提出了与广西现状相符的四大类建设模式,即:民族保护文化型、旅游资源开发型、特色产业型和健康休闲主导型。针对不同的建设模式提出了相应的建设建议,如民族文化保护型,建议巩固和推进民族生态博物馆的建成、"善用"民族文化资源并对传统文化景观进行保护与修缮。本书将特色小镇建设的关注点从经济发达地区转移至经济欠发达地区,在一定程度上弥补了特色小镇研究在经济较为落后地区的缺漏。

8.2.2 应用价值

(1)本书从广西宏观经济、政策环境、社会环境三方面综合分析了广西特色小镇的建设背景。在广西经济发展情况良好,保持经济运行稳中趋缓、稳中向好的发展态势下,广西将特色小镇建设提升至战略地位,并实施扩权强镇试点,先后分三批组织实施。通过对广西第一批、第二批中国特色小镇建设现状的分析,找出了特色小镇建设中存在的规划缺乏科学性导致特色元素不突出、行政干预过多导致运营主题错位、项目相对疏散导致产业功能叠加不足等主要问题,为广西第一批、第二批中国特色小镇的规划发展建设及重点建设领域指出了方向,也为各建设主体投资方向、资金分配的战略部署提供了具有可操作性的参考性意见。

(2)本书在借鉴中国特色小镇分类方式的基础上,结合广西自身实际情况,明确了广西特色小镇的建设模式,从完善政策保障体系、构建科学合理培育路径、加大宣传推广力度三大方面为广西特色小镇提出了具有很强的可操作性的对策建议,有助于特色小镇的整体建设,以及小镇的产业转型和经济持续增长。

本书的相关研究成果对广西特色小镇建设效果评价和政策规划具有重要的理论指导意义,对确保广西特色小镇成功建设和可持续发展具有不可忽略的应用价值。

8.3 不足与展望

自 2016 年住房城乡建设部、国家发展改革委、财政部联合发布通知,明确指出 2020 年打造 1000 个左右各具特色、富有活力的特色小镇,带动小城镇全面发展以来,全国各个省份都如火如荼地开展了特色小镇的相关遴选和建设工作。广西总体经济基础较为薄弱,相关专业人才也较为缺乏,而特色小镇的建设是一个长期、高创新、涉及面广、复杂程度高的工程,并且广西特色小镇的理论研究相较于实践落后许多,本书将广西现有的十四个中国第一批、第二批特色小镇作为出发点和落脚点,分析特色小镇的建设现状、建设模式、评价体系并提出对策建议,期望对广西建设特色小镇提供借鉴作用。但由于此研究涉及面广,因此,还存在以下不足:

第一,国家政策和各个省区针对特色小镇的分类标准较多,每种分类的切入点和视角各不相同,本书将广西的特色小镇分为民族文化保护性、旅游资源开发型、特色产业型、健康休闲主导型四种类型,但特色小镇重在特色,其差异性较大,因此在斟酌分类时可再将建设模式细化,如将特色产业型细分为新兴产业和传统产业两类,并分别建立特色水平评价指标。

第二,在特色小镇建设评价指标选取的过程中,由于资料收集等诸多因素的限制,评价指标体系在系统性、针对性等方面存在一定的缺憾,而且广西特色小镇的建设仍处于初级阶段,有很多具体项目还未正式落实和实施,特别是广西属经济欠发达地区,信息技术发展水平参差不齐,导致评价指标在设计上受信息获取影响,部分重要的评价指标无法采用。

第三,尚未根据广西各地的经济发展水平、地理位置、地形地貌等因素将全区划分为不同区域进行特色小镇研究,所提出的对策建议针对性仍有待加强。

鉴于以上不足,在今后的研究中可以着重从以下几个方面深入开展研究。

第一,从多视角、全方位研究广西特色小镇建设模式,并建立更为科学、合理、全面、系统的特色小镇建设评价指标体系,涵盖住房城乡建设部、国家发展改革委、财政部明确的十大类型特色小镇,从时间和空间上综合评价不同类型特色小镇的发展。

第二,在评价方法上可采用如全排列多边形图示指标法、SOM 自组织神经网络、GEM 钻石模型等定量分析模型对特色小镇建设进行评价,使得评价结果更为科学。

第三,随着广西经济的不断发展和特色小镇类型的不断扩充,探索更加切合广西实际的特色小镇建设模式,并针对不同地域的特色小镇提出更具可操作性的对策与建议。

附件 广西第一批、第二批中国特色小镇简介

贺州市八步区贺街镇

一、概况

贺街镇位于贺州市八步区中部,距市区 18 千米,总面积 377 平方千米,辖 24 个行政村、3 个社区,全镇总人口 7 万人。全镇有水田 2 万亩,旱地 1 万亩,林地 40 万亩。全镇交通便利,区位优越,207 国道、梧八二级公路、洛湛铁路、广贺高速公路及贵广高速铁路贯穿全境。2018 年全年累计实现固定资产投资 208979 万元,完成财政收入 1838.8 万元,全年完成招商引资 5.81 亿元,农民人均纯收入 10618 元。

2014 年以来,贺街镇先后入选了全国重点镇(住房城乡建设部等 7 个部门发文,建村〔2014〕107 号),第六批中国历史文化名镇(住房城乡建设部、国家文物局发文,建规〔2014〕27 号),全国一村一品示范镇(国家农业部,2014 年 9 月),自治区第一批廉政文化进农村示范点(贺街镇西南村)(广西壮族自治区纪委办公厅,桂纪办发〔2014〕4 号),自治区文明村(贺街镇五协村)(广西壮族自治区文明办,桂文明办〔2013〕30 号),自治区生态村(贺街镇西南村)(广西壮族自治区环保厅),贺州市廉政文化建设示范点创建工作先进单位(2014 年 4 月),2013 年度应急管理工作先进乡镇。2016 年荣获中国特色小镇、全国美丽宜居小镇的国字号荣誉。2018 年入列广西第一批特色小镇培育名单。

二、特色

1. 以宗祠文化为核心,发展特色产业

贺街镇是目前广西现存百家姓宗祠数量最多、规模最大、覆盖率最高的"宗祠文脉小镇",极具独特性。至今完整保存有王、邓、龙、刘、李、邱、

邹、岑、陈、罗、张、杨、莫、黄、谢、廖、潘、钟、苏、黎、秦、蔡等姓氏的 30 座宗祠。这些宗祠最早的建于明朝永乐元年(1403 年),最晚建于民国时期。贺街镇是南岭民族走廊地区不同姓氏宗祠最集中的小镇,"宗祠文脉"成为小镇最具代表性的"文化脉络",它是一个城镇形成、变化和演进的轨迹和印痕,是一个城镇悠久历史、文化底蕴和生生不息的象征。

贺街镇通过宗祠文化核心思想的传承,延续传统的"农耕劳作",大力发展生态特色农业,推动特色农产品基地建设,提升农产品品质和效益,农产品深加工转化率达 45%,结合新农村建设打造贺州市现代特色农业示范窗口和自治区级现代特色农业示范区。

贺街镇文化底蕴深厚,自西汉元鼎六年(公元前 111 年)立郡以来,至今已有 2000 余年的历史,是广西重点乡镇之一。其先后造就了玉印浮山、桂花香井、临贺故城城址、姓氏宗祠群、魁星点斗、西汉古城墙等一大批风景名胜,素有"千年古镇"美称。临贺故城于 2001 年 7 月被国务院列为全国重点文物保护单位。近年来,贺街镇还先后获得了国家历史文化名镇、广西历史文化名镇以及特色文化名镇等称号,一年一度的非物质文化遗产"贺街浮山歌节"的名号被进一步打响。据不完全统计,临贺故城全年共接待游客 8 万余人次。

贺街镇以宗祠文化为核心,大力挖掘传承临贺故城的历史文化、乡愁文化、古道文化,逐年加大对浮山歌节文化、彩调文化的引导和培育,进一步丰富自治区级非物质文化遗产代表性项目名录"浮山歌节"内涵,保护和传承岭南民间民俗文化和挖掘潇贺古道文化,提高古城"乡愁文化"建设的综合承载能力;通过整合资源、引入社会资本投入,努力把保护与发展统一起来,大力发展特色文化旅游。尤其是在央视第四季《记住乡愁》之《贺街古镇——遵祖德、行义事》播出之后,全国各地各姓宗亲纷纷前来观古寻根。

通过宗祠文化的延伸,在拥有宗祠文脉特色的临贺故城的历史文化基础上,挖掘本地非物质文化遗产,发展旅游经济,全面拉动商贸、饮食、服务等第三产业健康快速发展,推广现有宗祠特色的"生态休闲游"、"临贺故城"、"浮山"等旅游品牌。

2. 产业发展融入"互联网＋"的新理念

贺街镇大量投入经费研究开发文化旅游相关产业，文化产业占产业总投入 35％以上。通过文化产业中"智慧旅游"的推广，推动"互联网＋"技术的运用和发展，其中包含电子票务、生物识别、景区电子导游、手机二维码等技术，达到国际领先水平。贺街镇将新技术融入到旅游中，推动城镇建设，提高居民经济收入水平，切实增强幸福感，符合国家战略性新兴产业发展和文化等方面的要求。

3. 打造和谐宜居的美丽环境

贺街镇西靠蝴蝶岭，贺江在镇区中间穿过，形成枕山环水、山水城田交融的自然格局；镇区路网充分利用现有自然环境的优势条件进行布局，拥有良好的天际线。新建建筑，体量适中，与传统建筑风貌相协调，能很好地展现当地的建筑文化特色，彰显小镇特色文化内涵；镇区已进行环境整治，营造整洁优美、文明有序、健康舒适的城镇环境。镇区绿化覆盖率为31.8％，人均公共绿地为13.2平方米。

贺街镇气候适宜，土地肥沃，盛产淮山、反季节油茄、莴苣等无公害蔬菜，是久负盛名的"百年菜乡"。平均每天运往珠三角地区的蔬菜量就达到200吨以上，2010年被广西壮族自治区人民政府誉为广西"蔬菜之乡"。三华李、凤凰梅等农副产品产量大、品质优，是远近闻名的"梅李之乡"。

同时，贺街镇抓住契机，依托浓厚的文化底蕴和人文景观，将旅游开发与发展特色农业相结合，大力发展特色产业。以贺街为核心种植区的"贺街淮山"、"八步三华李"均顺利通过国家地理标志登记。贺街镇通过宗祠文化核心思想的传承，延续传统的"农耕劳作"，大力发展现代特色生态农业，结合西南村新兴寨的新农村建设打造贺州市现代特色农业示范窗口和自治区级现代特色农业示范区——贺州满天下李子产业（核心）示范区（该示范区于2017年获评广西壮族自治区四星级现代特色农业示范区），按照"一山一寺一李园、一村一庄一欢田"（即：瑞云山、沸水寺、三华李园、新兴寨、民宿山庄、主题欢乐田园）的规划完善基础设施建设，全力打造山上有果园、山下有村庄、前面有田园，切合自然景观、农业产业、观光民俗融合发展的美丽乡村。每年立春前，李子产业（核心）示范区基地千亩连片的李花华丽绽放，吸引着众多游人前来赏花，有效带动了贺街镇休闲乡村旅游发展。

三、未来发展

目前,贺街镇已完成了总体规划和贺街特色小镇概念性规划编制,明确了贺街特色小镇规划为 3 平方千米,核心区为 1 平方千米,并对核心区的规划布局、建设内容、特色风格进行了规划;完成了产业发展策划研究,贺街特色小镇建设项目将立足于八步区贺街镇沉淀深厚的历史底蕴与生态资源,通过打造古镇的宗祠文化,将旅游休闲与乡村农业作为可持续发展健康业态的出发点,构筑小镇生产、生活、生态有机内核,在全域旅游理念的指导下,开发寻根之旅,建设一个现代宜居、宜游、宜业、宜学、宜养的贺街特色宗祠文脉小镇。

近年来,通过宗祠文化的延伸,即在拥有宗祠文脉特色的临贺故城的历史文化基础上,挖掘本地非物质文化遗产,发展旅游经济,全面拉动商贸、饮食、服务等第三产业健康快速发展。2018 年以来,已有五万多各地游客纷纷走进贺街浮山歌节,走进中国李子之乡,游百家祠、桂花井,领略古城墙辉映文笔塔、石板街上酿瓜花的贺街文化,感受贺街千年古镇的文化魅力。

四、专家点评

贺街镇位于广西贺州市八步区中部,坐落在古代丝绸之路主通道的潇贺古道上,是以文化产业带动传统产业的生态文化产业型城镇,荣获全国历史文化名镇、全国重点镇等多项称号。

贺街镇有"百年菜乡"之美誉,蔬菜产业是其支柱产业之一,它也是贺州市最大的蔬菜基地。小镇致力于大力发展生态特色农业,推动了特色农产品基地建设,从而提升农产品品质和效益。贺街镇是全广西唯一现存百家姓宗祠数量最多(超过 30 个)、规模最大、覆盖率最高的"宗祠文脉小镇"。通过"宗祠文化"、"乡愁文化"的延伸,挖掘本地非物质文化遗产,发展文化旅游业和文化产业,反过来进一步带动农业旅游和农业发展。

贺街镇在产业发展中融入"智慧、大数据"的新理念,在文化旅游和产业中推广"智慧旅游"。例如,推动"互联网＋"技术的运用,利用互联网、微信等平台宣传资源特色,推荐使用电子票务、生物识别、景区电子导游等技术。

但是,如何充分发掘与保护小镇的文化特色,仍然需要有专项规划来科学和全面指导;如何聚集整合特色资源,实现可持续发展,仍然需要进一步探索机制创新。

(点评专家:袁媛,教授,博导,中山大学地理科学与规划学院城市与区域规划系副系主任、中山大学城市化研究院副院长,中国城市规划学会青年工作委员会委员、国外城市规划委员会委员,《国际城市规划》杂志编委)

桂林市恭城瑶族自治县莲花镇

一、概况

莲花镇位于恭城瑶族自治县南部,东毗钟山县,南邻平乐县同安镇,西接平乐县二塘镇,北接本县平安乡,距县城 14 千米,辖 23 个行政村和 1 个居委会,114 个自然村,全镇总人口 5.4 万人。镇域面积 365 平方千米,耕地面积 43669 亩,水果总面积 7 万亩,其中月柿 5 万亩,建立了莲塘岭万亩无公害月柿标准化栽培示范基地。莲花镇已修通通往县城恭城镇、平乐县同安镇的二级公路,通往三江乡的县道已铺柏油,交通得到极大改善。该镇是恭城瑶族自治县最大的水果和农产品集散地,享有中国"月柿之乡"的美誉,是"全国农业旅游示范点"、"全国十大魅力乡村"、"全国生态文化村"、"中国村庄名片"。2018 年,莲花镇完成全口径财政税收 1800 万元,固定资产投资 11 亿元,引进企业 5 家,新增"个转企"1 家,已申报"小升规"企业 2 家,规模服务业营业收入完成 4800 万元。

该镇的旅游资源也十分丰富,有古色古香的朗山民居,山清水秀的兰洞天池和传统民族旅游。以"赏果园风光,品瑶乡风情"为主题,集生态农业、旅游观光为一体的文化生态旅游红岩新村已初具规模。首届恭城瑶族自治县月柿节开幕式——走进中国月柿之乡大型文艺演出在红岩生态旅游新村圆满举行并取得了成功。

二、特色

莲花镇是有名的月柿之乡、柑橙之乡,生态环境优良,新农村建设事业远近闻名。小镇依托靠近现代化国际旅游城市桂林的区位优势,突出文物古迹多、民族风情浓郁的特点,借助旅游精品路线的设立,发展文化旅游,这不但体现了民族文化价值,也带动了农业旅游的发展,使其在广西独树一帜。

1. 产业形态

莲花镇以月柿产业为核心,产业发展后劲足。小镇主要以月柿生产、加工、销售、产品研发为主,交易活跃,形成了莲花集镇、势江村两大月柿交易集散地,在泰国、俄罗斯等国家形成了稳定的销售网络,享有"中国月柿之乡"的美誉。目前,莲花镇已开发出柿饼、脆柿、果脯、柿馅饼、柿叶茶、柿果酒等系列产品。

销售方面,莲花镇成了月柿的销售中心。每年的 8—12 月是月柿销售旺季,全国各地的客商都聚集到莲花镇来定点收购。为此,莲花镇建立了用 IC 卡管理的水果销售示范点,加大水果宣传推介和促销力度,拓宽水果销售渠道。如今,莲花镇有物流网点 40 余个,运输线路遍及全国各地,年运输月柿 12 万吨。同时,新建了月柿水果交易市场,有效利用"互联网＋"等技术,实现市场整合,及时交换信息,系统进行物流配送。

2. 生态环境

莲花镇在房屋设计、管控上,注重保留村落原有建筑风格,凸显民族文化特色,留住瑶乡"美丽乡愁",将地域性、民族性、现代性融为一体,追求建筑与自然山水的和谐。建筑立面按照精致、别致的特点,突出瑶族的文化内涵,建筑风格以桂北民居为主基调,融入瑶族的"坡屋顶、小青瓦、白粉墙、吊脚楼、木格窗"等建筑元素,将地域性、民族性、现代性融为一体,追求建筑与自然山水的和谐。

3. 传统文化

莲花镇历史底蕴深厚,镇域内古村落、古建筑资源丰富,在村庄风貌设计、管控上,按照"历史真实性、风貌完整性、生活延续性"要求,注重保留村落原有建筑风格,对门等、矮寨屯进行乡土化改造,保留和传承村落原有的建筑风格,凸显民族文化特色,留住瑶乡"美丽乡愁"。传统工艺得到了活态传承,彰显了"莲花九甲"乡村特色。民俗文化与娱乐活动丰富多彩,形式多样。祭祀、长鼓舞、恭城油茶(省级非物质文化)、舞龙、舞狮等民俗文化以及当地传统建筑工艺都得到了很好的传承。从 2003 年至今,莲花镇已经成功举办了 15 届月柿节,接待游客突破 200 多万人次,以节为媒,以柿纳客,有力推动了莲花镇生态休闲旅游业的发展。

4. 设施服务

莲花镇已修通通往县城恭城镇、平乐县同安镇的二级公路,通往三江乡的县道已铺柏油,交通得到极大改善。镇区教育、医疗卫生、商业金融、文化娱乐等设施完善,集镇范围内自来水全覆盖,生活污水得到全面有效处理,公用设施齐全,公共服务体系完善。

5. 体制机制

莲花镇在全国第一个完成了县域乡村建设规划,让村民充分参与村屯规划编制工作,确保规划的可操作性,增强群众维护规划的自觉性;立足"三农",集聚各种生产要素,让农民有稳定的多元收入渠道,在"家门口"致富,实现就地城镇化。

三、未来发展

按照"生态立镇、产业富镇、商旅兴镇"战略目标,着力在特色产业、乡村建设上"提质升档",全力打造"月柿产业示范区、生态休闲旅游度假区、乡土风貌建设典范"的宜居宜游宜商生态型特色强镇,实现旅游"双创"目标。

恭城瑶族自治县将全面推进"一园一镇一带"重点旅游项目建设,重点打造"康养旅游、文化旅游、乡村旅游"三大旅游品牌,构建恭城全域旅游"一门三地"(面向粤港澳大湾区东大门,康养旅游目的地,文化旅游目的地,乡村旅游目的地发展新格局)桂林国际旅游胜地,把旅游业培育成为该县国民经济的战略性支柱产业和人民群众更加满意的现代服务业。

南线乡村旅游精品线路以古城为起点往南串联邓扒、社山、红岩、门等(矮寨)、东寨等地,形成南线乡村旅游精品线路,以红岩为中心,其余各点发展以一村一品为附加参观点的游览模式。

红岩充分发挥"品瑶乡月柿、赏柿园风光、喝恭城油茶、住生态家园"特色优势,形成"培育特色农业—建设绿色新村—发展乡村旅游"的发展特色。在非月柿采摘季,增加常态化的民族风情表演,增加花卉、果蔬种植等其他产业,旅游周期上与秋冬月柿季互补。在月柿成熟季,规范确定一片月柿采摘区,建造月柿加工区,增强游客体验。包装月柿产品,创新月柿衍生商品,打造以月柿产品为主、其他衍生产品为辅的购物区。包装当地菜肴,打造好瑶乡菜品品牌,打造精品瑶家餐馆。升级红岩及莲花镇现有住宿设施,打造精品民宿。

加快推进红岩景区莲花河治理开发，修建滨江栈道，开通游船服务。以月柿为主题，建设月柿博览园和月柿博物馆，充分展现本地特色产品，提升月柿价值。建设一个集文化、娱乐、健身、休闲为一体的大型文化体育公园。建设精品商业街，在莲花镇建成"老桂林民国风情一条街"，吸引游客购物和娱乐，形成规模接待能力。加强莲花镇朗山、东寨、西岭镇杨溪古民居等传统村落保护开发；促成瑶韵水寨项目开发建设；建设恭城镇往桂林方向、莲花镇接广东方向两大入县口处景观县门。

四、专家点评

莲花镇是一个少数民族聚居的特色小城镇，在"生态立镇、产业富镇、商旅兴镇"的理念指导下，努力发展成"月柿产业示范区、生态休闲旅游度假区、乡土风貌建设典范"的宜居、宜游、宜商的生态型小城镇。

莲花镇以发展绿色农副产品种植和加工业为主，促进产业提升、转型，充分利用"互联网＋"各项优势，创新产业发展模式。在经济发展基础上，完善公共和基础设施配套，建构和谐美丽的农村人居环境。同时，依托靠近现代化国际旅游城市桂林的区位优势，突出文物古迹多、民族风情浓郁的特点，借助旅游精品路线的设立，发展文化旅游，既体现民族（瑶、汉、壮）文化价值，又带动农业旅游文化观光发展。

特色小镇成功建设的背后，是充满活力的机制。莲花镇以"多规合一"改革建构区域经济增长极，增强对周边镇区、村庄的集聚和辐射能力；深化乡镇行政体制改革，加强乡镇社会管理和公共服务职能。

目前莲花镇的特色培育也碰到问题，建成环境特色有待加强、建设标准有待提升，需要结合民族风情，探索低改善成本、便于居民参与实施的方法；受各方面因素制约，如何吸引高端人才向小城镇集聚和流动，实现可持续的创新发展，也是莲花镇面临的挑战。

（点评专家：袁媛，教授，博导，中山大学地理科学与规划学院城市与区域规划系副系主任，中山大学城市化研究院副院长，中国城市规划学会青年工作委员会委员、国外城市规划委员会委员，《国际城市规划》杂志编委）

柳州市鹿寨县中渡镇

一、概况

中渡镇是广西鹿寨县西北部的一座千年古镇,始建于孙甘露元年(公元 265 年),距今约有 1700 年的历史。全镇行政区域面积 374 平方千米,辖 15 个村(居)民委、176 个自然屯,总人口 4.81 万人。集镇距离鹿寨县城 28 千米、柳州市区 64 千米、桂林市区 102 千米;距鹿寨高铁北站 4 千米,30 千米范围内有桂柳高速出入口,100 千米范围内有柳州白莲机场和桂林两江机场;盛产铁矿石、方解石等矿产资源,以及甘蔗、西红柿、砂糖橘、沙田柚等特色农产品,打造有香桥喀斯特国家地质公园、中渡古城遗址、武庙等多处旅游景观,美丽的自然风光、淳朴的乡土人情、深厚的文化底蕴,构成了中渡镇一幅灵性流动的美丽画卷。

2017 年,全镇实现地区生产总值 10.12 亿元,完成全社会固定资产投资 5.1 亿元,实现社会消费品零售总额 4.18 亿元,城镇居民人均可支配收入 32769 元,农村居民人均可支配收入 12760 元,经济综合实力位居全县所有乡镇前列。中渡镇还是广西千亿吨粮食生产基地、进厂原料蔗生产基地和桂中有名的"西红柿之乡"。

2006 年 12 月中渡镇被评为"广西农业旅游示范点";2007 年 5 月中渡镇被评为"广西农业生态旅游精品线路"之一;2007 年 12 月中渡镇被评为"全国农业旅游示范点";2011 年 4 月中渡镇获得"全国特色景观旅游名镇"称号;2013 年 7 月中渡镇荣获"自治区历史文化名镇"称号;2014 年 2 月中渡镇荣获"中国历史文化名镇"荣誉称号;2014 年 7 月中渡镇"和家宴"被收入非物质文化遗产代表作目录,获批广西壮族自治区首批城镇建设百镇示范工程;2015 年 1 月中渡镇文化站荣获全国乡镇综合文化站评估定级"一级文化站"称号;2016 年 10 月中渡镇获第一批"中国特色小镇"称号;2016 年 12 月中渡镇获"自治区卫生镇"称号;2017 年大兆村荣获中央文明委授予"第五届全国文明村"、农业部授予"2017 年中国魅力休闲乡村"等荣誉称号;2017 年 7 月福龙村荣获住房城乡建设部"第一批绿色村庄"称号;2017

年12月鹿寨县"寨美一方"都市休闲农业(核心)示范区成功创广西壮族自治区四星级示范区,广西壮族自治区环保厅授予其"自治区级生态乡镇"称号。

二、特色

1.产城特色鲜明,产业多元发展

特色产业凸显,产城旗帜鲜明。中渡镇因地制宜,以现代农业为主导,按照"一村一品"的要求调整农业产业结构,粮食、水果、甘蔗快速发展。积极培育中明农机专业合作社、广西家柳食品科技有限公司等龙头企业、合作社落户示范区,现已落户示范区企业5家、专业合作社15家、家庭农场2家,以"公司+合作社+基地+农户"的模式总结本地生产经验,推广高效增产模式,采取"水稻—油菜花—葵花"轮作、"水稻—西红柿"轮作、稻田养鸭、垄稻沟鱼、荷田养鱼等生态农业模式,提高土地产出率,激发农村发展动力,增加农民收入。目前已种植有太空莲600多亩,太空莲年销售收入达200多万元。利用季节变换,在荷田及水稻耕种区,种植油菜花1000亩,食用富硒菊花、玫瑰80亩,西红柿300亩,引进台湾九品香莲16亩,并将莲花制作成莲花茶,亩产收益达6000元。除此之外,向大乐岭茶叶公司供应新鲜荷叶,制成荷叶有机茶等,促进群众每亩增收4000元。

特色旅游鲜明,小镇美名远扬。中渡古镇特有的喀斯特地貌,使得中渡山奇水美、民风淳朴、人杰地灵、古韵流芳。近年来,中渡镇大力发展荷莲观光旅游产业,在大兆村建设"祥荷乡韵"千亩莲花基地,种植太空莲、九品香莲等1000多亩,修建观景台、农耕文化馆、戏台等基础设施,开办一批民宿和农家乐,推出"荷花宴"、"九品香莲"茶等特色产品,将小山村打造成为特色休闲农业示范区,吸引游客前来赏花休闲。

2.镇村风貌焕然,宜居魅力十足

镇村同步发展,风貌明显改善。中渡镇按照"环境优美,社会安全,文明进步,生活舒适"的发展理念,努力将中渡镇打造成为"生态、宜居"小镇。群众齐心,生态水平大幅提升。中渡镇以深入开展"美丽中渡、生态乡村"活动为契机,在上级政策的支持下,中渡镇农村危房改造、城乡风貌改造工作成效明显。

3. 文化底蕴深厚，彰显地方特色

古镇风貌保护完好，文化得到充分挖掘。中渡镇作为具有近 2000 年历史的古镇，文化底蕴十分深厚。有县级文物保护单位 14 处。宣传多样化，文化传播全面有效。为有效传承特色民俗，中渡镇通过举办美食节、庙会、和家宴、山歌赛等形式来提高知名度和影响力，使中渡镇成为广西内外极负盛名的"文化古镇、旅游名镇"。

不仅如此，镇内还拥有喀斯特奇观山水，有国家 4A 级景区香桥岩溶国家地质公园、国家 3A 级景区中渡古镇、响水瀑布、响水石林等景区，以"香桥仙境"、"响水涌泉"、"洛江春汛"、"西眉烟雨"、"鹰山挂月"、"东岭晴岚"、"龙潭秋月"和"独寨凌霄"等八景展现出中渡雄、奇、秀、幽的特色，素以"四十八弄上的明珠"著称。

三、未来发展

中渡镇在旅游产业、现代农业与城镇化三个方面建设中成绩明显，同时还面临以下困难和问题：一是建设资金不足。由于财力有限，投入资金不足，小镇的道路、通信、市政等基础设施建设方面还不够完善。二是产业规模偏小。农业产业结构单一，现代化、规模化程度不高，旅游支柱产业尚未做大做强，旅游收入叠加效应不够明显。三是用地矛盾仍然突出。城镇建设缺乏用地指标，部分支柱产业项目落地困难，一定程度上制约了小城镇发展。

近年来，中渡镇围绕旅游业提质增效，大力推进广西特色旅游名县创建，香桥风景旅游区建设、中渡古镇保护与开发等重点旅游项目建设。中渡镇紧紧抓住这一发展机遇，自获评首批中国特色小镇以来，中渡古镇保护与开发项目全面提档升级，先后建成中渡古镇护城河北街桥、西街桥、护城河水车工程，完成古镇核心区管线下地强弱电工程、污水处理站设备安装工程，开展中渡镇九龙大道外立面改造工程（已完成 40 家）。今后，该镇将积极筹划建设中渡特色小镇亲水骑行步道，开工建设响水铁矿矿山地质环境治理工程三期、中渡游客接待中心等项目，并通过引入国际房地产顾问"五大行"之一的香港戴德梁行公司完善中渡古镇的内部片区互动、外部区域联动，做好产业引导和产业链延伸，突出内涵提升喀斯特山水古韵小

镇品牌影响力。

2017 年,"寨美一方"、"稻花香里"两大示范园区升级为自治区级示范园区并通过验收;按照 5A 级景区标准规划建设香桥十里画廊景观带。2018 年,对中渡古镇及香桥十里画廊等旅游项目进行包装整合;启动并实施石祥、大兆、石合等 6 个传统村落建设,打造农业旅游示范带;香桥风景区申报国家 5A 级旅游景区。

在未来,中渡镇将按照"古镇风貌为灵魂,武备文化为特色"的定位,深入挖掘中渡武备文化、码头文化、摩崖石刻文化、古名居文化,充分发挥"和家宴"、"庙会"、"山歌"等非物质文化遗产的作用,全力做大乡镇规模,做全乡镇设施,做美乡镇环境,做旺乡镇人气,做优乡镇品位。

四、专家点评

中渡镇位于广西鹿寨县,既是西北边陲经济重镇,也是一座历史悠久、风光美丽、文化底蕴深厚的千年古镇。在新时期的政策背景与发展要求下,中渡地方政府试图按照"环境优美,社会安全,文明进步,生活舒适"的发展理念,努力将中渡镇打造成为"生态、宜居"小镇。

从产业与城镇的融合发展角度来看,中渡镇因地制宜,以现代农业为主导,按照"一村一品"要求调整农业产业结构,创新产业发展模式,推动特色农产品快速发展。在经济发展的基础上,通过科学有效的开发建设,有力推动了中渡镇的产城融合。同时,突出千年古镇山奇水美、民风淳朴、人杰地灵的特点,依托特有的喀斯特地貌,发展文化旅游,既带动了生态休闲观光农业,实现新型城乡一体化发展,又推进了古镇保护,弘扬了地域特色文化。

从中渡镇的发展实践来看,特色小镇成功建设的背后,是清晰的发展路径。亦即按照"旅游+、农业+"发展思路,全面升级全国特色景观旅游名镇、中国历史文化名镇建设,建立网格化管理模式,加强乡镇社会管理和公共服务职能。

当然,目前中渡镇的发展也存在一些问题和瓶颈。例如,基础设施建设有待加强,景区配套设施不够完善。在未来的发展中,尚需探索一条符合地方特色,便于居民参与实施的,低成本、高效率的方法。此外,受各方面因素制约,城镇产业发展水平有待进一步提升。如何产业化、规模化生产经营,发挥旅游收入叠加效应,摆脱低端路径依赖也是中渡镇面临的挑战。

（点评专家：彭敏学,博士,广州市城市规划勘测设计研究院上海分院副院长,高级工程师,国家注册规划师）

北海市铁山港区南康镇

一、概况

南康镇位于北海市东部,下辖 1 个社区和 15 个村委会,总面积 175.4
平方千米,总人口 7.19 万人,是一个有着两千年历史的古镇,水路交通便
利,从公元 972 年起,南康就成为船货交换的集散地并形成圩镇。南康镇
内文物古迹众多,曾荣获广西壮族自治区首批历史文化名镇称号,2016 年
10 月入选中国特色小(城)镇。南康镇产业繁荣发达、城镇环境美丽整洁、
古今文化相映生辉。南康镇经历数百年的风雨沧桑和时代的变革,文物古
迹众多,有文物保护单位 16 处,文物点 93 处。长约 600 米、宽 9 米、有着
100 多年历史的南康镇解放路骑楼老街,全是中西合璧式建筑,目前为北海
市唯一保存完好的乡镇级法式街道,彰显了南康极为深厚的历史文化传
承。除了各处的骑楼街,南康镇还有镇上将军楼、三帝庙、三婆庙、冼太庙
和天波府等众多历史文化遗存,无不沉淀着历史的沧桑,其中崇敬民族英
雄冼夫人的冼太庙成为弘扬爱国主义的重要阵地。2005 年,南康镇被授予
全国文明镇称号;2010 年,南康镇入选第一批广西历史文化名镇;2016 年
10 月,南康镇入选全国第一批特色小镇。南康镇先后被定为全国重点镇、
全国发展和改革试点镇、全国宜居小城镇、全国小城镇建设示范镇。

二、特色

1. 特色鲜明的产业形态

产业独特优势充分发挥,三大产业日益繁荣。南康镇准确把握铁山港
工业区大开发大建设的得天独厚的大好机遇,为多个千亿级产业项目提供
大规模服务。在三大产业方面,南康镇是周边乡镇的传统商贸中心,既传
承又创新,百货集散等传统商业得到了提升。城乡互为支撑,工农并驾
齐驱。

南康镇具有良好的区位优势,在打造泛北部湾和中国东盟自贸区的背
景下,依靠其特色的"伟宇无公害对虾养殖"、"南康虾饼"等推动了临海产

业的迅猛发展。

2. 和谐宜居的美丽环境

镇区内景观设施建设完善,主要道路硬化,并且道路绿化效果佳;城市公园注重规划引领,美丽成果丰硕;注重街道绿化,生态效应突出;保洁极具实力,环境宜居宜业。

小镇基础设施完善,公共服务便捷,民生水平较高。环城大道即将上马,推行"一路一树种、一路一灯饰、一路一景点"美化城镇景观,城镇建设日新月异,全镇街道铺装率达 90%,城镇绿化率达 35.5%。

3. 彰显特色的传统文化

古今文化相映生辉,精神生活日益多彩。经过全面调查和保护,共挖掘整理出南珠文化、法式骑楼、古典庙宇、珍稀树种和土著文艺等五大特色文化。注重挖掘创造,古今百花齐放;注重文物保护,实现古为今用;注重文化感染,促进精神文明建设。

4. 特色景点

(1)老街骑楼

南康老街骑楼最具代表性的是解放路老街骑楼,长约 600 米、宽 9 米,有着 100 多年的历史,全是中西合璧骑楼式建筑,可谓南康近代历史的活化石。骑楼楼层都不太高,两三层的居多,有些还保留着早前的商号,凭栏、门窗等处的精美雕花也常常可见。骑楼二楼的立面全是阁楼雕版,雕版图案多为民间传统花草,手工精细,栩栩如生,古味幽然,骑楼的窗楣有方形的、半圆形的、敞肩形的,真不失为民居建筑风格和古建筑艺术的宝典。解放路老街骑楼前临商街,从民国至 20 世纪 80 年代都是南康最繁华的地方,经营着"九八行"、客栈、餐饮、百货、针织、成衣、日杂、副食以及海产品等。当时有名的茂隆、北国客栈、广华昌针织厂、同和隆商铺、珍文书店以及"又发"黄记副食酱料厂等许多大商号都设在解放路老街的骑楼。

(2)三帝庙

南康镇最具代表性的历史文化遗存除了各处的骑楼街外,还有将军楼、三帝庙、三婆庙、天波府、四大古井,等等。在古镇漫步、寻幽,那一间间精巧的庙宇,一口口深幽的古井,一条条狭小的街巷,那古色古香的风情,无不沉淀着历史的沧桑。三帝庙始建于乾隆三十三年（1768年），奉康太府面谕创建，原建于本圩正行，后于乾隆五十九年迁建现址。庙内供奉真武大帝、关圣帝君、华光大帝。几经沧桑之后，1995年重塑三帝神像。三帝庙占地面积680平方米，建筑面积486平方米，全庙分上、中、下三进。三帝庙正大门是一幅牌匾，雕刻着金光闪闪"三帝庙"三个大字。三帝庙前20多米处有一口青龙井，青龙井是南康老街四大古井之一。井壁长满蕨类植物，井水清冽。还有纪念杨家将的天波府，现存建筑为明代所建，彩门楹联，小巧别致，天波府长30多米、宽20多米，坐落在杂粮行，正殿三间，后院有东西廊房三间，屋内雕龙画凤，金碧辉煌。

（3）华库林树

南康镇植物资源丰富且奇珍异树繁多，据调查统计，境内有红树林等亚热带植物100多种，全镇有100年以上的名树古木86棵。南康镇下担村小山林中，虽然周围有密密麻麻的小树林的遮挡，但仍可看到一棵大树直刺苍天，这就是《世界珍稀植物名录》中榜上有名的珍稀树种——华库林树，它的树龄已经近200年了，是世界仅存的10株膝柄木之一。据专家介绍，膝柄木是近年发现的热带树种，它的别名叫华库林木，卫矛科，半常绿乔木，很少开花结果。它是濒危树种，国家一级保护植物。这株膝柄木是该树种分布最北的种类，对研究我国种子植物区系地理及其热带亲缘关系具有重要的科学价值。北海市人民政府于2001年5月1日立碑把此树作为市级文物加以保护，现在这颗百年古树郁郁葱葱。

三、未来发展

1. 南康镇将着力解决好以下问题：

（1）广大群众特别是农民兄弟到城镇建房的朴素愿望异常强烈，遭遇了建设用地问题无法解决、城镇拓展受到制约的瓶颈。

（2）城镇基础设施建设、新区开发、旧城改造和文化遗产保护都需要大量资金，却筹措乏力，等等。这些都亟待上级给予政策、项目、资金等方面的关怀。

（3）项目推进一般，小镇基础设施完善和公共设施提升仍需大量公共财政的投入。

2. 该镇将从以下几方面定位工作重心：

（1）培育糖蔗、西瓜、对虾、香蕉、豆角、果蔬、木薯、种猪、山羊等 10 个种养基地，其中种植业要普遍种成"万元田"；

（2）建成电子、皮具和农产品加工等中小企业 100 家以上，其他微型企业 1000 家以上。

（3）立足提高生活质量，实施"共建共享工程"。

（4）筹建 1 家兼备歌舞娱乐、影视剧院、图书阅览、体育竞技、集会会展等功能的一体化文化活动中心；加强法治建设和精神文明创建，促进和谐稳定。

（5）立足推动持续发展，实施"改革创新工程"。

（6）按国家 4A 级旅游景区标准建设，主要建设内容包括南康老街江景步行街、生态公园、美食天地、特色民宿等配套设施。

（7）在政策支持方面，将"支持南康镇打造特色名镇和商贸重镇"写入党代会区委工作报告和人代会政府工作报告这两份区级最高权威文件。近 3 年的镇党委工作报告、镇政府工作报告也都用四分之一以上的篇幅总结城镇建设的经验教训和部署安排城镇建设。

四、专家点评

1. 依托沿海优势，打造临海产业

该镇位于北部湾，具有良好的区位优势，在打造泛北部湾和中国东盟自贸区的背景下，依其特色的"伟宇无公害对虾养殖"、"南康虾饼"等推动了临海产业的迅猛发展。

2. 重视各项规划，狠抓小镇配套

该镇注重规划引领，高起点修编《南康镇经济和社会发展规划（2012—2016）》、《南康镇总体规划 2013—2030》等。并且从美丽城乡建设抓起，完成了镇区内的朝阳大道等基础设施配套项目，使环境生态良好，更加宜居宜业。

3. 挖掘南珠文化，传承岭南特色

南康镇非常注重挖掘传承南珠文化、传统建筑、珍稀树种和土著文艺等特色文化,创造出《龙脉》、《珠女情》等一批群众喜爱的文艺作品,实现了古为今用、文化引领的作用。

4. 希望困难并存,解决问题乏力

一是农民进城镇建房愿望强烈,而建设用地问题解决乏力;二是本地经济能力有限,城镇建设资金自我筹措乏力。

(点评专家:朱涛,广西城乡规划设计院原副院长,院顾问总工;教授级高工,一级注册建筑师;国家七部局传统村落保护与发展专委委员;中国城市规划学会小城镇学术委员会委员;广西传统村落保护与发展专委副主任委员)

河池市宜州市刘三姐镇

一、概况

刘三姐镇位于宜州市区东北部,距离宜州市中心仅 5 千米,东与柳城县交界,北与罗城县四把镇和河池市宜州区祥贝乡相邻,南邻河池市宜州区城区,东南与洛西镇隔江相望,西接怀远镇。镇域面积 352 平方千米,镇区建成区面积 1.19 平方千米,建设用地面积 1.53 平方千米,辖 18 个行政村。

刘三姐镇地处广西喀斯特地区,岩溶地貌广泛发育,奇峰异洞、风景优美、山光水色、美不胜收,被誉为宜州市的"后花园"。其历史悠久、人文景观众多,传说为壮族歌仙刘三姐的故乡,山歌文化源远流长,民族风情浓郁。自然景观、人文景观与民族风情融为一体,形成刘三姐镇的旅游特色。壮家的民俗风情,浓郁淳朴,让人流连忘返。刘三姐镇曾获得全国特色景观旅游名镇、中国老年宜居名镇、广西壮族自治区文明乡镇、广西壮族自治区和谐乡镇等荣誉称号。

刘三姐镇主导产业为桑蚕产业,形成了以桑蚕产业研发、产品展示、技术培训为核心,旅游产业带动和特色农业为辅助的"一核一带一辅"的产业形态。该镇的种桑养蚕历史最早起源于明代嘉靖年间,距今已有 400 多年的历史。历年来,刘三姐镇积极引进蚕种、种植桑树、开发桑园,推广种桑养蚕技术,实现了刘三姐镇桑蚕产业"从小到大、从单一到多元"快速发展、复合多样的产业发展格局。

二、特色

1. 特色鲜明的产业形态

(1)产业多元,一主多辅形成核心产业集群

刘三姐镇桑蚕产业的规模化生产、标准化管理及企业的产业技术装备均具备国际领先水平。

积极引导农民走"公司＋协会＋基地＋农户"的模式进行农产品深加

工及研发,特色农业产品富有浓厚的地方特色,广受欢迎。此外还积极发展电商网络平台,实现农商贸一体化发展。

（2）带动作用

桑蚕产业解决了当地 12000 人的就业问题,其中大专以上学历人员比例为 12%,本市户籍的劳动力比例达到 53%,有效带动周边农业人口向主导产业转移,非农就业人数占农村人口的 52%。

2．和谐宜居的美丽环境

镇区整体布局契合山水地貌,顺势而为。路网形式顺应地形,密度适宜。道路两侧建筑高度与宽度比例协调,街道干净整洁,绿化配置完善,设施布局合理。

刘三姐镇汲取当地民族元素,以壮乡建筑风格为主,结合当地民俗文化对建筑进行改造,沿街建筑立面协调统一,店铺布局管控有序,标识、广告牌等统一协调。镇区绿化覆盖率达 40%,绿地率达到 36%,人均绿地 11 平方米,小型公园 5 处、街头绿地多处,步行 5 分钟内可到达。

3．彰显特色的传统文化

刘三姐歌谣文化列入国家非物质文化遗产名录。彩调列入国家级非物质文化遗产名录。西竺寺是集名胜古迹、自然风光和佛教文化于一体的旅游景点和游览地。

刘三姐镇每年定期举办各类演出、晚会、庆典及民俗表演达 40 次以上,丰富居民的文化娱乐生活,很好地传承和弘扬了刘三姐文化。

4．便捷完善的设施服务

公共服务设施:镇内有中学、小学、幼儿园、卫生院、养老院等设施,教育、医疗资源丰富,各项配置均达到国家相关规范要求。

基础设施建设:镇区道路硬化率达 100%,附属设施及绿化配置完善。有大型公共停车场 4 个,停车位数量 500 余个,均以生态停车场为建设标准。有多个码头,主要用于旅游漂流接待。镇区给水、污水管网全覆盖,设施符合国家相关标准,自来水供水率、卫生达标率均达 100%,生活污水处理达标排放率 100%。设立专业的保洁队伍,生活垃圾处理率达 100%。防灾设施完善,设备齐全。

5. 充满活力的体制机制

刘三姐镇积极开展"多规合一"、"四所合一"工作,实现规划管理数字化。

刘三姐镇全面推进体制机制深化改革,积极构建小机关、大服务、高效率的行政审批服务的综合平台。深入推进行政审批制度改革;全面推进乡镇综合执法队伍建设;完善组织领导体系;建立长效管理机制。

三、未来发展

刘三姐镇的发展顺应新世纪的社会经济发展大趋势,积极探索,形成了多条经济发展模式:

1. 产镇互动模式

刘三姐镇积极探索产镇互动模式,重点抓好基地示范村屯的建设,取得了阶段性成效。在桑蚕示范区通过蚕丝的生产、加工、销售、展览形成产业业态,并且开发壮大桑蚕循环经济产业、体验式生产加工、"互联网+"产品经营、蚕丝扶贫开发等产城互动模式,打造产业多元天丝小镇。

2. 利用社会资本加快城镇建设

刘三姐镇主要应用PPP模式,创新投资机制,引入社会资本加大对镇区项目的投资,通过市场机制运作基础设施项目,缓解政府建设资金不足的状况。政府通过投资补助、基金注资、担保补贴、贷款贴息等方式支持引入社会资本的项目。刘三姐镇主要以BOT模式,重点引进旅游基础设施、桑蚕产业配套等,促进经济发展。

3. 政府+企业(院校)+基地+农户的生产模式

政府成立工作小组,落实资金扶持政策,采取市领导包乡镇,部门包村屯,干部包户的办法,加大对群众种桑养蚕的帮扶力度。建成优质原料茧生产示范基地,加快建设丝绸贸易中心,加大招商引资力度,与广西农科院建立长期合作关系,在刘三姐镇桑园基地进行科技研发,将刘三姐镇桑蚕产业越做越强。

4. 利用工业资源、农业资源、人文资源、环境资源,打造多元化的旅游产业链

产业定位:全镇坚持以全国特色景观旅游名镇、中国老年宜居名镇、生态乡村和谐乡村为建设标准,依托桑蚕产业的深厚基础以及将资源优势作为主导产业,形成了以桑蚕产业研发为核心、旅游产业带动和特色农业为辅助的"一主一带一辅"的产业形态。同时结合"互联网＋"等手段,借助独特的旅游资源优势,坚持发展和生态两条底线,坚持经济建设与生态建设同步进行,实现产业发展与山水自然的有机融合、和谐发展。

四、专家点评

1. 发挥产业发展对乡村的带动作用,在桑蚕养殖基础上导入相关产业,提高农业附加值。

2. 加强沿江的生态保护和景观建设,提高镇区建设品质。

3. 尽快修编规划,提升规划质量。

(第二批全国特色小镇专家组评审意见)

刘三姐旅游始于桂林市阳朔县大榕树景区,该景区开发运营良好,市场知名度高,享誉国内外,是刘三姐文化旅游产品的代表。当前,以刘三姐文化旅游资源进行开发建设的景区主要有宜州刘三姐镇、桂林大榕树景区、桂林印象·刘三姐、柳州鱼峰山景区以及来宾忻城莫氏土司衙门。从整体来看,这些景点和旅游路线发展相对成熟,知名度较高,旅游收益也远远高于其他市县,发展趋势良好,但这些旅游景区景点也存在着景区产品陈旧无创新、产品质量不高、营销渠道不合理、区域联动较弱等问题。

著名导演张艺谋的大型山水实景演出《印象·刘三姐》是将刘三姐传说与文化旅游产业成功联姻的首创之作,它成功地把刘三姐品牌形象化,并与舞台文化、山水文化、旅游文化等有机融合,以此激活了文化产业,产生了巨大的社会效益和经济效益,刘三姐也从传说中的具体人物转化为广西特有的文化资源和文化品牌。

(点评专家:钟堵,桂林理工大学创新创业学院企业导师;桂林市七颗星旅游景观规划设计有限公司常务副总经理;助理研究员,研究方向为旅游企业管理、民族旅游经济)

贵港市桂平市木乐镇

一、概况

木乐镇位于广西东南部,地处泛珠三角经济圈和泛北部湾经济圈结合部,区位优势明显。镇域总面积 87 平方千米,镇域常住人口 8.2 万,圩镇建成面积 3.5 平方千米,镇区常住人口 3.5 万,全镇辖 12 个行政村、1 个社区。木乐南近海洋,西临华南佛教圣地、广西三大旅游名片之一的桂平西山风景区,北望西江流域最大支流——浔江。随着 2014 年南广高速铁路的开通,木乐镇融入了广州 2 小时经济圈和南宁 1 小时经济圈。近年的中国—东盟"10+1"地理区位和交通优势为其发展服装产业提供了良好的基础,也带来了新的发展契机和无限商机。

木乐镇是全国特色小镇、全国重点镇,2015 年被中国纺织工业联合会、中国服装协会授予"中国休闲运动服装名镇"称号;2010 年被广西壮族自治区二轻城镇集体工业联合会授予"广西休闲运动服装生产基地"称号;2015 年被广西住建厅列入百镇示范工程建设乡镇。目前,木乐服装在市场上有一定影响的品牌有中健、对克、竞技神、点球、诚宇等。其中,由广西中健运动休闲服饰有限公司生产的中健牌服装,被评为"广西著名商标"和"广西名牌产品",是广西服装类企业唯一获得此项殊荣的企业。

二、特色

1. 休闲运动服装产业蓬勃发展

改革开放以来,经过 30 多年的努力,木乐镇形成了以运动服装、休闲服装、针织服装等为主要特色产品的运动休闲服装产业,成为全镇的支柱产业。

全镇以休闲运动服装产业为特色主导产业,分为木乐镇区和广州片区两部分。木乐镇内具有纺纱—织布—印染—绣花—织罗纹—松紧带—设计—制作—销售全产业链,有 330 多家企业、86 个注册服装品牌,拥有国际先进水平的缝纫设备和美、日等进口的服装生产设备 600 多台,自动织布机、自动拉布裁床、自动熨机、电脑绣花机等10000多台(套),带动吸纳了全镇及周边乡镇3.5万人就业。广州片区以研发设计和营销为主,设有四个批发销售中心,设有办事处、销售门店700多个(家),网络销售点300多处,有4000多木乐人常住广州,主要从事设计研发和产品销售。服装产品30%销往全国各地,70%销往非洲、南美洲、东南亚等国家和地区。

木乐服装一方面通过购买新设备,改进生产方式,逐步提高效率,增加利润。2016年平均利润率为10.5%,利润总额达6300多万元。另一方面,通过互联网协助实现地域分工,突破小城镇人才瓶颈。利用"上游人才留在一线城市,小城镇总部掌控品牌资源"的模式,网上交单、网上设计、网上决策。这一模式解决了小城镇建设最难跨越的"人才低谷"瓶颈问题,建立了完整产业链,向上游研发、设计要价值。

在当前国内外服装产业环境大变化的背景下,以品牌谋发展的思路已经成为木乐服装业的主流,木乐服装正向新产品、高质量、创名牌方向发展,提升自主创新能力,改变来料加工的生产模式,创立自己的服装品牌,提高市场竞争力和占有率,引进先进的设备和理念,从代工劳务的传统口碑,向加大知识产权保护创设品牌转变。

2. 产业带动

目前,木乐镇生产的休闲运动服已畅销全国以及东南亚、中东、南非等国家和地区。服装业的发展,解决了本地25000多人的就业问题,解决了平南镇隆、桂平社坡、马皮等周边乡镇16000多人的就业问题,服装产业的发展,有效带动了小城镇的发展,镇厂得到有效结合。

3. 和谐宜居的美丽环境

村镇建设尊重规划,土地利用节约有序,木乐镇用足用活上级在城镇建设、用地指标、手续审批及资金贷款等方面的优惠政策,精心策划、大力推进小城镇建设,小城镇风貌焕然一新。

村镇建设顺应自然环境,坚持文脉特色,木乐镇至今保存着山、水、林、田、塘的整体外部环境体系。中央道路蜿蜒串起镇中心骨架,缓丘林地楔形渗入其中。街头公园、社区绿地点缀镇内,城镇建设形态紧凑有序。

城乡遗产保存良好,历史村落格局依旧,已登录城乡遗产的村落由专人保护、不受损害;未登录的古村、民居亦遵守民风、村规,保存完整。

常年开展环境整治,村容镇貌整洁有序。深入开展城乡清洁工程,营造干净整洁的人居环境。以建设美丽木乐为目标,深入推进"美丽乡村"建设。实施生活垃圾"村镇运、市处理"机制,将乡村垃圾收集延伸到村屯,落实好"三清"、"三化"等工作,取得明显成效。

4. 彰显特色的传统文化

（1）传统文化保护

木乐镇对传统文化进行了充分调研记录和挖掘整理,历史文化遗存得到良好保护和利用,针对非物质文化遗产引入活态传承保护理念,形成独特的文化标识,与产业融合发展。在木乐镇活跃着市级非物质文化遗产 12 项,涵盖民俗活动、特色餐饮、民间技艺、民间戏曲和其他地域特色文化。

（2）文化传承

每年元旦、春节等重大节假日,主办方都组织或者邀请镇内外的民间文艺团队进行节庆表演。

（3）基础设施服务

镇内自来水普及率达 100％,电力、通信均按规划建设并实现行政村村村通,居民住房条件大为改善,98％以上城镇居民的住房和 80％以上农村居民住房实现砖混结构房,建有镇级垃圾中转站 1 座,生活垃圾无害化处理率达 100％。

（4）公共服务设施

城镇商业配套设施齐全,商业、金融、通信、物流等行业均得到较好发展。社会服务与福利设施不断完善,满足商务、休闲、服务需求。全镇共有小学 19 所、中学 2 所,九年制义务教育全面普及,医疗技术团队齐备,设施服务覆盖全镇。

三、未来发展

木乐休闲运动服智造创新小镇是具有明确产业定位、科技创新、文化内涵、生态特色、旅游特征和一定社区功能的创新发展空间平台。木乐镇既是创新创业、生产生活、人文生态相融合的新型社区,也是新型工业化、城镇化、信息化和绿色化的产城融合发展新形式。木乐镇重点依托木乐服装工业园、农民工创业产业园、现代服务业集聚区等载体,集聚人才、技术、资本等要素,营造创新创业生态,建设创新创业平台,转化创新创业成果,培育发展新兴产业,是创新驱动发展、引领广西经济转型升级的重要基地。

建设目标是至 2020 年,把木乐运动服智造创新小镇培育和建设成为产业特色鲜明、科技支撑有力、服务功能完善、体制机制灵活、生态环境优美、文化底蕴彰显、宜居宜业宜旅的创新小镇,培育形成产业链、投资链、创新链、人才链和服务链融合发展的生态链,使木乐镇产业集聚明显增强、拉动投资作用显著、吸纳就业成效明显、镇域发展整体加快,成为广西乃至全国创新驱动的一张名片。

1. 规划先行,规范建设,精细管理

近年来,木乐镇充分利用国家、自治区大力支持小城镇发展的政策机遇,全力加快特色小城镇建设,带动城镇和新农村建设。木乐镇努力实现多规合一、多规协调,深入实施城乡统筹发展战略,坚持用地向规模经营集中、农民居住向城镇集中、工业向园区集中发展,加快城乡一体化。

2. 便民措施到位,管理模式创新

设立综合执法机构、"一站式"综合行政服务、规划建设管理机构,通过"四所合一"试点改革,提升公共服务效率。在社会管理和体制机制创新方面,木乐镇大胆进行试点,率先在全市开展了乡镇"四所合一"试点改革,于2015 年 7 月将国土、规建、环保、安监等四个站所进行合并办公,挂木乐镇综合行政执法队牌子。

3. 政企合作创新

鼓励企业家精神,激发企业社会责任感,成立木乐商会、木乐服装协会,将其作为全镇服装企业有关人员交流的平台,共同研究发展对策,预防产业风险。

4. 发展目标

以"智造"创新推动传统主导产业转型升级,主动向产业上下游延伸,向研发、设计、销售等领域拓展,着力打造立足广西、联动华南、辐射世界的运动服饰智造小镇。

四、专家点评

1. 提升产业层次,增加附加值,注重品牌培育。

2. 加强镇区环境整治,提升整体风貌。

3. 尽快修编规划,重视历史文化传承和民居保护。

(第二批全国特色小镇专家组评审意见)

贵港市港南区桥圩镇

一、概况

桥圩镇是贵港市东南部政治经济文化交通中心,港南区中心镇。桥圩镇距市区仅 29 千米,镇内有 324 国道一级公路,黎湛铁路通过全境。距南广高速公路 13 千米,已通行的贵梧高速公路贯穿全镇,另外正在建设一条一级环镇路和一条民兴商贸大街。其地理位置优越,交通便捷,是广西"6 横 7 纵"高速网交汇点之一,拥有高速公路出口 2 个。全镇总人口 12.1 万人。建成区面积 3 平方公里,现辖 25 个村委会,1 个居委会。有党组织 129 个,党员 2000 多人。全镇耕地面积 6 万亩,其中水田 4.61 万亩。2005 年,桥圩镇被评为贵港市经济发展"十佳乡镇",而后被列为广西壮族自治区小康示范镇、广西壮族自治区工贸强镇、中国羽绒之乡、全国重点镇。2014 年以来,全镇财税收入均保持亿元以上,2016 年达 1.13 亿元,居贵港市前茅。

二、特色

桥圩镇拥有羽绒企业 108 家,其中规模以上羽绒企业 25 家,从业人员 3 万多人,年加工羽绒量占全国的 28%,占世界的 18%,成为与浙江萧山、广东吴川齐名的全国三大羽绒基地之一。30 多年来,桥圩人从原来的走街串巷收购羽毛,到简单的小作坊粗加工,再到今天的提档升级,发展水洗羽绒及羽绒制品加工,以小羽绒织出了大产业。

为了给产业发展提供活水源头,港南区先后筹资 2 亿元规划建设羽绒集中区、羽绒工业城等发展平台,种下梧桐树,引来了柳桥集团、华强羽绒等一批集研发、制造为一体的"金凤凰",通过发挥骨干企业的带动作用,推动产业提档升级,拉长产业链、扩大品牌影响力。

目前,港南区正在桥圩镇规划羽绒交易中心,打造集交易、质量检测、融资融智等为一体的产业发展平台,围绕"建设全国最大的优质羽绒原料加工基地"目标,依托羽绒城和桥圩工贸科技创业园,引导羽绒二次创业,推动港南羽绒产业从"中国羽绒加工交易中心"向"世界羽绒加工交易中心"发展,进一步打响"中国羽绒之乡"的品牌。

1. 坚持以科学规划,引领新型城镇化

因地制宜以"打造具有岭南文化特色的羽绒休闲旅游小镇"为定位,投入 119 万元,注重保持地域、文化和民俗特色,高标准编制了桥圩镇总体规划和分区控制性详细规划,并对 25 个行政村进行统一规划编制,规划率达100%,打造类型有别、个性迥异的特色村镇。比如,在桥圩镇外立面改造中,一方面,注重保护骑楼、客家宗祠等传统建筑特色;另一方面,在新建的民居中,突出岭南客家文化特点,融入灰瓦白墙、飞檐木窗风格,不仅美观大方,而且简约实用。

2. 坚持以产业特色化,推动产业发展多元化

特色小城镇建设重在特色,需要特色产业支撑。桥圩镇大力培育羽绒、中药材、旅游等特色支柱产业,促进三大产业融合发展。其中,桥圩镇的年加工羽绒产量占全国的 28%,占全世界的 18%,成为与浙江萧山、广东吴川齐名的全国三大羽绒基地之一;穿心莲产量及初级加工品占全国的 1/3,是全国重要的穿心莲生产基地和集散中心;正在高标准打造的铜鼓湾温泉项目,计划投资 24.9 亿元,2020 年国庆将达到开园条件。目前,全镇规模以上企业达 31 家,2016 年工业总产值 58.5 亿元。近年来,桥圩镇先后荣获"全国农产品加工基地"、"广西特色工贸名镇"、"广西特色农业十大强镇——中药材产业强镇"等荣誉称号,初步走出了一条"带动力强、助农增收"的特色产业发展之路。

3. 坚持以绿色发展理念,打造宜居幸福小镇

坚持走绿色、低碳的新型城镇化道路。2014 年以来,桥圩镇累计整合资金 8000 多万元,完善基础设施,改善人居环境。比如,在广西乡镇一级率先采用 BOT 方式(私营企业参与基础设施建设,向社会提供公共服务的一种方式)筹资 3220 万元,建成贵港市首座乡镇污水处理厂,铺设配套管网 3.5 千米,目前一期已投入运行,日处理污水 1000 吨;投资 400 多万元建设垃圾转运站 2 座,形成"村收集、镇转运、市处理"的常态机制,垃圾无害化处理率达 100%;投资 1500 万元对桥圩镇中心进行升级改造、美化亮化,全镇街区路灯覆盖率达 98% 以上。2014 年以来,桥圩镇何平村、新庆村等

8个村屯,分别荣获"广西生态乡村"、"广西文明村"等称号,一个设施完善、环境优美、宜居宜业的幸福小镇正逐步建成。

4. 坚持以文化传承发展,彰显特色小镇内涵

桥圩镇大力挖掘传统文化特色,重点打造了谭寿林故居、东南洋革命纪念馆等红色旅游景点,与区内其他景点形成旅游环线。其中,谭寿林曾任全国总工会秘书长,其夫人钱英是歌剧《洪湖赤卫队》韩英的原型。1954年,毛泽东主席以第001号为谭寿林亲属签发光荣纪念证。2009年,谭寿林入选100位为新中国成立作出突出贡献的英雄模范人物(广西入选两位,另一位为韦拔群)。桥圩镇大力弘扬民间美食和民俗活动,形成了桥圩鸭肉粉、将军节、师公戏等在桂东南有影响力的文化品牌。桥圩镇还积极开展群众体育运动,荣获"全国篮球项目先进乡镇"和"两广篮球之乡"等荣誉称号。

5. 坚持以社会治理创新,提升群众幸福感

特色小镇不仅承载经济功能,同时承载社会功能。桥圩镇借助"天眼"工程村村通、屯屯通的优势,在广西率先推行网格化、信息化、可视化管理试点,在镇、村、屯三级设置应急管理网络,成效明显,成为广西示范推广的应急管理创新项目。桥圩镇坚持党建引领,推进村民自治,在行政村以下的自然屯、组、队,探索设立党小组、户主会、理事会("一组两会"),屯级重大事务决策由党小组牵头提议、户主会协商议决、理事会执行落实,解决党的组织覆盖薄弱以及群众自我教育、自我管理、自我服务工作薄弱的问题,大大提高了群众参与村屯事务的积极性,群众获得感、幸福感明显提升。

三、未来发展

虽然桥圩镇在特色小镇建设方面成效明显,但也面临以下困难和问题:一是建设资金不足,小镇的基础设施不够完善;二是产业规模偏小,结构单一,附加值不高;三是用地指标缺乏,一定程度上制约了小城镇发展。

下一步,港南区将抢抓国家培育1000个特色小镇战略机遇,以"服务玉林贵港区域一体化发展,打造特色小镇和工业重镇"为目标,加快完善相关配套设施,拓展城镇功能,把桥圩镇建设成为贵港市的副中心。力争到2020年,桥圩镇面积在现有基础上翻一番,城镇化水平达50%以上,成为

全国特色小镇。

1. 加快推进项目建设,夯实特色名镇基础

重点抓好桥圩工贸科技创业园(一期)建设,加快恢复桥圩火车站客运服务并升级为贵港高铁南站,融入北部湾1小时经济圈。适时推进智慧城镇建设,加快工贸科技创业园扶贫移民搬迁安置区建设,为贫困人口提供就业,服务脱贫攻坚。

2. 加快产业转型升级,做大做强羽绒特色产业

加快贵港市羽绒交易中心规划建设,打造集交易、质量检测、融资融智等为一体的产业发展平台,吸引国内外有影响力的羽绒企业、有专业技术的人才到桥圩发展。鼓励本地企业,自主创新、培育品牌、提高效益,力争到2020年亿元企业达到20家,将桥圩打造成全国领先、全球知名的优质羽绒原料加工基地和羽绒服装、寝具生产基地。

3. 加快农业供给侧改革,推动高附加值农业发展

以市场需求为导向,力争用2~3年的时间,富硒农产品种植面积1.5万亩以上,中药材种植面积2万亩以上,发展农产品精深加工,拉长产业链,培育特色品牌,建成一个自治区级的现代农业(核心)示范区。

4. 加快发展新兴服务业,打造宜居宜业宜游新桥圩

积极发展红色旅游、乡村生态旅游,重点加快铜鼓湾温泉建设,努力把铜鼓湾温泉打造成广西一流、全国领先,具备健康养生、休闲观光等功能的温泉度假区,打造留得住绿水青山,系得住乡愁的特色小镇。

四、专家点评

1. 整治镇区环境,塑造整体风貌特色。

2. 尽快修编规划,提升规划质量。

(第二批全国特色小镇专家组评审意见)

要把桥圩的羽绒产业进一步做大做强,使优势更优。同时,结合实际资源、本土优势,不断培育和创造新的产业优势,使桥圩镇产业发展保持活力。

(点评专家:金德钧,原建设部总工程师、中国国际城市化发展战略研

究委员会主任)

桥圩要保持持续的经济活力,离不开产业的支撑和环境的完善。产业方面,要加快羽绒、中草药加工、精米加工等支柱产业的二次创业,延长产品产业链,提高产品附加值,进一步做大做强。同时,还要充分挖掘铜鼓湾温泉、谭寿林故居、东南洋革命纪念馆等旅游资源,形成一批具有当地特色的旅游景点,打响旅游品牌,增加当地收入,带动就业,为小镇经济持续健康发展提供强大的驱动力。

(点评专家:陈日清,贵港市商务局局长)

南宁市横县校椅镇

一、概况

校椅镇位于横县中北部,镇域面积 236.6 平方千米,辖 22 个村(居)委会,112 个经联社,总人口 12 万人,有耕地面积 8.4 万亩,林地面积 14.1 万亩。近年来,校椅镇先后荣获广西壮族自治区村务公开民主管理示范镇、广西壮族自治区卫生镇、南宁市经济发展"十佳乡镇"、南宁市清洁乡村"十佳乡镇"等荣誉称号。2016 年,全镇财政收入 2810 万元,全社会固定资产投资 6.54 亿元,规模以上工业总产值 6.0899 亿元,人均纯收入 12277 元。

世界茉莉看横县,横县茉莉看校椅。在校椅镇得天独厚的土地上,茉莉花已盛开 500 多年,以花期长、花蕾大、香气浓郁著称于世。勤劳智慧的校椅镇人,用智慧和汗水浇灌出一条长达 17 千米的茉莉花生态综合示范带。这条示范带串联着 366.67 万平方米茉莉花标准化种植基地、独一无二的中华茉莉园和全国最大的茉莉花及花茶原料市场,犹如仕锦般织在蓝天下,成为世界茉莉花产业发展的聚集带。走进茉莉小镇,随处可见茉莉文化,精神文明之花光彩夺目。校椅镇的茉莉花香塑造了小镇独特的记忆和个性,培育了小镇浓厚的茉莉文化氛围,呈现了游人如织的旅游盛况。

二、特色

1. 农业产业特色明显

全镇境内气候适宜,土地肥沃,有六蓝、北滩两座中型水库和 17 座小型水库,灌溉便利,因此农业特色优势明显,主要作物有甜玉米、茉莉花、优质稻、瓜果蔬菜等。其中,茉莉花的种植面积达到近 2 万亩,约占全县茉莉花总种植面积和年产量的四分之一,约有花农 8.25 万人,年销售收入平均可达 1.4 亿元;借助茉莉花种植优势,"中华茉莉园"这一集生态观光、现代茶叶加工、标准化茉莉花生产基地为一体的 3A 级景区落户校椅镇,是全县茉莉花种植、主题生态旅游观光和茉莉花茶加工基地的核心集中示范区。在巩固提升中华茉莉花产业示范区建设的基础上,校椅镇做大做强校椅高速出口至横州二级路特色产业带,培育建成特色产业园 10 个,"一带一路"特色产业带建设初见成效。此外,全镇甜玉米种植面积已达到 10 万亩(复种),年产值达到 3 亿元,是全国西南最大的甜玉米生产基地。同时,全镇还复种有 17.9 万亩的瓜果蔬菜,拥有青桐、东圩 2 个远近闻名的甜玉米和瓜果蔬菜交易市场,每天交易市场繁荣,生产的瓜果蔬菜运送至全国各地。全镇规模养牛、养羊场 16 家,梅花鹿养殖场 6 家,中等规模的养猪专业户 30 家,特色养殖业进一步做大做强。此外,全镇还是富硒区域,优富硒产业正逐步做大做强。

茉莉花是横县的县花,横县茉莉花产量占全国的 80%、全世界的 60%,产量居世界第一,因为这朵花,横县被授予"中国茉莉之乡"、"世界茉莉花和茉莉花茶生产中心"称号。世界茉莉看横县,横县茉莉看校椅。校椅镇是全县茉莉花生产的核心区,全镇茉莉花产量占全县 50%、全国 40%、全球 30%,可谓名副其实的茉莉小镇。

一花独放不是春,百花齐放春满园。为了大力发展茉莉花产业集群,打造茉莉小镇。横县县委、县政府从 2007 年开始,就在校椅镇建设中华茉莉园,3000 亩连片标准化种植的茉莉园极大地辐射和带动了周边 160 平方千米的茉莉花种植,逐渐形成了一条沿校椅高速出口至横县县城二级路长达 17 千米的茉莉花标准化示范带和茉莉花生态综合示范带,也反推了园区规模的不断扩大。2014 年,园区升级为中华茉莉花产业(核心)示范区;2015 年升格为"广西现代特色农业(核心)示范区";2017 年 6 月成功入选首批创建国家现代农业产业园(全国仅 11 个),同年 7 月被评为广西现代特色农业五星级(核心)示范区。

随着园区的提质升级,全镇茉莉花种植规模和种植品质不断提升。全镇有机茉莉花生产基地达 2000 亩。茉莉花生产质量安全关键技术到位率、病虫害统防统治覆盖率、茉莉花茶质量抽检合格率均达到 100%。2014 年以来,全县下放至校椅镇各级各类建设资金 3.26 亿元,居全县各乡镇之首,成为驱动和引领横县茉莉花产业提质升级的发动机。

如今,随着茉莉花产业链的不断延伸和拓展,校椅镇成为全县战略重镇、产业重镇、发展重镇,带动了当地及周边 17 万多人的务工和就业转移,占全镇就业人口比例超过 65%。由于茉莉花平均亩产值比普通农作物高

2.6 倍,校椅镇还"种"出了一条特色的致富路。2016 年,校椅镇农民人均可支配收入达 15562 元,比全县人均高 34.88%,比全区高 56%,为特色小镇的发展注入了源源不断的内生动力。

2. 第二产业、第三产业发展动力强劲

全镇目前有北京张一元等 29 家企业,其中规模以上工业企业达 7 家,数量位居全县前列。近年来,借助茉莉花种植观光优势,校椅镇打造了一条长 17 千米的茉莉花生态综合示范带和农业生产休闲示范区,全线拥有岭脚、木祥、中华茉莉园、龙省等一批茶叶加工、生态旅游和农业观光点,极大地推动了全镇第二产业、第三产业快速发展。

3. 新农村建设、生态乡村建设、城镇化建设稳步发展

全镇新农村建设扎实推进,探索出了适合农村垃圾处理的三级四类的"石井模式",提炼出干群联系的"八方联动"模式,一系列做法得到了广西壮族自治区领导,市、县领导的调研肯定和批示推广。基本实现村村通水泥硬化道路,村屯活动、娱乐等公共设施一应俱全,村庄整洁、楼房林立,镇区和村道亮化工程不断推进,镇村面貌焕然一新。

三、未来发展

2017 年,横县校椅镇被确定列为第二批全国特色小镇、第一批广西特色小镇——茉莉小镇。茉莉小镇以茉莉产业为支撑,以茉莉花大艺术、大康养、大美丽文化为灵魂,以茉莉+花茶产业、芳香产业、文创产业、文旅产业、康养度假等为产业支撑,将茉莉主题全方位渗透到小镇生产、生活、生态中,构建宜居、宜业、宜游的中国横县茉莉小镇,最终建设成为世界茉莉花都、世界茉莉花产业话语权中心、世界茉莉花产业示范高地、国家 4A 级旅游景区、广西茉莉主题特色小镇。

项目建设地址:南宁市横县校椅镇中华茉莉园及其周边区域。

项目建设规模及主要建设内容:总规划面积 8 平方千米,其中核心区规划 3 平方千米。总投资为 38.25 亿元,其中一期投资 25 亿元。功能分区分为智慧管理服务组团、芳香研发文创组团、花茶精深加工组团、花田林果游乐组团、茉莉主题公园组团、茉莉种植示范组团及休闲度假康养组团等 7 个功能组团。依托茉莉小镇的茉莉花产业、自然景观和壮乡风情等旅游资

源,打造"茉莉闻香之旅"旅游品牌,建设茉莉花品种园建设项目、茉莉花加工新城项目、茉莉小镇茉莉亲子乐园项目、茉莉小镇核心区建设项目、游客服务中心、生态停车场、茉莉产业总部基地、茉莉产业峰会及论坛、会展中心等,以及相应配套工程。

项目建设年限:2019—2025 年。

总投资及资金来源:总投资 38.25 亿元,资金来源为财政拨款、银行贷款及业主融资。

2019 年工作任务:年度计划投资 2.5 亿元,完成茉莉花标准化种植基地、2000 亩茉莉花水肥一体化试点项目、2000 亩茉莉花病虫害统防统治和监测项目、1000 亩茉莉花生产数字化试点项目、茉莉花(茶)加工企业改造项目、茉莉花加工新城项目、花农工作亭建设项目、生产功能性道路、茉莉花生态公园项目、茉莉花品种园建设项目、产业园科技创新平台建设项目、培育新型经营主体、示范推广紧密型利益联结模式、对外交通建设项目、完善生产性基础设施、茉莉花产品和其他特色农产品品牌建设共 16 个项目建设工作。

项目业主单位:横县现代农业产业园管理中心。

四、专家点评

1. 加大茉莉花产品的研发力度,提高附加值,延伸并融合文化、旅游等相关产业,促进产业复合化发展,带动乡村发展。

2. 提炼茉莉花的文化特征,突出小镇的文化特色。

3. 尽快修编规划,提升规划质量。

(第二批全国特色小镇专家组评审意见)

北海市银海区侨港镇

一、概况

侨港镇位于北海市区南部,地处国家级旅游度假区北海银滩中段,东起银滩中路,西接银滩西区,北至金海岸大道,南邻北部湾。侨港镇是全国最大的归侨集中安置点,1978年,1万多越南归侨汇集于此。1979年6月2日,广西壮族自治区人民政府批准成立唯一一个为安置归侨而设立的镇级行政区域,也就是当年的北海市侨港人民公社,后来更名为"侨港镇"。昔日杂草丛生的荒滩,现在变成了一座充满魅力的海滨城镇。陆地面积只有0.7平方千米的侨港镇,总人口达1.7万多。其中,归侨侨眷占95%以上,大部分居民以从事渔业为生。侨港镇为中国面积最小的镇,也是中国最大的越南归难侨安置镇。

近年来,侨港镇先后投入2000多万元,对全镇9条大街小巷实施硬化、绿化和亮化。2015年,侨港镇公租房项目1900多套住房交付使用,归难侨棚户区改造项目开工建设,城镇基础设施不断完善,文化体育事业基础设施建设逐步完善,群众文化体育活动丰富多彩,精神文明建设连创佳绩,一个人居环境和谐优美的新城镇初步形成。2009年,侨港镇被评为"全国文明镇",随后荣获"广西壮族自治区卫生镇"、"广西壮族自治区卫生先进单位"等称号。联合国难民署高级专员保尔·哈特林曾用最美的语言赞誉侨港——"世界安置难民的光辉典范和橱窗"。

二、特色

1. 鲜明的特色产业发展

近年来,侨港镇党委、政府始终贯彻落实党和国家的各项方针政策,围绕"凝聚侨心、汇集侨智、发挥侨力、维护侨益"的工作方针,坚持以经济建设为中心,以发展促安置,以发展促文明,以发展促和谐,让昔日荒滩崛起成为一座以渔业为主产业,工业、商业、旅游业齐头并进,各项社会事业协调发展的新城镇。侨港镇的渔业由弱到强,已成为广西重要的渔业重镇。

工业实现了从无到有,是广西最大的海产品深加工基地,产品出口美、日、韩以及欧盟等国家和地区。旅游服务业和餐饮为主的第三产业迅猛发展,"玩海水、品海鲜、观疍家风情、尝特色美食"的魅力活动吸引着八方游客,成为北海市一个响亮的饮食文化品牌。

侨港镇围绕海洋主题,大力发展海洋+旅游产业,挖掘侨乡特色,建设东南亚异国风情的体验中心,发展向海经济,打造向蓝色海洋谋发展的示范镇,建设成为北海全域旅游的中心枢纽、东南亚异国风情体验区,构建"玩在银滩,吃在侨港"、"北有老街,南有风情街"的旅游新格局。

侨港镇大力发展向海经济,成立了广西海洋集团,助力海洋产业的发展;依托自身侨乡特色,借海上丝绸之路的东风,建设东南亚异国风情的体验中心,发展旅游产业。海洋产业方面,开发南海渔场,加大对现有渔船的改造升级,发展大功率渔船;加强海外渔业合作,建设远洋渔业合作基地;建设海洋牧场,充分利用浅海海域;推广应用制冷新技术,推广使用"互联网+"进行营销。旅游产业方面,建设特色街区,定期隆重举办传统的龙舟祭港、盛大的百福宴、生猛海鲜美食节等活动,发展海上(沙滩)运动,举办全国比赛,培育休闲渔业,推广特色美食。以海洋捕捞、水产品加工为主的海洋产业以及以旅游为主的第三产业为社会提供了大量就业机会,同时带动周边区域的蓬勃发展。

2. 和谐宜居的美丽环境

镇区地势平坦,整体空间布局与周边环境契合,街道宽度与建筑高度比例在 0.8～1.1 之间,总体比例适宜,镇区住区建设以开放式为主,封闭式小区数量约为 10%。近年来,银海区坚持以建设"生态宜居和谐美丽银海区"为奋斗目标,坚持"五大发展理念",抢抓国家推进"一带一路"合作重大机遇,依托银海区特有的区位优势、丰富的海洋和旅游资源、良好的生态环境优势,实施小街小巷改建工程、污水截流工程、绿化美化工程等措施方案,打造侨港镇和谐宜居的美丽环境。

3. 特色的传统文化

每年的端午节,侨港镇都举行龙舟祭港活动,祈求风调雨顺,祈求鱼虾满仓,祈求国泰民安。全镇的渔民占 80% 以上,渔民以海谋生,以船为家,他们长期在海上生产生活,自然而然地形成了他们的疍家文化。侨港镇也成了咸水歌的继承传颂点,每年定期举行渔民咸水歌曲比赛,划拨专门经费,设置专门的场地,对咸水歌进行传承和保护。咸水歌已被列入广西非物质文化遗产保护名录。

疍家婚俗是水上人家的一种婚庆习俗,表现在男女未订婚的船家,女家放置一盘花于船尾,男家则置一盘草于船尾,以此招媒人撮合婚事,婚礼服饰以红色为主,接亲仪式在船上进行。这种独特的婚俗仪式每年都会举办两场,以宣传发扬侨港文化。

4. 便捷完善的设施服务

镇区对外交通便利,对外交通道路路面等级为一级,镇区道路路面情况良好。供水管网、污水管网全覆盖,垃圾处理率达100%。拥有中、小学各1所,公办、民营幼儿园共10间。1个镇级卫生院,为联合国难民署援建医疗机构,现改造建设成国家二级医院,文化体育设施、养老设施、商业设施一应俱全。拥有现代便捷服务,镇区公共WIFI全覆盖,渔民服务中心为渔民提供便捷的"一站式"综合行政服务。

5. 创新机制体制探索

规划建设管理创新。进行"四所合一"机构改革,整合各职能部门,实现"多规合一、多规协调"。

社会管理服务创新。全面建立镇、村级"一站式"服务平台,实现网格化服务管理体系,更加方便群众办事,简化办事流程。

经济发展模式创新。通过政府主导、市场运作的方式,搭建投资融资平台,推进风情小镇建设。成立国有投资公司,主导全镇开发建设、融资模式创新。

机制体制创新。成立专门的机构,作为广西壮族自治区经济发达镇的试点,针对人员、编制、经费、事权等方面进行改革,打破原来的管理模式,实行统筹安排管理。在公共管理服务方面率先通过先购买服务,镇财政坚持"收""支"两条线,逐步向服务型政府转变,加强对渔民的培训。

三、未来发展

建设目标是把侨港建设成为北海全域旅游的中心枢纽、东南亚异国风情体验区,构建"玩在银滩,吃在侨港"、"北有老街,南有风情街"的旅游新格局。坚持"科技引领未来"的发展理念,大力发展向海经济,打造向蓝色海洋谋发展的示范镇,为北海经济转型升级和加快建设创新型开放城市注入新动力。

到 2020 年,全镇地区生产总值年均增长 12%,固定资产投资年均增长 13%,规模以上工业总产值年均增长 12%,渔民人均纯收入年均增长 15%。依托"侨、港、岛、滩、海"资源优势,结合侨港产业发展的需要,着力建设侨港八大功能区域,建设具有东南亚特色风情的商业街区。通过改造建设,把"侨"、"港"、"岛"、"滩"、"海"等元素结合起来,构建成为一道美轮美奂的画卷,打造中国最美的渔港。加大科学技术的引进,加快对渔船的升级改造,开发南海渔场。拓展渔业发展空间,加强与海外渔业的合作交流;依托资源优势,大力发展休闲渔业。

经过 30 多年的艰苦创业,侨港镇取得了跨越性的发展,为侨港镇实现科学发展、和谐发展、跨越发展夯实了牢靠的基础。面对北部湾开放开发的热潮,侨港人将站在新的历史起点,深入贯彻落实党的十九大精神,走群众路线,谋划在前、齐心协力,吹响"凝聚侨心侨智,发挥侨力优势,推动科学发展,建设富裕文明和谐新侨港"的号角。侨港镇这颗嵌镶在北部湾畔的明珠,必将焕发出更加耀眼的光芒。

四、专家点评

1. 加强特色产业培育。
2. 加强镇区环境整治,提升整体风貌。
3. 尽快修编规划,提升规划质量。

(第二批全国特色小镇专家组评审意见)

桂林市兴安县溶江镇

一、概况

溶江镇是一个历史悠久的文明古镇,辖一甲村、廖家村、塔塘村、车田村、千家村、五甲村、半圩村、富江村、司门村、龙源村、茶源村、中洞村、坪寨村、新文村、永安村、佑安村、塔边村 17 个村委,一个街委,总人口 5.6 万人。总面积 460 平方千米,其中耕地面积 6.3 万亩,盛产葡萄、竹木、罗汉果、柑橘,是华南最大的葡萄生产基地,有"南方吐鲁番"的美誉。

溶江镇地处闻名遐迩的漓江源头,位于风景秀丽的古灵渠河畔,早在秦汉时期,这里就筑城戍疆,商贾云集,至今还保存着秦城和古汉墓群遗址,是兴安县西南部一个历史悠久的文明古镇和经济重镇。溶江镇四面环山,中间平川,交通极为便利,是沟通湘桂的咽喉要塞,322 国道和湘桂铁路,在建的湘桂铁路复线、兴桂高速公路纵贯全镇。镇政府北距兴安县城25 千米,南距桂林市区 35 千米,是桂北地区商品运输及旅游观光的必经之地。

2014 年,溶江镇着重发展特色农业,扶持开发新兴产业,现代农业发展成效显著。一是葡萄产业继续保持快速发展,葡萄品质进一步提升。新增葡萄种植面积约 8000 亩,全镇葡萄总面积达 7.8 万亩,葡萄示范基地达 20多个,全镇葡萄总产量达 11.7 万吨,产值达 5.85 亿元。二是加大招商引资力度,注重抓好项目建设服务,推动工业产业集群升级。坚持城乡统筹发展,不断完善基础设施建设,改善人居环境,提升小城镇的档次和品位。

2015 年 2 月,中央文明办授予溶江镇"第四届全国文明镇"称号;广西壮族自治区环保厅授予溶江镇"自治区生态乡镇"称号;广西壮族自治区政府授予莲塘葡萄产业(核心)示范区"广西现代特色农业核心示范区"荣誉称号,这是广西壮族自治区确定打造的集观光农业、休闲农业、农家旅游业于一体的 12 个特色农业核心示范区之一,也是桂林市唯一获此殊荣的示范区。

2017 年,溶江镇列为中国特色小镇。2019 年 9 月,溶江镇(葡萄)入选第九批全国"一村一品"示范村镇名单。

二、特色

溶江镇是一个巨大的天然宝库,蕴藏着金、银、铁、铝、铜、大理石等矿产资源以及毛竹、杉木、杂木等森林资源。其中金矿的储量大,极富开采价值。溶江镇每年可生产毛竹 300 多万根,原木 6000 立方米,是兴安县最大的竹木生产、集散地。溶江镇的水资源也十分丰富,是漓江、珠江两大水系之源,素有"九江八水一条河"之称。

在稳定粮食生产的同时,溶江镇大力调整农业产业结构,发展名、特、优水果,形成了百里长廊花果飘香的特色,仅葡萄种植面积达 3 万亩,年产量 4.25 万吨,是华南最大的葡萄生产基地,享有"南方吐鲁番"的美誉,葡萄已经成为全镇农业经济的支柱产业;发展以三元杂瘦肉型猪为主的养殖业已成规模;修建沼气池 3500 多座,沼气入户率 42.7%,其中莲塘村被列为全国生态能源示范村。溶江镇初步形成了集"养殖—沼气—种植"为一体的生态农业格局。

从 20 世纪 80 年代开始,溶江镇就积极发展乡镇企业,并逐步形成了以竹木、食品加工为龙头的工业体系,是广西竹木加工和食品出口创汇的重要基地之一,其产品远销东南亚、欧美等数十个国家和地区。目前,全镇逐步形成了鹞子坪、黄泥坡两个工业园区,拥有企业 1650 家,其中投资 300 万元以上的企业 26 家,外资企业 12 家,出口型企业 8 家,成为兴安工业第一镇。

为促使企业和其他经济以及海外客商到溶江镇投资兴办各种实业,当地政府本着扩大开放,加快溶江镇经济发展的原则,制定了一系列优惠政策。溶江镇将为前来投资的外商在土地使用、水电及通信设施的使用、企业产权的转让等方面提供最优质的服务。

溶江镇积极参加广西壮族自治区"南珠杯"竞赛活动,采取多元化投资策略,搞好了基础设施建设,加快了小城镇城市化步伐。相继对镇区进行了大规模旧改、高标准规划,建成了新开发区大街,使新、旧城区连为一体,城镇面貌焕然一新,实现了村村通电、通邮、通电话的目标,连续两届荣获"南珠杯"竞赛先进乡镇。同时认真抓好了农村新村建设,相继建起了黄茅坝、大凸等八个闻名区内外的小康文明示范村,曹伯纯、李兆焯等中央、区有关领导都曾前来新村视察,并给予了很高的评价。

兴安作为大桂林旅游圈的次中心,其特色旅游内涵急需丰富和补充,溶江镇现有的"乡里乐"漂流,一甲村的大凸、黄茅坝等文明村生态景观,金银谷、古秦城黄城遗址等景点,以其明显的区位优势和浓郁的生态环境优势以及古文化底蕴,成为烘托兴安旅游文化,连接桂林旅游北环线的重要环节。

三、未来发展

高位推进溶江特色小镇建设和经济发达镇行政管理体制改革,因地制宜、突出特色,加快漠川乡第四批新型城镇化示范乡镇建设。全面激发溶江镇的特色乡镇活力,因地制宜规划乡镇发展定位,形成各具特色、协同发展的良好局面。同时,溶江镇要以国家级特色小镇建设为契机,全力推进溶江新城开发建设、溶江通用航空科创产业园和文旅产业园的规划建设及灵渠秦风田园综合体项目建设,进一步发展草莓、葡萄等精品农业。

完善基础设施,提升旅游服务质量。全力推进国家全域旅游示范区建设,加快智慧旅游平台、旅游集散中心、旅游咨询服务中心和旅游厕所建设,继续做好"广西游直通车"接待点建设。到2020年,完成中小河流治理兴安县大溶江溶江镇白桃村段防洪治理工程,提升漓江流域溶江镇的防洪及河流综合整治效果,提升小镇的基础设施建设水平。开通兴安北至广州南的动车,做实做强广西灵渠胜地文化旅游投资发展有限公司,助推文旅各项事业健康发展。

四、专家点评

1. 延伸葡萄产业链,提升产业竞争力。
2. 提高规划设计水平,彰显水环境特色。
(第二批全国特色小镇专家组评审意见)

崇左市江州区新和镇

一、概况

新和镇位于崇左市江州区西北面,东北面与大新县接壤,西南与龙州县交界,距市区 28 千米。新和镇辖区内有美丽的黑水河穿镇而过,全镇总面积 265 平方千米,全镇人口 4.5 万人,其中集镇常住人口 2.1 万人。全镇种有 17 万多亩甘蔗,人均产蔗 28.8 吨、产糖 3.5 吨,是全国人均产蔗、产糖最多的乡镇。

新和镇是崇左市经济总量最大的乡镇,目前,新和镇工业园区已有规模以上工业企业 23 家,2016 年工业总产值达 75 亿元,创利税 4.6 亿元;农民人均耕地面积 8.7 亩,是全国人均产蔗、产糖最多的乡镇,素有"中国第一甜镇"美誉。

经过不断发展,新和镇经济和社会各项事业走在了江州区各乡镇的前列,得到了上级的肯定,获得了各种殊荣。从 2003 年起连续三年获得江州区三个文明建设一等奖。荣获自治区、国家级的奖项有:荣获广西第三、四届市容环境综合整治乡镇组"南珠杯"特等奖,广西第五届市容环境综合整治乡镇组"南珠杯"优秀奖;2003 年被广西壮族自治区基层政权建设办公厅授予"广西村民自治模范镇"称号,被广西区党委组织部评为"党员电教科技示范乡镇"称号,被广西科技厅授予"广西科技进步考核先进镇"称号;2005 年 10 月,被中央文明委授予"全国精神文明创建工作先进镇"称号,11 月被国家体育总局授予"全国体育先进单位"称号;2006 年被崇左市委、崇左市人民政府评为民族团结先进集体。

二、特色

新和镇蔗区建设有 30 万亩甘蔗"双高"基地,围绕蔗糖主导产业,该镇大力推进蔗糖循环产业项目建设。目前,蔗糖循环经济产业园区进驻 8 家重要的蔗糖企业(项目):①年产值达 20 亿元的湘桂糖厂。②由国家主席习近平和法国前总统奥朗德共同见证签署的、世界最大的酵母厂——法国乐斯福酵母项目。③蔗糖食品、糖保健茶等系列糖品深加工产业项目。④广西最大的蔗糖秸秆饲料项目。⑤广西最大的甘蔗滤泥循环生态肥项目。⑥高铁环保纸包装系列项目。⑦广西最大的肉牛养殖加工基地。⑧全国最大的惠利公司甘蔗"双高"器材设备生产项目,每年生产的器材设备可满足 100 万亩"双高"基地设备需求。此外,通过 PPP 模式建成了 6.2 万平方米的标准厂房,在建 5 万平方米。

除了蔗糖主导产业之外,新和镇还大力做足旅游这篇"大文章",建设新和如意岛婚庆、万亩玫瑰旅游、大华山水牧场、新和颐养城等旅游项目,为创建边境特色小镇打下了基础。目前,结合产业发展,该镇已实现五区合一,即老镇区、新镇区、景区、农业示范区和工业区连成一个整体,镇区面积达 15 平方千米,达到产城融合目标。

三、未来发展

1. 立足"一根甘蔗·一条河","特"在产业"争妍"

江州区决定围绕"一根甘蔗·一条河"的产业和资源优势,把产业布局合理、特色鲜明、自然人文资源丰富的新和镇打造成为中国"甜蜜小镇",该区谋划推进落户新和的江州区蔗糖循环经济产业园建设,园区规划总面积 1.5 万亩。

目前,已有湘桂糖厂等 18 个重大项目落户江州区蔗糖循环经济产业园,形成了以甘蔗良种研发、种植设备器材生产及管理、制糖及糖品深加工、酵母、纸浆及环保包装等为主导的糖业循环产业集群。2018 年,园区规模以上工业总产值达 75 亿元,创利税 4.6 亿元。

位于江州区蔗糖循环经济产业园内的中法合资乐斯福酵母生产项目是全球最大的酵母生产基地,计划在 6 年内投入 20 亿元以上,主要以甘蔗制糖产生的废糖蜜为原料,采用国际领先的发酵、生物、环保技术,实现糖业产业升级和资源综合利用。项目建成后,酵母年生产量达到 5 万吨以上,酵母抽提物年产量达到 2 万吨以上,实现年销售收入 15 亿元,税收 4000 万元以上,提供就业岗位 300 多个。

与此同时,新和镇围绕"一条河"(黑水河)积极发展文化旅游产业,打造宜工宜商、宜居宜游的"甜蜜小镇"。目前,该镇如意岛婚庆项目投入运营,实现与周边颐养度假休闲区、越南华侨异国风情街等景区连成一体。花山玫瑰旅游项目已建成并准备投产,与周边极富喀斯特地貌的黑水河水上石林景区、山水牧场等形成一系列的旅游休闲度假区。大华山水牧场已开工建设,将打造江南水乡式的度假果树公园、功能齐全的现代农庄。新和颐养城、游客服务中心等项目已破土动工,项目与东侧的产业主题公园形成横纵相交、文景交融的镇区空间架构,优化新和镇和经济产业园区"生产、生活、生态"三大空间,推动江州区文化旅游产业发展。

2. 创建的落脚点在于群众的"甜蜜生活"

江州区各级各部门加大投入支持新和镇建设,全镇医疗卫生服务设施、中小学教育设施、文化活动广场、商贸综合体和旅游服务中心等一应俱全,老镇区、新镇区、景区、农业示范区和工业区连成一个整体。

该镇 2017 年已建成具有产城融合特色的 3000 套生态扶贫移民安置综合体项目,即兴和家园安置性综合体,可为特色小镇居民提供吃、住、购、就业等一条龙服务,产城融合发展获得突破性进展。同时,蔗糖产业的不断发展,带来了大量的就业岗位,每年边境县市和越南到新和镇务工的人员达 2 万多人,也给该镇带来极大的人气和财气。在开展"美丽新和·乡村建设"活动中,新和镇新村村、那颜村、卜花村等 3 个村被评为自治区级生态村。那糯屯、孔香屯等 2 个屯荣获广西"绿色村屯"荣誉称号。

四、专家点评

1. 加大特色产业培育投入,延伸产业链。
2. 加强镇区环境整治,提升整体风貌。

(第二批全国特色小镇专家组评审意见)

江州区蔗糖循环经济产业园列入崇左市重点打造的五大主体园区之一,是中国糖业产业园的一个重要组成部分。江州区各级领导要加强工作力量,成立工作组落实相关工作,各个部门要做好服务工作,各负其责,在现有成绩的基础上,加油鼓劲,协同作战,把江州区蔗糖循环经济产业园打造成百亿产业园区。

(点评专家:崇左市市委书记刘有明、市长孙大光)

贺州市昭平县黄姚镇

一、概况

黄姚镇位于昭平县的东北部,北近钟山县,与清塘镇、钟山同古镇相接;南靠苍梧县,与樟木临乡、富罗镇相交;西接蒙山县,与走马乡相依;东面与凤凰乡、贺州市工会镇毗邻;在漓江下游区。黄姚被溪流环绕、被青山怀抱,比起江南水乡的古镇,黄姚显得格外秀气、幽雅、宁静,也因此,黄姚成了众人心中的"梦境家园"。古镇内的小桥流水、青砖黛瓦,无不深藏着人们对家园的深深眷恋。因位于南方独特的喀斯特地貌区域,故黄姚古镇山水灵秀,素有"小桂林"之称。

黄姚镇域总面积 244 平方千米,下辖村(居)委会 19 个,镇区常住人口 0.44 万人,2016 年旅游总收入 2743.54 万元。黄姚镇主导产业为"古镇文化旅游、生态农业、商贸物流"。黄姚古镇是广西现有的三个国家级历史文化名镇之一,属 4A 级景区,同时也是广西现有的十一个全国农业旅游示范点之一,其旅游品牌知名度在全区范围内名列前茅,在国内外也有一定的影响力。

黄姚古镇是岭南古镇的典型代表,是将所处的自然地理环境与当时的历史文化高度融合而成的一座山水园林古镇,享有"人与自然完美结合的艺术殿堂"的美誉。它是目前我国华南地区规模最大,保存最完整,最具有特色的古镇,被国家旅游局批准为 4A 景区、全国特色景观旅游名镇、广西五星级乡村旅游区。2013 年,通过美国有线电视新闻网(CNN),黄姚古镇被评为"中国最美五大水乡之一"。

二、特色

1. 文化旅游产业蓬勃发展

黄姚镇年游客接待量和旅游收入逐年提高,创 5A 工作有序开展。"大黄姚"旅游圈发展初具规模,旅游基础设施建设成果卓著,2017—2020 年黄姚镇以黄姚古镇为开发重点,按照创 5A 的建设标准,完善黄姚古镇基础设施建设。重点抓好古镇的保护与管理,把生态文化、古镇文化、茶文化、民间文化、长寿文化、民间民俗文化紧密结合起来,进一步打造融文化、休闲、观光于一体的生态休闲旅游精品。

2. 特色农业发展势头良好

在特色农业方面:扩大优质水稻、水果、养殖业的规模,发展特色农作物种植,进而全力推进特色农业产业化发展。在产业创新模式上:一方面通过有序进行"三高"桑蚕生产新技术的推广,创建种养分离的生产经营模式,示范推广桑枝食用菌、蚕沙无害化处理利用、桑园养鸡等桑蚕综合利用技术,提升科技示范推广成效;另一方面,在传统产业基础上,依托新技术、"互联网+"等手段,助推传统产业改造升级。

3. 和谐宜居的美丽环境

黄姚镇作为昭平县创建"特色旅游名县"的主战场,镇域中心拥有半岛公园、东门楼公园、钱兴广场、姚江沿江公园等各类公园 6 个,镇区绿化覆盖率达 30%。黄姚古镇方圆 3.6 平方千米,为典型的喀斯特地貌,是一个有 900 多年历史文化的明清古镇,素有"诗境家园"的"小桂林"之称。镇内 600 多座古建筑为九宫八卦阵式布局,属岭南风格建筑;8 条主街道全部用黑色石板镶嵌而成,曲折的石板小巷幽深宁静,建筑色彩淡雅,赋予古镇一种有序与无序和谐统一的美感,被称为"人与自然完美结合的艺术殿堂"。

4. 彰显特色的传统文化

黄姚古镇历史文化资源丰富,八大旅游资源类型齐备,景类丰富,景点整体品位较高,单体知名度较大。黄姚镇非物质文化璀璨夺目:2007 年"黄姚豆豉加工工艺"分别录入广西壮族自治区第二批非物质文化遗产名录和贺州市第一批非物质文化遗产名录;"中元节放柚子灯"录入贺州市第二批非物质文化遗产名录。

黄姚镇打响以"山文化、水文化、树文化"为代表的黄姚旅游文化品牌,大力发展"饮食文化、诗联文化、牌匾文化、祠堂文化、名人文化、红色文化、影视文化、戏剧文化",促进旅游大发展、大繁荣。黄姚镇成功协办昭平"茶王节"、中国·黄姚首届汉文化节,大力推出"大美黄姚"大型实景演出等;定期组织黄姚民间艺术团和群众在古戏台上演"黄姚八景、黄姚风光好"等戏剧;组建了界塘村、中洞村、凤立村彩调队、舞狮队等民间艺术团体,丰富了农民群众的精神文化生活。

5. 便捷完善的设施服务

到 2012 年年底,黄姚镇 169 个自然村屯基本实现了村村通水泥路的目标,受益人口达到 58000 多人,19 个村实现村村交通覆盖。公共服务设施方面,黄姚辖区内设有中小学校、幼儿园 28 所,图书馆、博物馆、镇村公共文化中心站、医疗卫生、邮政、银行、消防等公共设施基本完备。供水供电、排水排污等市政配套设施完善,服务功能齐全。

6. 创新的体制机制

(1)精准梳理,建立政企合作项目库。黄姚产业区正式进驻后及时对产业区范围内建设项目进行再梳理、再核准,做到底数清,情况明。目前,黄姚产业区范围内在建、筹建重点建设项目多达 30 个。

(2)公私共营,坚持百花齐放,多元参与。强化招商引资力度,鼓励支持有实力、有影响的企业客商到黄姚产业区投资兴业,改变以往单一公司在黄姚开发的单打独斗局面,同时支持本地客商群众乘势而上,积极创业致富。

(3)政企通力合作,创新融资渠道。黄姚镇政府成立专门融资机构负责整个旅游区建设过程中的资金筹措工作,营造了良好的机制环境,在积极争取中央、区、市财政支持、银行低息贷款外,积极创新和拓宽资金筹措渠道。

三、未来发展

黄姚旅游工作紧扣古镇提升工程"一年打基础、三年搭框架、五年创建 5A 级景区、八年建成文化生态休闲区,打造国际知名的古镇观光休闲度假、全国一流的旅游目的地"的目标要求,按照"立足长远、抓好当前"的工作要求,狠抓古镇市场营销、综合管理和项目推进,扎实推进古镇体制机制改革等工作,全力打造文化旅游特色镇。积极鼓励社会各类投资主体参与旅游特色小城镇的投资、建设和经营,实现旅游特色小城镇建设从政府单一投入到多方投入,走出一条通过市场化运作促进旅游与小城镇协调发展的新路子。

2018 年组织项目前期工作,根据建设项目清单,结合镇区规划,具体落实黄姚镇近期建设项目的立项、规划设计、预算及送审工作,并制订工作方案,研究出台相关配套政策和措施,开展项目建设。2019 年进行项目常态化管理,各部门细化工作计划,形成以月为时间节点的具体实施计划,落实专人于每月固定日期,向镇人民政府报送特色镇建设工程进度情况。2020年充分发挥项目建设的功能和作用,带动周边经济发展,引领区域协同建设。

四、专家点评

1. 注重新镇区建设与古镇协调发展。

2. 加强历史文化遗产资源的活态传承。

(第二批全国特色小镇专家组评审意见)

黄姚古镇过度商业开发在一定程度上阻碍了古镇的特色化发展。因此,必须在保持古镇"古气"的氛围下,有规划性地进行开发。譬如,可在古镇主街区内开发适当数量的特色"客栈",开辟品茶、乐器弹奏、艺术创作等提供文化创意、特色休闲、养生体验的场所;可在古镇周边新建区建设酒店,涵盖具有较强娱乐性的酒吧、KTV、电影院等商业内容。基于统一建设规划,拓展古镇各行业的商业开发形式,逐步建立起多样化发展模式,促进古镇形成"食、住、行、游、购、娱"全方位的多样化良性发展模式。

同时,还应重视培养适合自身的旅游经济发展模式,将古镇传统观光型旅游发展模式逐步转变为集观光、休闲于一体的古镇生态旅游发展模式。根据实际情况外迁对古镇原生态环境影响较大的旅游产业。考虑在古镇外围的荒滩、山坡等地建设发展综合服务区、观光农业区、观光休闲区等,同时要尽量与景区保持一定空间距离,以保持古镇原有田园风光,维持生态平衡。可在古镇外围选择一处植被茂密的山地,在山脚建起大型花园与果园等园区,园区内开辟大型游乐园、浴场,引流山泉作为浴场用水,引源姚江供建特色池塘并搭设观鱼台。果园内可修建马场以及配设马道,环山脚铺设自行车道。黄姚古镇打造全新旅游度假区、观光休闲生态森林园等,在古镇自然、人文生态环境得到保护的前提下,深度开发和利用古镇旅游资源。

(点评专家:程洪,江汉大学人文学院教授,主要从事文化产业政策研究)

梧州市苍梧县六堡镇

一、概况

梧州市六堡镇,位于梧州市苍梧县的西部,面积 290 平方千米,辖 16 个行政村,一个社区,总人口 2.6 万人,除汉族外,有少量瑶族。六堡镇东邻梨埠镇,南接夏郢、旺甫镇,西连狮寨镇,北与贺州市平桂区水口镇交界。六堡镇是"六堡茶"的原产地。如今的六堡镇,作为经济主体的农业,除了水稻种植,利用林业资源出产马尾松、竹子、八角外,就是六堡茶的生产,近年来,六堡茶年产量已达 100 多吨。广西壮族自治区和梧州市正以此为主体推广六堡茶文化。六堡茶产业是该镇的主导产业,辐射到同属苍梧县的狮寨、梨埠、京南、木双、旺甫等镇,现从事茶产业相关的有 18000 多人。六堡镇曾获"广西生态特色(农业)名镇"、"广西现代农业核心示范区"、"2016年度广西四星级乡村旅游区(农家乐)"等荣誉称号。2017 年,六堡镇列入中国特色小镇之列。2018 年年初,六堡镇入选广西第一批特色小镇名单并被列入梧州市第一批特色小镇培育名单。

二、特色

近年来,苍梧县将六堡茶产业发展融入全县"一茶两产两文化"发展格局,即以六堡茶为中心,建设百里茶廊、万亩茶园,大力推进"六堡茶产业"和"休闲旅游业"两大特色产业发展,着力打造"六堡茶文化"和"瑶族特色文化"两张文化名片,把六堡镇打造成"天蓝、地绿、水净"的全国知名特色小镇。目前,全县种植六堡茶面积 8 万多亩,茶叶产量约 2800 吨,直接产值约 3.67 亿元,今年计划全县新种茶园 7000 亩,建设苗圃基地 150 亩以上,总面积超 8 万亩,加工茶叶 3000 吨。

1. 人文旅游资源

牌坊广场:雕廊画栋、木牌、石块,组成了具有古韵气息的茶文化建筑,欢迎着远方客人的来临。风雨长廊:长长的走廊见证了六堡镇的风风雨雨,游览者走在风雨文化长廊,感受着历史沉淀,听每一根柱子讲述专属于她的故事。六堡茶文化旅游节:2016年4月举办了第一届茶文化旅游节,在这里,能充分体会"名茶之乡"的真正茶韵文化。茶船古道:始于广西梧州市苍梧六堡镇,沿六堡河,经东安江,走贺江,入西江,直达广州,对接"海上丝绸之路"。六堡茶从清朝至今每年大量出口东南亚和港澳台地区。每一个产茶季节,六堡茶从六堡的合口街码头装上尖头船,经梨埠换大木船,进入贺江,经封川江口,进入西江之后再经都城装卸到大船中,运送到广州,再转口南洋和世界各地。这条被埋藏在时光里的河道书写了六堡茶飘香南洋的辉煌历史。

2. 自然风光

六堡镇依山傍水,保留着最原生态的自然风光,山谷之间、山与山之间,时而流出涓涓细流,时而出现激荡飞瀑,幽幽山林中,趣意盎然。同时还有古舜河、鱼跳爽、六堡梧洞河、皇殿山瀑布等风景。

苍梧县还加快建立传统工艺制作等标准体系,2018年完成了六堡茶传统工艺制作标准的制定。同时,为严格管理六堡茶生产、流通、仓储各个环节,加强质量监管,该县正在构建六堡茶安全质量平台,强化原产地、原品种、原加工工艺的"三原"特征,逐步实现产品质量的安全可追溯,保证六堡茶品牌的公信力。

2017年,苍梧县政府与飞尚集团就推进六堡茶产业发展和六堡特色小镇建设项目签订了协议。酒店、接待中心等公共服务设施已建设完工,2018年进一步融合小镇文化旅游、养生养老、茶船古道等资源和特色,规划建设相关项目。此外,长期以来影响六堡发展的交通瓶颈问题也在加快解决,连接六堡镇的苍梧梨埠至昭平马江公路项目计划2020年建成通车,这将改善六堡镇的道路基础设施,优化茶产业和小镇发展硬件环境。

三、未来发展

六堡特色小镇项目计划投入资金超过30亿元,建设期为4年,重点实施标准茶园、苗圃基地、茶叶加工、六堡新区建设、旧城区改造、茶船古道景观、堡茶仓储中心、六堡茶展示培训中心、茶叶批发零售市场等建设,打造三大产业融合发展的示范区;以G355沿路,全国最美茶叶公园为中心,打造现代特色农业(核心)示范区,把六堡镇打造成茶主题鲜明、生态环境优美、产业特色突出的特色小镇。规划将整个小镇分为三个时期进行开发建设。

一期(2018—2020年)建设水岸主题娱乐街、茶民俗展示街、创意生活馆、主题茶馆街、茶船古道文化广场、六堡茶展示体验馆、六堡水上演出剧场、茶文化商业街、瑶族文化商业街、六堡博物馆、商务休闲酒店、六堡茶产业园、六堡茶研发中心、茶园物联网中心、企业孵化园、六堡主题酒店。

二期(2019—2021年)建设三原六堡茶规模化加工基地、茶园物联网中心、物流仓储基地、六堡茶检测中心、瑶家风情演艺剧场、茶疗会所、瑶家康养馆、精品民宿区、工艺品作坊、工艺体验商业街、文化产业园、六堡主题度假酒店。

三期(2020—2021年)建设配套居住区(住宅小区、休闲度假区)。

四、专家点评

1. 加大特色产业的支持力度。

2. 加强镇区环境整治,提升整体风貌。

(第二批全国特色小镇专家组评审意见)

钦州市灵山县陆屋镇

一、概况

陆屋镇位于灵山县西南部,距县城 47 千米,总面积 283.01 平方千米,下辖 1 个社区、29 个行政村,总人口 10.57 万人。陆屋镇地处丘陵地貌区,属南亚热带季风气候,盛产甘蔗、莪术、茶叶、蚕桑等农特产品,糖蔗为该镇的支柱产业。陆屋镇交通便利,黎钦铁路、六钦高速公路等线路穿镇而过,南距钦州港 55 千米、北距南宁市 80 千米,境内还有钦陆一级公路、钦浦二级公路、钦灵二级公路、陆沙公路等。该镇有正在规划建设的南宁(吴圩机场)至北流(清湾)高速公路、南宁伶俐至陆屋二级公路经过;有配套设施完善的汽车站、火车站等,区位优势明显。同时,该镇自古以来人文荟萃,商贾云集,是桂东南通往北部湾地区的"枢纽镇",也是钦州市、钦州港和南宁市的重要辐射地带。该镇曾荣获"全国小城镇建设试点镇"、"《广西北部湾经济区发展规划》的北部湾经济区四级镇"、"全区小城镇综合改革试点镇"、"全区小城镇建设重点镇"、"广西壮族自治区城镇建设百镇建设示范(试点)镇"、"美丽钦州·乡村建设市级示范镇"等称号。

二、特色

1. 机电产业,风生水起

灵山县陆屋镇依托优越的区位优势、便捷的交通条件、丰富的劳动力和土地资源,连接北部湾港口群,主动承接长三角、珠三角产业转移,努力培育全产业链的机电产业和卫浴产业。

陆屋镇积极融入全国全区经济战略大格局,不断积蓄着起跳跨越的潜能,跃跃欲试,不断飞越洼地,勇攀新高。该镇以壮大工业经济总量为目标,着力推进临港产业园建设,临港产业园被列为自治区级 A 类产业园区。目前,已有 57 家企业入园落户,总投资超过 51 亿元,打造了陆屋机电产业小镇,目前来自福建、浙江、江苏等地 50 家机电、卫浴产业关联的企业签约进驻,正在建设岭南风格标准厂房及生活区 23 万平方米,项目建成达产后年产值30亿元。临港产业园的主要产品包括各类直流电动机、发电机及发电机组、按摩桌椅等,形成比较完整的机电产业链条和初具规模的产业集群。其中来自福建的几家机电龙头企业,均为中国知名电机品牌,填补了钦州市机电产业领域的空白。镇区规模以上工业总产值由2011年的5.55亿元上升到2016年的18.68亿元,主导产业带动就业人口占镇区总就业人口的51%。

2. 传统产业,集聚发展

陆屋镇加快农业产业结构优化,建设茶叶、甘蔗、火龙果、荔枝、龟鳖蛇等一批特色农业产业基地。围绕桂味生态园打造了广西农垦荔乡新光休闲农业(核心)示范区,其荔枝标准化示范园是农业部第一批认定的热作标准化生产示范园,是目前亚洲最大的桂味荔枝标准化生产示范基地。新光桂味荔枝被称为"广西最好的荔枝"之一。

近年来,陆屋镇做好了发展规划建设,科学实施总体规划,2016年年底集镇建成区面积扩展至4.5平方千米。目前,该镇城镇骨架初步形成,正在建设农创园、金海商城、陆阳新城、桂味生态园等一批产城融合项目。同时还建成了1个市县级示范村、3个"精品村",镇区绿化率达到35%,人居公共绿地面积10.5平方米。陆屋,正以良好的生态优势,铺展镇区绿色发展的恢弘长卷。

3. 历史悠久,积淀深厚

陆屋镇始建于隋开皇二十年,为遵化县城的治所,历史上就是商埠重镇,河道水运就是陆屋镇的气脉,赋予了陆屋灵性,也积淀了丰富的历史文化内涵。其民俗文化多姿多彩、独具特色。采茶戏、跳岭头、舞龙、舞狮在陆屋镇广为流传。辖区内的广府会馆、北帝庙,无时不向世人传递着这座古镇厚重的文化和历史。目前,该镇加大文化传播力度,实现了集特色文态、复合业态、小镇形态、多样生态为一体的"四态合一、多元发展"。近年来,陆屋镇成功申报了一个国家级、两个自治区级非物质文化遗产名录项目。

4. 创新机制,融合发展

陆屋镇制定并实施了支持特色小镇发展的政策措施,营造了市场主导、政企合作等良好政策氛围,建设充满活力的体制机制。目前,该镇正实施旧镇区整治提升工程,推进道路改造等一批基础设施建设工程建设。随着这些项目的建成,陆屋城镇规模将不断扩大,品位将不断提升,服务设施越加便捷完善。

为提升行政效能,陆屋镇创新规划管理建设,推行全区"四所合一",实行一站式行政服务。该镇还创新经济发展模式,探索四个阶段政务联合审批,拓宽融资渠道,协调、鼓励各类金融机构及其授权金融分支机构在信贷投放上给予扶持。

三、未来发展

今年以来,灵山县利用区位优势和交通优势大力承接东部产业转移,科学规划,开拓创新,不断优化提升营商环境,因地制宜做好陆屋机电产业特色小镇的培育和建设工作。2018年上半年,陆屋镇临港产业园被列为自治区级A类产业园区,荣获人民日报评选的"金梧桐县域招商引资经典案例奖"。

1. 创新规划理念,打造全新特色小镇

依托陆屋镇优越的交通区位优势、完善的镇区设施、优美的宜居环境以及临港产业园鲜明的产业特色,在产业、生态、文化、旅游、基础设施"五位一体"进行创新,融合了江浙一带特色小镇的发展理念,打造"产、城、人、文"四位一体、有机结合的特色小镇。同时深入挖掘陆屋镇丰富的历史文化底蕴,在小镇现有路网、空间格局和生产生活方式的基础上,将民俗文化元素融入机电产业小镇,将特色小镇打造成为别具一格的岭南风貌小镇。

2. 创新特色产业,招商引资精准发力

围绕龙头企业加大机电、卫浴产业主导产业的培育,聚焦加工制造、电子信息、现代物流等产业进行精准招商,引进物流、机电、卫浴龙头企业进驻产业园,打造完整的生产配套产业链。目前,机电产业园一期项目18万平方米标准厂房及5万平方米的生活区已投入使用,来自福建、浙江、江苏等地区的51家企业签约落户,在建企业25家,其中12家企业正式投产,年创税5000万元,解决就业人员3500多人,产业带动特色小镇发展已初显成效。

3. 创新审批模式,优化营商服务环境

整合审批职能,推进"互联网+政务服务"建设,实现一站式全程网上审批,推进"一窗进出、双线协同、三向联办",进一步优化政务服务环境。加强"放管服"试点工作,推进"多证合一"、"证照分离"等制度改革,简化各项审批工作手续,为精准招商和企业入驻、做大做强特色小镇提供便捷高效的政务服务。

4. 创新管理模式,培育扶持特色小镇建设

通过出台政策,在资金投入、用地指标和政务服务等方面全力支持特色小镇建设。多渠道多途径加大投资融资力度,做好 PPP 项目申报,引入社会资本进行投资建设,并积极争取上级资金扶持。目前,特色小镇建设项目已融资达 5 亿元,获上级资金支持 3000 万元。通过管理权限下放、政策予以倾斜和人才引进等方式,深入探索"园镇合一"试点;按照两块牌子、一套领导班子的建设管理模式,积极引入社会资本,探索引入专业管理平台,尝试委托管理、管控结合的有效管理模式,创新完善小镇管理机构。

四、专家点评

1. 合理控制产业类型,聚焦特色产业,重点探索机电、卫浴产业的发展模式。

2. 妥善处理好产业园区与镇区发展的关系,合理控制镇区建设用地规模。

3. 尽快修编规划,提升镇区风貌,体现尺度宜人的空间特色。

(第二批全国特色小镇专家组评审意见)

后 记

本书是由作者在广西发展战略研究院 2016 年智库课题——《广西特色小镇建设模式与提升策略研究》(合同编号:20160307)和 2018 年度广西科协资助青年科技工作者专项课题——《广西智慧型特色小镇协同建设研究》(合同编号:桂科协〔2018〕ZB-09)研究成果的基础上进一步修改完善而成。

课题组在 2016 年 12 月—2019 年 8 月期间,进行了认真周密的调研工作,咨询了广西壮族自治区第一批、第二批 14 个特色小镇所在地相关部门以及有关科研院所和高校的专家学者,召开了一系列专题研讨会和座谈会,获得了许多重要的宝贵意见。在课题立项、资料收集、现场调研、会议研讨、专题咨询、论文发表、课题验收、专著撰写等过程中,先后得到了中共广西壮族自治区委员会宣传部、广西壮族自治区哲学社会科学规划领导小组办公室、广西壮族自治区社会科学界联合会、广西壮族自治区教育厅、广西发展战略研究院、广西大学土木建筑工程学院、广西大学商学院等有关单位领导和专家的大力支持与帮助,在此一并表示衷心感谢! 同时,在课题研究和专著撰写过程中,参考和吸收了所列参考文献的研究成果,特此向所有作者深表谢意!

本书主要完成者为广西大学土木建筑工程学院陈伟清,商学院张协奎,土木建筑工程学院于博宇、卢奕彤、赵芳芳、赵文超、张学垚。陈伟清、张协奎负责课题组织、策划、撰写和统稿,于博宇、卢奕彤、赵芳芳、赵文超、张学垚、秦云江、陆恩旋、曾弋戈协助进行课题调研、初稿撰写和修改,秦云江、陆恩旋、曾弋戈先后参与了书稿的校对。虽然我们尽力而为,但限于经验和知识水平,本书还存在一些不足之处,恳请各位专家学者和读者批评指正。

陈伟清

2019 年 9 月于广西大学